昭和二十年

第2巻　崩壊の兆し

鳥居 民

草思社文庫

昭和二十年　第2巻　崩壊の兆し　目次

第7章　近衛の上奏（二月十三日〜十四日）
近衛と吉田、戦争終結の計画をたてる　8
失敗した宇垣擁立　昭和十七年末から　16
首相候補、小林躋造と柳川平助　昭和十九年春　30
小磯国昭の指名　昭和十九年七月　40
米英ソ三国首脳会談の行方　53
ソ連への期待と不安　65
近衛、「かの一味を一掃すべし」と上奏す　70
だれを戦争責任者にするのか　84
硫黄島、父島で　97
第8章　航空機工場の疎開（二月二十一日）
名発の総帥、深尾淳二　110
航空機エンジンをつくる米自動車産業　116
飛龍を牛車で運ぶ　128

工場への空襲はじまる　136
予期せぬ大地震　144
狙われた名発と武蔵製作所　152
銀座爆撃と風船爆弾　158
鉄道トンネルを工場にする　168

第9章　雪の二月（二月二十二日～二十六日）

本土決戦――宮崎周一の計画　178
本土決戦――黒島亀人の構想　194
豪雪下の石炭輸送　209
ジグマリンゲンの三谷隆信　218
ガルドーネの日高信六郎　234
バギオの村田省蔵　240
村田、ロハス、そしてラウレルが考えていること　251
平岡公威入営のてんまつ　270
雪のなかの帰宅　278
東条、上奏す　287

独ソ和平仲介の計画 295
重光葵の「我ガ外交」 303
アルデンヌの森の大反撃 312
「四月二十五日に急速なる変転が……」 323

第10章 繆斌工作（三月十六日〜十九日）

焼け跡の首都 334
羽田に来た中国人 344
繆斌とは何者か 358
和平工作 368
一号作戦がもたらした明暗 371
ハーレーとホプキンズ 380
米軍と中共軍との協同作戦 387
幻の毛・周訪米計画 391

引用出典及び註 403

第7章

近衛の上奏（二月十三日～十四日）

近衛と吉田、戦争終結の計画をたてる

昭和二十年二月十三日、東京は今日も朝から快晴である。二月はじめからつづいてきた猛烈な寒気はゆるみ、強い冬型の気候はやっと峠を越したようである。

防火用水桶には相変わらず厚い氷が張りつめ、五日前の雪はまだ残っているが、朝起きて、水道の蛇口が凍りついていることはもうない。日中の気温は少しあがり、屋根からの雪どけの滴《したたり》はいくらかその間隔をせばめているようである。昨日が旧の正月だった。

午前中のことだ。麹町の吉田茂の邸内に自動車が入った。門内のだらだら坂をのぼった車は玄関前に横づけになった。降りたったのは近衛文麿である。

吉田茂の家は麹町区の永田町一丁目にある。高い塀と桜並木がつづく邸町である。赤坂や新橋の待合、あるいは東京倶楽部といった社交界で顔をあわせる政財界のお歴々が住む町だ。娘たちの通う名門女学校で、白帯を巻いた一等寝台車の中で、軽井沢駅の貴賓室で、互いに会釈を交わす人びとが住む町である。

この邸町も大きく変わりつつある。子供の姿はすでに見えない。老人や女たちの疎開もはじまっている。一家が別荘へ移ってしまい、男たちが寝泊まりする寮に代わってしまっている大きな邸もある。無人のままにしておくことができないのは、いきなり空から降ってくる焼夷弾を恐れてのことである。

吉田茂の家は古びた二階建ての大きな洋館である。その建物ははじめ築地明石町にあった。明治政府のお傭いアメリカ人か、宣教師の住まいだったのであろう。それを買って、永田町へ移したのが樺山愛輔である。

十五歳のときにボストンに留学し、十三年間アメリカにいた樺山愛輔にとって、下見板張りのその洋館は、ニューイングランドのマサチュセッツの田舎町を思いださせ、故郷へ帰ったような懐かしさを感じさせたのである。

ここで、樺山愛輔について述べておこう。愛輔の父の資紀《すけのり》は薩摩の下級武士から、海軍大臣、軍令部長にまで出世し、薩摩が支配する海軍権力エリートの一員となった。息子の愛輔は父のあとを継がず、実業界に進んだ。牧野伸顕《のぶあき》、渋沢栄一に協力して、愛輔は同盟通信社の前身である国際通信社をつくった。大正はじめのことである。ロイター通信社が日本を支配していたときであり、自前の海外通信社が不可欠だとだれもが痛感していたときだった。

かれはほかにも多くの新企業に関係したが、金儲けを一生の仕事にする気はまったくなかったし、徒党をつくる気も、権力にしがみつくといった欲望もなかった。工業界などには入らず、社会事業をやるべきだったとは、愛輔自身がのちに思ったことなのである。

かれは明治十三年に留学のために渡米して以来、太平洋を渡ったことは十六、七回にのぼった。往復三十七日という短い日数で、ワシントンまで行き、東京へ戻ってきたこともあった。こうしたわけで、かれはアメリカに友人が多い。日米協会を創設し、アメリカ大使のジョセフ・グルーとも親しくしていた。グルーが昭和七年に赴任して以来のつきあいだった。

そのとき内大臣だった牧野伸顕や政府上層部の人びとに頼まれて、かれはグルーと会い、意見を交換することもときどきあった。なんといっても、かれが公務に就いていないことが、内大臣と総理、グルーの側からも重宝がられた。そしてそれはかれの性格だったのだが、隠したり、ごまかしたりせず、グルーには事実をはっきり告げるのがかれのやり方だった。

「いわゆるカードを投げだして、向こうに渡していた。これで外交上の都合がよいこともある」[1]とかれはのちに語った。

昭和十年代に入って、陸軍はドイツとの軍事同盟を望み、それに反対する親英米派の人びとを目の仇にしはじめた。樺山はどこへ行っても、憲兵にあとをつけられるようになった。昭和十六年に入って、アメリカ大使と信頼関係を維持している樺山はいよいよ警戒されるようになり、憲兵隊に呼ばれ、グルーとの交遊を断つようにと警告されることにもなった。

そして戦争がはじまった。戦況の悪化が明白となった昭和十八年十二月、樺山は内大臣の木戸を訪ねた。軍事手段ばかりでなく、外交手段を採ることが必要だと樺山は説き、首相が牧野伸顕伯を外交顧問に起用すべきだと提案した。木戸が東条にそれを伝え、東条が軍務局長にそれを語ったのであろう。敗北主義者が動きはじめたと軍務局員たちは思った。かれらは樺山の動きを警戒するようになった。

樺山が大磯の別荘に移り住むようになってからは、陸軍は大磯を注意するようになっている。

東京憲兵隊が要注意視察人のリストに載せている者が、大磯には何人も住んでいる。原田熊雄がいる。かつて西園寺公望《きんもち》の政治秘書だった原田は体の具合がずっと悪く、大磯の家に閉じこもっている。これも憲兵隊の要注意視察人のかつて三井の大番頭だった池田成彬《しげあき》、そして元駐英大使の吉田茂が東京の住まいと大磯の別荘のあいだを往き来している。

こうしたわけで、外国人と政財界人が疎開している軽井沢、箱根と並んで、大磯には、憲兵隊と陸軍資料調査部の二つの情報機関がそれぞれ密偵チームをおき、かれらの行動を監視している。

六日前、二月七日のことになるが、参謀本部戦争指導班長の種村佐孝《すけたか》は日誌にこう記した。

「本日憲兵司令官より総長に対し左記要旨の報告あり。

1　最近国内に於けるソの諜報活動状況は中立条約破棄の徴あり。
2　国内に於ける和平策動者としては吉田、樺山、原田等ありてこれらは近衛、岡田に連絡密なり。なおこれらはバチカンを通ずるもの、在支中立国人を利用せんとするもの、抑留英人を利用せんとするもの等あり(2)」

樺山の永田町の邸に話を戻せば、大正末に樺山は串田萬蔵にその家を譲った。串田はそのとき三菱銀行の会長であり、財界リーダーのひとりだった。串田は昭和十四年に同じ麴町区の一番町に家を新築し、永田町の家を麻生太賀吉に売却した。麻生は筑豊御三家のひとつ、麻生鉱業の社長である。かれの妻の和子が吉田茂の次女である。こうして、駐英大使を辞めて帰国した吉田茂がここに住むことになった。

足場のいい吉田の邸には、近衛がときどき立ち寄った。書斎や応接室を借りて、人に会うこともあった。天井の高い応接室はガラス張りのベランダで囲まれ、ベランダには鉢がいくつか並べてある。かつては洋蘭が植えられていたのだが、すべて枯れてしまっている。庭の蔓バラのアーチは大きく傾いたままで、垣根からはずれて長く伸びた古い枝が雪の吹きだまりのなかに埋まっている。

今日、二月十三日、近衛が吉田邸を訪ねたのは、明日の上奏のための草案を吉田と検討するためである。

近衛文麿と吉田茂の二人が、どのようにして戦争を終結させるか、ひとつの構想を抱いてきたことは第一巻で述べた。ここでもういちど繰り返しておこう。

二人はこうみてきた。陸軍内には地下共産主義者が潜み、かれらは戦争の拡大を図りながら、ひそかに日本の共産化を意図してきた。そこで陸軍内の地下共産主義者とその同調者を粛清しなければ、戦争を終結させることはできないと考える。どうしたらよいのか。その連中の陰謀に早くから気づき、それがためにかれらによって放逐された皇道派の将軍たちを復活させ、これら将軍たちに陸軍を握らせねばならない。これが近衛と吉田の戦争終結のための構想である。

この二人がやってきたことを振りかえってみよう。

対米戦争がはじまった翌年の昭和十七年、戦争終結の機会をつかもうと早くも動きだしたのが吉田だった。二月に日本軍がシンガポールを占領したとき、吉田は和平のチャンスだと思った。近衛文麿をスイスへ派遣し、和平工作をさせるといった案をたてた。吉田自身、近衛に随行するつもりだった。

それからまもなくの昭和十七年の六月はじめ、吉田はミッドウェーの作戦が失敗に終わったことを知った。のろのろしていると和平の機会を失ってしまうと思った。かれは近衛に向かって訪欧の計画を説いた。

見込みはあるのかと近衛が尋ねた。あたってみなければわからないが、少なくとも和平に対しての日本の誠意を示すだけでも効果があるだろうと吉田が答えた。内大臣に話してみてくれないかと近衛が言った。

吉田は木戸に会った。近衛公をスイスに派遣し、数カ月滞在させたいと吉田は語り、近衛に示したのと同じ計画書を渡した。そして言った。「戦況がイギリス側に不利となれば、近衛公にはたらきかける者がいるでしょうし、ドイツ側が苦戦となれば、また公に接近を試みる者がいるでしょう[3]」

木戸は賛成しなかった。といって反対もしなかった。六月十一日の会見のあと、吉田は木戸からの返事を待っていたが、なんの音沙汰もなかった。吉田は、木戸が陸軍に頭を抑えられていて、なにもできないのだと思った。

たしかに、吉田のその構想に反対したのは陸軍だったのであろう。ところが、吉田が木戸に近衛訪欧計画を説いて四カ月あと、陸軍が慌てて吉田のその計画に飛びつくことになった。

昭和十七年十月半ば、ポルトガル駐在公使の須磨彌吉郎から電報が入った。ドイツと米英とのあいだで、和平回復のための交渉がはじまるかもしれないと告げてきた。それは、こういうことだった。その年の九月はじめ、スペインの外務大臣が親独派の人物から親英派の人物に代わった。その新大臣が交戦各国に和平を提唱し、関係国に働きかけをはじめたとの情報を、須磨は知らせてきたのである。

外務省と陸軍は、リスボンからのその電報に不安を抱いた。というのは、駐独大使の大島浩から、ドイツは日本が独ソ間の和平を画策していることにはなはだ迷惑しているると告げてきたばかりだったからである。リスボンが伝えてきた情報は、それと繋がりがあるとかれらは思った。

独ソ間の戦いを終わらせねばならぬと説き、日本が調停に立たねばならぬと主張したのは、そのとき外務大臣の東郷茂徳だった。ドイツ軍の二年目の夏季攻勢がはじまる前のことである。参謀本部が激しく反対し、和平調停案は立ち消えとなった。

ところが、七月にドイツは日本に対ソ参戦を求めてきた。日本側にはそんな余裕はとてもなかった。政府はこれを拒否する回答をだした④。ドイツ軍は、ドイツ本土からはるかに遠いカスピ海やボルガ川で消耗戦に巻き込まれ、戦いの前途は予断を許さなくなっていた。

参謀本部もまた、独ソ間の和平調停をしなければならないと考えるようになった。ドイツ側に非公式に打診した。そこへ、和平斡旋などやめてくれというベルリンの大島からの電報が入り、それにつづいて届いたのがリスボンの須磨からの電報だったのである。

米英と和を結び、二正面作戦の重荷をとり除き、ソ連との戦いに結着をつけようとするのが、ヒトラーの肚《はら》なのかもしれない。そうにちがいなかった。かれが盟友日本を見捨てるのは、なにも今度がはじめてではない。日本はひとりで米英と戦いつづけることになってしまう。そうなっては勝利の見込みはない。

日本も和を講じなければならない。どうしたらよいのか。近衛公をヨーロッパへ派遣すべきだという声がでた。参謀本部の幹部は、近衛が痔の手術のために東京帝大病院に入院していると知って、いつごろ退院できるのか、至急退院してほしいと近衛に申し入れる騒ぎとなった。(5)

ひどい慌てぶりだった。だが、米英両国がドイツとの和平に動く様子はなかった。近衛派遣の計画も昭和十七年十月末には消えてしまった。

失敗した宇垣擁立　昭和十七年末から

それから少しあとのことになる。昭和十七年十一月七日、木戸幸一は秘書官長の松平康昌から一連の話を聞いた。松平はその話を岡田啓介から、岡田は内田信也から聞いたのである。

内田が帝大病院に近衛を見舞ったときのことだ。近衛は内田にこう語ったという。つぎの内閣の首班には宇垣一成《かずしげ》の声が高い、ついては陸軍大臣をだれにするかで揉めているのだというのである。内田は、近衛の話を聞いたあと、宇垣一成に会った。内田は宇垣と親しい。宇垣は、近衛の話をうけて、陸軍大臣には、梅津美治郎《よしじろう》か、山下奉文《ともゆき》がいいと答えたというのである。

木戸にとってまことに不快な話だった。食うか食われるかのこの大戦争のさなか、ごたごたをひき起こそうとするなどとんでもない話だった。かれがさらに気がかりだったのは、この話のなかで、二人の皇道派の将軍、真崎甚三郎と小畑敏四郎の名がでてきたことだった。小畑が宇垣を訪ねて、陸相に真崎を推薦し、小畑がまた牧野伸顕を訪ねたというのである。

木戸は、このたぐいの政界情報を日記につけることは滅多になかった。些細なゴシップや個人的な噂話をいちいち記していたら、きりがないし、日記の品位を落とすものと思ったからであろう。祖父孝允《たかよし》の日記と同様、かれの日記もいつかは公表されるはずのものだからである。だが、そのとき松平康昌が語った話はかれの感情をいつまでも掻きたてた。かれは日記にこれを綴った。いったい、骨壺から真崎甚三郎や小畑敏四郎をひきだし、なにをするつもりなのかと首をひねったのである。

首謀者はだれなのか。木戸に見当はついていたのであろう。吉田だった。すべては吉田茂がやっていることだった。次期首班に宇垣一成をかついでいたのは吉田だった。実のところ、吉田は宇垣をそれほどかってはいなかった。宇垣が総理になりたいと望んでいるのを利用し、かれを首相に推すことと引き替えに、皇道派の将軍の入閣を認めさせようという腹づもりだった。そして真崎甚三郎と小畑敏四郎に陸軍を支配させ、かれらに陸軍部内を粛清させるというのが吉田の計画だった。

吉田は、宇垣を真崎や小畑と組ませることは、さほど難しくはないと思っていた。真崎や小畑にとって梅津美治郎が宿敵なら、宇垣にとっても梅津は敵のはずだからである。皇道派の将官を二・二六事件のあと陸軍から逐ってしまったのが、そのとき陸軍次官の梅津だった。その数カ月あと、昭和十二年一月に、宇垣内閣を流産させた張本人がこれまた梅津だった。そこで梅津一派を粛清するのだと言えば、宇垣は皇道派と組むのに賛成すると思えた。宇垣を味方に引き入れる工作と同時にすることは、宮廷と重臣たちの恐怖心を刺激することだった。かれらに向かって、仮面をかぶった共産主義者の一団が陸軍と政府各機関の重要ポストを握り、互いに緊密な関係を保ち、日本を共産化する陰謀を進めているのだと語り、真崎甚三郎と小畑敏四郎の二人がもっとも信頼のおける体制の守り手なのだと説けば、かれらを納得させ、皇道派支持にまわらせることができると吉田は考えたのである。

ところが、吉田の計画は最初からうまくいかなかった。宇垣を味方にすることができなかった。

宇垣は、真崎甚三郎や小畑敏四郎と手を握るつもりはまったくなかった。かれらと組んで、首相になれるはずがないとみていたからである。かれは吉田に向かって、陸軍大臣には梅津大将がいいと大まじめな顔で語った。内田信也にもそう喋ったことは前にみたとおりである。吉田が宇垣を利用しようと図ったのであれば、宇垣の側も負けてはいないということだった。吉田や内田への答えが、まわりまわって梅津の耳に入ると見込んで、宇垣は喋っていたのである。陸軍に向けた宇垣の側の和解の意思表示であり、恨みは水に流す、過去のことは気にしていないと告げたのだった。

こうして吉田は行き詰まってしまった。では、近衛はどうしていたのか。吉田は近衛にすべてのことを逐一報告していた。そして吉田は退院した近衛に向かって、内大臣の木戸を口説いてくれと頼んだのであろう。宇垣を引っ張り込むことができないのでは、手順を逆にして、木戸を説得するのをさきにするのもやむをえなかった。

昭和十八年一月六日、近衛は木戸を訪ねた。前年十月の下旬、帝大病院で木戸の見舞いを受けて以来のことだった。近衛は宇垣大将を擁立するグループがあるのだと言い、その名前を挙げた。吉田茂、小畑敏四郎、真崎甚三郎、松野鶴平、小林躋造《せいぞう》、古島一雄、岩淵辰雄、池田成彬などだった。

そして近衛は話をつづけ、陸相をだれにするかで、宇垣を擁立する一派と宇垣とのあいだで、最終的な合意がまだできていないのだと語った。

近衛はかれ自身は局外者であるかのように喋った。自分の胸のうちをあまり早く木戸に知られたくなかった。それというのも、近衛は吉田のように楽観的な見通しをたててはいなかったからである。木戸をはじめ重臣たちが、東条内閣に代えて、宇垣・真崎内閣を望むことなどまずありえないとみていたのである。

そのとおりだった。木戸ははじめて聞くようなふりをして近衛の話に耳をかたむけ、自分の意見はなにも言わなかったのだが、もちろん、宇垣をかつぎだすなどとんでもないと思っていた。

皇道派の将軍の起用にいたっては、ばかばかしい限りだった。

ところが、木戸にとって、そして近衛にとって、思いもかけないことが起きた。

昭和十八年一月十五日、東条が突然高熱で倒れた。ふつうの風邪とたかをくっていたのだが、いっこうに熱がさがらなかった。軍医学校の軍医にもその原因がわからなかった。内閣書記官長の星野直樹と蔵相の賀屋興宣は帝大病院で診てもらうようにと東条の妻勝子に勧めた。

だが、東条が応じなかった。かれは「戦地の軍司令官が軍医以外のだれに脈をみてもらうというのか」と理屈をこねた。企画院総裁の鈴木貞一は、内大臣の木戸に首相の病状を告げた。木戸は日記に記した。「高熱の依然として続けるが心配なり」

東条が病気で倒れて五日目の一月二十日、内閣書記官長の星野直樹は衆議院と貴族院に議会開会の延期を申し入れた。数瞬のうちにさざ波が永田町にひろがった。

首相の病気は施政方針演説ができないほどに悪いのか。代理首相をおくことになるのか。いや、病状によってはそれでは済むまい。後任の首相はだれになるのか。そしてまた、陸相はだれになるのか。そこここでひそひそ話がはじまり、憶測が語られるようになった。

元外務次官の天羽《あもう》英二はその日、一月二十日の日記につぎのように書いた。

「……東条首相風邪　議会再開　一週間延期二十八日に決定　政変説起る　帰途大蔵公望同行　宇垣内閣夢む」

貴族院議員の大蔵公望は宇垣一成の協力者である。吉田茂と違って、大蔵は宇垣の熱烈な支持者である。満鉄出身の大蔵はもともと宇垣となんの関係もなかった。それがいつか大蔵は宇垣に傾倒し、宇垣の側近の一員となっていた。いまこそ宇垣内閣実現のチャンスと大蔵は考えた。

翌一月二十一日、大蔵は唐沢俊樹と田口弼一の二人と協議した。二人はともに貴族院の勅選議員である。唐沢はそのとき五十二歳、内務省のOB、かつて阿部内閣の法制局長官を務めたことがあった。六十歳の田口は、以前に衆議院の書記官長だった。

天羽英二は一月二十二日の日記に記した。

「……東条風邪　種々風説　政変説可なりに流布　人心既に内閣を離る　首相発熱或は高しと言い或は低しと言う」

東条の熱はさがらなかった。食物はなにも受けつけず、リンゴのジュースを口にするだけだった。リンゴは英機の父親の故郷である盛岡から送られてきたものだった。

軍部と政界の幹部、世論製造者、議会の陣笠議員たちまでが会合を開き、つぎの首相の詮議をしていた。たとえば、矢部貞治がそんな集まりのひとつにでた。一月二十六日、東京帝大教授の矢部貞治は大学の講義を休講にした。正午、芝栄町の水交社で海軍省軍務局員の扇一登、朝日新聞論説委員の佐々弘雄と話し合った。次期首相は海軍からだすべきだと矢部は思っていた。連合艦隊司令長官の山本五十六はどうかとかれは口にしたにちがいない。

矢部と佐々は、扇の態度を見て、海軍は自分のところから首相をだす意図はないようだと思った。佐々は宇垣一成の名前をだしたのであろう。佐々は宇垣をかっている。だが、扇と矢部はうなずかなかったであろう。かれら三人のあいだで首相候補は決まらなかった。矢部は日記に書いた。

「首相の病状をきっかけとして政変必至との観察が一致し、後継の内閣問題につき色々懇談した。……」(6)

一月二十七日、東条の熱はさがった。だが、まだ動くのは苦しかった。それでもかれは起きあがり、官邸の階段をおり、またあがり、もう一度おりようとした。とめようとする妻の勝子に向かって、「議会には階段がある」とかれは言った。

翌一月二十八日は一週間延期した議会が開会される日だった。朝、東条は服を着たが、息がきれた。軽い夏服に着替えた。持っている軍刀のいちばん長いのを吊った。杖がわりだった。

東条は両院で一時間ずつ、施政演説をした。おおかたの議員は安心し、閣僚たちはほっとした。だが、東条が全快していないことは、だれの目にも明らかだった。施政演説ができれば、死んでもいいと東条が語ったという話が議会内にひろがり、永田町の危機感は消えなかった。

内大臣の木戸は万一の場合をと考えた。翌一月二十九日、木戸は太田耕造を招いた。平沼内閣の書記官長をやったことがある太田は、平沼の一の子分であり、貴族院勅選議員である。

木戸は太田に向かって、平沼男爵と阿部大将に会い、後継首相にはだれがよいかを尋ねてきてもらいたいと依頼した。木戸は自分が直接動けば、噂が噂を呼び、政変が既成事実にもなりかねないと警戒したのである。

そして木戸が近衛文麿や岡田啓介の意見を聞こうとせず、阿部信行と平沼騏一郎の考えを聞こうとしたのは、重臣たちのなかで東条内閣を積極的に支持しているのが阿部と平沼の二人だったからである。かりに東条内閣が総辞職する事態になっても、後継内閣は東条内閣の路線を継承するものでなければならぬと、木戸は考えていたのである。

阿部信行は太田耕造の問いに、杉山元《はじめ》と梅津美治郎の二人の名を挙げた。平沼騏一郎は寺内寿一《ひさいち》、梅津美治郎、畑俊六の三人を挙げた。四人の首相候補はいずれも陸軍の現役の将官だった。寺内が南方軍総司令官、杉山が参謀総長、畑が支那派遣軍司令官、梅津が関東軍司令官、いずれもが陸軍最上位の椅子に坐っている将軍たちである。まことにあたりさわりのない人選だった。

万一の場合、平沼と阿部の二人がともに推した梅津を後継首相にと木戸は考えたのかもしれず、それともかれは、そのときから寺内寿一を推すつもりでいたのかもしれない。

そこでだが、吉田茂はなにをしていたのか。もちろん、かれはじっとしていなかった。宇垣擁立の準備が早すぎたと思っていたのが、いまになってみれば、早すぎるどころではなかった、遅きにすぎたのだと思ったにちがいない。宇垣工作が一歩もすすまないでいるうちに、つぎの首相は梅津だという声が一挙に大きくなってしまった。吉田は近衛と協議したのであろう。明日にも殖田俊吉に会い、かれの話を聞いてほしいと言い、早急に木戸を説得してもらいたいと語ったのである。

そこで近衛は殖田に会った。殖田がなにを語り、近衛がどのように答えたのかについては、第一巻で述べた。そのあとただちに近衛は木戸に宛てて手紙を書いた。近衛がなにを記したかについても、第一巻に記した。第一巻では述べなかったが、吉田が駈けずりまわり、殖田が長広舌をぶち、近衛が急いで木戸に手紙を書き送ったのは、首相東条の病気が原因で東条内閣が総辞職するかもしれないと、吉田、殖田、近衛が思ったからであった。

近衛が木戸に書簡を送って数日あと、昭和十八年の二月四日、内大臣秘書官長の松平康昌の千駄ヶ谷の邸で近衛は木戸に会った。近衛はまっさきに首相の病状を尋ねたのであろう。順調に快方へ向かっていると木戸が答えた。近衛はこれを聞いて、宇垣と皇道派の連合内閣の話をもちだすことを思いとどまったのである。

かれは手紙で木戸に告げた問題を繰り返した。陸軍内の陰謀集団について語り、梅津大将の一味は危険な存在だと説いた。木戸はうなずいていたが、それは見せかけだけのことだった。木戸が聞きたい話ではなかったのである。

東条は健康を回復した。かれの病気が引き起こした小さなごたごたは終わったかにみえた。ところが、それで終わらなかった。中野正剛《せいごう》が宇垣擁立の仲間に加わり、一波瀾を引き起こすことになった。

中野正剛がやったことは第一巻で述べた。

昭和十七年四月の総選挙の前から、中野は政府と対立した。中野とかれの部下四十四人が立候補したが、すべて非推薦とされてしまった。当選者は中野を含めて六人だけだった。中野の側の敗北だった。同じ年の十二月二十一日、中野は日比谷公会堂で演説し、激しく政府を批判した。そのなかで、東条が家を新築したことをとりあげて攻撃した。

東条が怒った。中野の演説を許可するなと命じた。双方の反目と興奮はいよいよ高まった。中野は翌十八年元旦の朝日新聞に「戦時宰相論」といった題の文章を載せた。情報局の検閲官は一字も削らなかった。問題になるようなところはなにひとつなかったからである。ところが、「戦時宰相」その人が癇癪玉を破裂させた。

いったい、東条はその文章のどこが気に入らなかったのか。結びの箇所、「難局日本の名宰相は……誠忠に謹慎に廉潔に、而して気宇壮大でなければならぬ」のくだりを読んで、腹を立てたのであろう。用賀の家のことでかれが怒ったのを嘲笑されたと思ってのことであったにちがいない。

発禁処分にせよと東条は命じたのだといわれる。これはほんとうの話なのであろうか。かれが新聞を手にしたときには、騒ぎたてても間に合わなかった。騒ぎたてれば、首相は中野の文章の結びを自分へのあてこすりと思っているようだと人びとが噂をすることになり、それこそかれの「気宇」が秤にかけられることになるだけであった。

中野がつぎの一歩を踏みだし、倒閣のための活動をはじめたのは、昭和十八年七月になってからだった。イタリアのムッソリーニが失脚した。イタリアは事実上、枢軸同盟から脱落したのだと人びとは思い、だれの胸にも不安が忍び寄ったときだった。人びとの不安は株価に反映した。株の平均価格はその七月末を境にしてさがりだし、取引高も減りはじめた。

中野は重臣たちを説いてまわった。この煽動政治家に協力したのが天野辰夫だった。天野については第一巻で触れた。ひとつの陰謀からつぎの陰謀へと手をのばし、手のうちに陰謀の種が切れたことのない根っからの謀略家である。

中野と天野は、重臣会議に首相の東条を招き、重臣たちがかれに辞任を迫り、倒閣を実現させるといった筋書きを説いてまわった。元首相たちはうなずいたかのようだった。だが、その場限りの応対にすぎなかった。これは中野もよく承知していた。

「元首相たちはまるでオモチャの機械人形だ。ネジをかけないと動かない」と嘆じ、つぎのようにつづけた。「こちらが目の前で真剣に話しかけておるあいだはわかっているが、今度会うともうネジがもどっている。あの連中を一々ネジをかけて回るのは、なかなか骨が折れるよ(7)」

中野と天野は吉田茂をも利用しようとした。宇垣内閣ができたら、真崎大将と小畑中将を入閣させるともちかけ、内大臣木戸との連絡をとってもらいたいと中野は吉田に言った。中野と天野は木戸に手がかりをもたなかったから、木戸を味方に引き入れる工作を吉田にやらせようとしたのである。中野の要請を吉田は断った。木戸を説得するすべをもたないのは吉田も同じだったからである。

吉田が中野の申し出を断ったほんとうの理由はまたべつにあった。内大臣の説得は、吉田、お前がやれ、宇垣大将、近衛公との折衝はこちらに任せてもらいたいという中野の要求は、あまりに虫がよすぎた。宇垣内閣ができたら、自分たちの手で実権を握ろうという中野の底意が見えすいていた。

吉田とかれの仲間は中野や天野を相手にせず、自分たちの宇垣内閣をつくるつもりだった。だが、宇垣の態度がもうひとつはっきりしなかった。近衛と吉田ばかりでなく、中野、天野からも首相に推されて、宇垣はいよいよ自信にあふれていた。陸軍大臣は梅津美治郎がいいとは言わなくなったが、いささか恩着せがましい態度をとり、かれは吉田に向かって言った。

「首相になったら、二・二六事件の関係者の特赦を奏請する。特赦が可能となったら、このあと小畑中将の現役復帰を奏請し、真崎大将を無任所大臣にする」(8)

八月三十日が重臣たちと首相東条の会議の予定の日だったが、その二日前の八月二十八日、世田谷一丁目の真崎甚三郎の邸に、吉田茂、小畑敏四郎、岩淵辰雄が集まった。かれらは重臣会議にはなんの期待もかけていなかった。中野正剛の計画がうまくいきっこないことを承知していたし、かれを助けるつもりもなかった。

かれらが検討したのは、宇垣一成の擁立をつづけるかどうかということだった。真崎と小畑は宇垣の態度が気に入らなかった。首相に就任したら、助けてやろう、面倒をみてやろうといった宇垣の言い方が不快だった。こちらを利用するだけ利用して、首相になったら、梅津と組むのが宇垣の肚ではないかと吉田や岩淵は疑った。かれらは宇垣擁立をやめることを決めた。

真崎はこの日の日記につぎのように書いた。

「互に各方面の情報を持ち寄り、近衛公に対し如何に申出るやを論じ、……宇垣にては結局諸種研究の結果東条よりも尚悪しかるべく、彼の意志の検討の要あることを公に申出ることと決し……」(9)

昭和十八年八月三十日の重臣会議ではなにも起きなかった。さまざまな噂が乱れとび、東条も警戒していたのだが、なにも起きるはずがなかった。

いったい、どんな質問をすれば、首相は脂汗を流し、返事に詰まるのか。だれが首相にそんな質問をするのか。そしてだれが首相に退陣を迫るのか。かりに東条が退陣したとして、中野が内務大臣、天野が内閣書記官長の宇垣内閣ができたとして、なにが期待できるのか。だれもが怖気をふるったのである。

中野の努力は徒労に終わった。だが、かれはなおも倒閣を諦めなかった。政府は中野と天野を弾圧することに決めた。十月二十一日、中野と天野は検束された。中野は釈放されたあと、同月二十六日の深夜、自刃した。

中野の不可解な死は多くの人びとに衝撃を与えた。近衛と吉田にとっても、大きなショックだったにちがいない。吉田がふたたび動きだしたのは昨年、昭和十九年一月に入ってからである。

吉田は小林躋造《せいぞう》を首相にしようと考え、かれを説得した。一月三十一日に岩淵辰雄が真崎甚三郎を訪ね、近衛公が小林大将を首相候補とするのに賛成したと語った。

首相候補、小林躋造と柳川平助　昭和十九年春

小林躋造は明治十年の生まれ、現在六十七歳である。佐官時代から未来の海相といわれ、海軍きっての利《き》け者《もの》と評され、海軍を代表する提督のひとりであったが、昭和十一年に現役を去った。かれと吉田茂とのつきあいは、二人がロンドンにいたときにはじまった。小林は海軍武官、吉田は一等書記官、大正九年から十一年までのことで、二人はともに四十代の前半であり、二人にとってすばらしい時代だった。

小林は昭和五年に海軍次官となった。かれはロンドン条約批准のために努力をした。小林はその条約に賛成だった。アメリカとのあいだで際限のない造艦競争になれば、とうてい勝ち目はないとみてのことだった。かれの考えは穏健で、合理的だったのである。

翌昭和六年に小林は連合艦隊司令長官になった。運がよかった。かれと海軍兵学校で同期、かれと同じくロンドン条約締結派であった野村吉三郎の場合、小林から一歩遅れたがために不運がついてまわった。ロンドン条約を屈辱条約とよぶ勢力、要するに加藤寛治、末次信正を頂点とする一団が海軍部内でぐっと睨みをきかせるようになり、ロンドン条約支持派を目の仇にしだしたからである。やがては大臣になるといわれた野村であったが、大臣にも、連合艦隊司令長官にもなることができなかった。

小林は昭和十一年に予備役となり、ただちに台湾総督となった。平沼内閣が総辞職し

たときには、後継首相に台湾の小林をという声があがった。昭和十四年八月末のことで、ドイツがソ連と手を握ってしまい、ドイツに対する怒りがわき起こり、米英との関係改善を望む主張が俄然大きくなったときだった。

首相に選ばれたのは阿部信行だった。つけ加えるなら、阿部が外務大臣に任命したのは野村吉三郎だった。もっとも野村が外務大臣だった期間はわずか三カ月半だった。阿部内閣はなにもできないまま、たちまち総辞職してしまったのである。

小林は昭和十五年末に四年間務めた台湾総督をやめた。それからまもなくの昭和十六年一月二十三日、かれは駐米大使としてアメリカに出発する野村吉三郎を横浜港の新港埠頭に見送ることになった。

そのあと小林は、ワシントンの野村から書簡を受けとった。戦争の回避は可能だと告げてきたのだった。小林はそれに勇気づけられ、戦争阻止のために努力をした。そのときにかれは吉田にも相談したのである。

吉田茂が小林躋造を首相候補にたて、小畑敏四郎もまた強く小林を推し、近衛文麿がそれに賛成したとき、内外の情勢が一挙に悪化した。マーシャル群島の守備軍が二月六日に全滅した。トラック島が二月十七日と十八日の二日間、敵空母機に攻撃された。その三日あと、統帥部の首脳を更迭し、首相東条は陸軍大臣のまま参謀総長を兼任し、海軍大臣の嶋田繁太郎が軍令部総長を兼任した。そして二月末に、政府は高級劇場の閉鎖を命じ、料理屋や待合の営業を停止させ、中等学校以上の学徒を今後一年間工場で働かせることを決めた。

吉田茂は東条内閣が行き詰まるのもそんなにさきのことではないと思った。海軍幹部、そして政治家たちが首相東条を非難しはじめていた。真崎甚三郎と小畑敏四郎の二人を陸軍大臣、参謀総長にすることも、いまはわけはないと吉田は思った。それというのも、東条が参謀総長を兼任するといったことをやったからである。だれもがびっくりし、これは憲法違反ではないかと語り、身のほど知らずだ、思いあがっているとひそひそ話がつづいていた。東条がそんな勝手なことをやったのであれば、現役を離れた将官が陸軍大臣になるなどとるに足りないことだと吉田や岩淵は考えたのである。

昭和十九年三月十三日、吉田の工作は一歩前進した。その日、かれの邸で、近衛は若《わか》槻《つき》礼次郎と幣原《しではら》喜重郎の二人と会見した。近衛はかれらに向かって、小林躋造を次期首相にしたいと説いた。

小林は遅れて吉田邸に来た。かれはそれ以前に小畑敏四郎と協議した内容を近衛と吉田に語った。

〈真崎大将には参謀総長になってもらい、小畑中将には陸軍大臣になってもらうことで話をすすめています。海軍大臣は私が兼摂します。もちろん、吉田さんには外務大臣を

やってもらいます〉

近衛と吉田が望むところの最強最良の布陣だった。だが、越えねばならないハードルがまだいくつもあった。

小林躋造を首相とするためには、海軍出身の二人の重臣、岡田啓介と米内《よない》光政の支持を得るのが先決だった。だが、岡田と米内の二人が小林を首相に推すのに気乗り薄だった。重臣会議で、近衛が小林の名を挙げても、「近況を知らず」と岡田に逃げられ、「実現困難と思われる」と米内がぶっきらぼうに答え、陸軍を敵にまわすのを恐れて、二人が尻込みすることは目に見えていた。岡田と米内を引っ張り込むためには、海軍を味方につけるのがさきだった。

真崎甚三郎は切り札をもっていた。アルミニウムである。それによって海軍を味方につけるつもりだった。

それはどういうことか。第一巻で述べたことを繰り返すことになるが、航空機用のアルミニウムの配分は陸海軍パリティだった。陸海軍のあいだでは、なにごともパリティを言いたて、パリティが決まり文句なのである。説明するまでもないが、パリティには、等量、等価、同率、同等といった意味がある。海軍側が、アルミニウムの配分をパリティから二対一にし、海軍が二を取り、陸軍に一を与えることにしようとした。陸軍側と話し合ったが、どうにもならなかった。何回折衝しても、暖簾に腕押しだった。昭和十九年二月十日、陸海軍双方の大臣と総長が最後の話し合いをしたが、海軍側の要求はついに通らなかった。

霞が関赤煉瓦の部局員、前線の海軍航空隊の幹部たち、だれもがその結末に失望した。アルミニウム全量の三分の二を海軍側が取ることにはじまり、陸軍航空を海軍航空に合併し、海軍を航空化してこそ、新たな敵空母部隊の侵攻を阻止できるはずであった。陸軍となんの役にも立たない交渉をつづけているあいだに、ギルバート諸島とマーシャル群島を含む広大な水域が敵の手に渡ってしまった。海軍幹部の落胆は陸軍に対する怒りに変わった。

真崎甚三郎はそこにつけ込んだ。近衛、吉田と協議してのことであったのはいうまでもない。四月二十五日、近衛は海軍省教育局長の高木惣吉を説得した。近衛は、皇道派が自由主義的であると説き、そのことは、現に鳩山一郎一派と接近していることでもわかると言い、海軍と通じる体質なのだと語った。近衛が述べたもっとも肝心な箇所を、高木はノートに記した。

「海軍との協調が問題であるが、最近小林、真崎の会談では、真崎は飛行機の如きは全部海軍にやらせるべきだとの意見を洩したそうである」(10)

五月十五日、小林躋造は高松宮と会談した。高松宮はそのとき軍令部第一部第一課に勤務していた。高松宮に小林・真崎内閣の樹立を支持してもらい、軍令部、できれば宮廷にそれを説いてもらいたいというのが小林の希望だった。小林は草稿をつくってあった。それをひろげた。

「……今日の急迫せる時局に於て、陸軍の陸軍であったり、海軍の海軍であったりしてはなりません。作戦に於きましても、何処に戦局の重点があるかをハッキリ見極めて、玆《ここ》に我陸海軍の勢力を結集しなければ大敵には勝てぬと思います」

高松宮はうなずいた。主戦場は太平洋正面であって、中国大陸やビルマではないということだった。そして主戦力は海軍航空だということだった。当然ながら予算と資源の配分は、海軍航空に集中しなければならないということだった。

三カ月前、アルミニウム分配の争いがたけなわになったとき、高松宮が天皇に向かって説いたのが、これと同じ主張だった。つづいて高松宮は天皇に書簡を送り、木戸に二度にわたって説いたのも、これまた同じ論旨だった。それらが功を奏さなかったことは前に見たとおりである。

小林は高松宮に向かって話をつづけた。

「陸海軍が今日のように個々のものになりましたのは、私ども引退者にも責任があります。私は及ばずながら陸軍の長老を尋ねてなんとか融合の途はないかと相談しているのでありますが、陸軍の老人のあいだにも切実にこれに同感している人も少なくありません[11]」

そして小林は、陸軍部内で声望ある長老を起用するようにしなければいけないと説いた。どんな人がいるのかと高松宮が尋ねた。小林が答えた。

「真崎大将は熱心に陸海軍の渾然《こんぜん》一体の要を説かれております。また真崎大将は士官学校長として、あるいはまた大学校長として、今日要路に立っている者の育成、指導にあたった人ですから、大将の風格に敬仰している者も少なくないと思います。

そこで真崎大将を起用することも考えられます」

小林は、刺激的なこと、険難なことには触れなかった。皇道派を利用して、統制派を始末させるといったことはまったく語らなかった。

高松宮は小林から聞かなくても、殖田俊吉や細川護貞《もりさだ》の話を聞いていたから、真崎や小畑に陸軍の現指導部の粛清をさせるといった構想があることを承知していた。だが、高松宮はべつの人びとの意見や反論も聞いていたはずである。そんなことをやろうとしてできるはずがない、なによりも真崎大将は陸軍部内で人気がない、かれは嫌われているといった話である。

高松宮は小林に向かって言った。

「陸海軍の協力は、現役の大将、軍事参議官、参謀次長の職にある者の命令でも、部下に徹底しません。ましてや臨時飛入りではどんなものでしょう[12]」

小林はつづいて岡田啓介と会った。米内光政とも話し合ったのであろう。小林は、航空機を海軍に任せてもいいと語った真崎の話を披露したにちがいない。また小林は、海軍大臣を兼任する最初の考えをひっ込め、米内を海軍大臣に推すつもりだと語ったのかもしれない。

岡田と米内は肩をすくめたのであろう。航空機を海軍に任せるなどといったことができるはずはなかった。陸軍将官のだれにもできはしなかった。かりに真崎が参謀総長になって、そんなことを言いだせば、陸軍内は蜂の巣をつつく騒ぎになるだろう。

真崎が梅津一派を切るつもりなら、市谷台の課長や課員たちを懐柔しなければならない。だが、飛行機を海軍に任せるなどと言ってしまえば、かれはそれでおしまいである。真崎大将が陸軍大臣になり、参謀総長になって、そんなことを言いだすはずがない。

岡田と米内は小林に向かって、世田谷の退役将軍たちにかかりあうのはいかがなものかと忠告し、陸軍内にお家騒動が起きるのを海軍は望んでいるのかと、陸軍次官あたりから苦情をもちこまれることになるだけではないかと言ったのであろう。

海軍兵学校十一期上の大先輩と三期下の後輩、この二人の重臣の支持を得られなければ、他の重臣たち、ましてや内大臣を味方につけることはできはしない。小林はあとずさりをはじめた。近衛と吉田、そして小畑は小林を諦めた。近衛と吉田が新たに推すことにしたのは柳川平助である。

柳川平助は第一巻で触れたとおり、皇道派である。昭和十一年の二月の反乱が起きたときに、かれは台湾軍司令官だったが、その直前まで第一師団長だった。軍務局長の永田鉄山を殺害した相沢三郎の公判をおこなったのが第一師団であり、その軍法会議を皇道派の宣伝の場にさせたのが師団長の柳川だった。

公判では、判士と相沢の弁護人が、殺された永田を悪逆非道の人非人に仕立てあげ、反対勢力を攻撃し、裁判の引き延ばしを図った。二・二六事件勃発の日の前日にも公判は開かれたのだが、その単純な殺人事件はいつ結審するかわからない政治裁判となっていたのである。

情勢は、二月の反乱事件のあとに一変した。昭和十一年八月には、いわゆる粛軍人事がおこなわれ、柳川は小畑らとともに予備役にまわされてしまうことになった。

ところが、柳川を重用したのが近衛である。柳川の陸軍指導部に対する感情を巧みに利用し、陸軍と張り合わせ、陸軍を牽制するために、近衛はかれに特別の地位を与えてきた。

昭和十三年末には、近衛はかれを興亜院の総務長官にした。そして昭和十五年十二月には、第一巻で見たとおり、司法大臣にした。

そこでだが、近衛は柳川という手駒をもちながら、どうしてはじめからかれを首相に推そうとしなかったのか。元国務大臣の柳川を首相に推薦するのなら、だれにも文句を言われる筋合いはないはずだった。海軍とのかかわりはないのだから、岡田や米内も落ち着いていられようというものだった。

だが、肝心な点で、柳川はだめだった。柳川が首相になって、かれが真崎や小畑を閣僚にすることはまずありえないことであった。近衛と吉田が柳川を首相に推そうとしなかった理由がここにあった。

一口に皇道派といっても、かれらはすでに団結してはいなかった。かれらは仲たがいをしていた。

それはこういうことだった。皇道派のかつての首領である荒木貞夫は爵位を受け、第一次近衛内閣では文部大臣をやった。陸軍や政府の式典や催しには、招待者名簿の上位にかれの名前はかならず載せられていた。柳川平助はいちどは現役を逐われたが、そのあと召集を受け、第十軍司令官となり、つづいては興亜院総務長官、司法大臣、国務大臣、大政翼賛会副総裁と重要ポストを歴任してきた。ところが真崎と小畑はずっと浪人生活を送ってきた。地位と名誉を失ったまま、不平と憤懣の十年近い歳月をすごしてきたのだった。

こうして皇道派の将官たちのあいだには、いつか深い溝ができていた。互いに会うことはなくなり、意思の疎通はなくなっていた。そして面倒なのは、柳川の側が真崎と小畑をひどく嫌っているということだった。

柳川には一徹なところがあるだけにどうにもならなかった。佐々弘雄や岩淵辰雄が柳川に敬意を払っていたが、かれらがかったのは、かれのその一徹さであり、陸軍大臣になったら、陸軍部内の粛清をできると思えたその頑強で、厳しい性格である。

ついでにいえば、柳川のもとで働いたことのある者たちは違った見方をした。非常に神経質で、感情的な性質だと柳川のことを見ていた。柳川が軍務局長だったときに、部下たちはかれが宇垣時代のすべてをぼろくそに非難するのを何度となく聞かされたものだった。そしてかれの出身である騎兵の力が弱められることには、きまって強硬に反対し、部下たちは毎回悩まされることになったのだった[13]。要するに柳川は党派心が強く、狭量で、凡庸な人物だったのである。

なんではあれ、近衛と吉田のグループは宇垣一成を見限り、小林躋造には逃げられてしまったのだから、柳川を推すしかなかった。柳川を説得して、小畑、真崎と手を握るようにさせねばならなかった。

小磯国昭の指名　昭和十九年七月

ところで、近衛は以前には吉田茂を前に押しだし、自分はそのかげに隠れているようなところがあったのだが、すでに見たとおり、昭和十九年三月、四月からは、かれも倒閣に熱を入れるようになっていた。そしてかれはひとつ新しいことをはじめた。

かれは、自分が首相を辞めたいきさつを明らかにし、日米交渉の経緯を語ることに熱意を燃やすようになった。いまになれば、正しかったのは間違いなく自分であり、誤っていたのは自分の後継首相の東条なのだと人びとにわからせようと、かれは努めることになったのである。

たとえば、昨十九年の五月十五日には、安倍能成《よししげ》、和辻哲郎、小泉信三、岩波茂雄を荻窪の邸に招いた。六月八日には財界首脳の集まりである八日会で話をした。また六月十五日には、日銀総裁の渋沢敬三をはじめ、三井、三菱、住友の首脳たちとの会合に出席した。これらの集まりで、かれは自分が正しかったことを明らかにするはっきりした証拠を示すこともした。その証拠とは、昭和十六年十月十六日に天皇に奉呈した辞表の写しだった。肝心なくだりはこのように書かれている箇所である。

「……此ノ際ハ、政府軍部協力一致ソノ最善ヲ尽クシテ、アクマデ対米交渉ヲ成立セシメ、以テ一応支那事変ヲ解決セントスルハ、国力培養ノ点ヨリ云ウモ、将タ《はた》又《また》民心安定ノ上ヨリ見ルモ、現下喫緊《きつきん》ノ要事ニシテ、国運ノ発展ヲ望マバ寧ロ今日コソ大ニ伸ビンガ為ニ善ク屈シ国民ヲシテ臥薪嘗胆、益々君国ノ為ニ邁進セシムルヲ以テ最モ時宜ヲ得タルモノナリト信ジ臣ハ衷情ヲ披瀝シテ東条陸軍大臣ヲ説得スベク努力シタリ。

之ニ対シ陸軍大臣ハ総理大臣ノ苦心ト衷情トハ深ク諒トスル所ナルモ撤兵ハ軍ノ士気維持ノ上ヨリ到底同意シ難ク又一度米国ニ屈スルトキハ彼ハ益々驕横ノ措置ニ出デ殆ン

ド底止《ていし》スル処ヲ知ラザルベク仮令《たとえ》一応支那事変ノ解決ヲ見タリトスルモ日支ノ関係ハ両三年ヲ出デズシテ再ビ破綻スルニ至ルコトモ亦予想セラル。且国内ノ弱点ハ彼我共ニ存スルヲ以テ時期ヲ失セズ此ノ際開戦ヲ決意スベキコトヲ主張シテ已マズ。懇談四度ニ及ビタルモ終ニ同意セシムルニ到ラズ。……(14)」

志賀直哉もそれを見せてもらったひとりだった。かれは丁寧に毛筆で書かれた辞表を読み、いい文章だと思った。辞任せざるをえなかった近衛の苦しい立場を理解できたように思った。そして志賀は、何年も前の辞表などわざわざ持って歩く必要はないはずだから、近衛は人に見てもらいたい気があるのだと考えたのだった。

近衛が木戸幸一に向かって、皇道派に政権を握らせる考えをはじめてはっきり説いたのは、昨年、昭和十九年六月五日のことだった。

いよいよ木戸に決断を迫るときだと近衛は思った。敵一個師団がビアク島に上陸したばかりだった。亀の形をしたニューギニアの首の付け根のところにその島はある。その島の三つの飛行場を奪われてしまえば、ニューギニアの亀の尾にはじまって、その甲羅をたどり、二年余にわたってつづけてきた凄惨な戦いもおしまいだった。主戦場はフィリピンへと移ることになる。そうなれば石油とボーキサイトの輸送は断ち切られる。力を蓄えることは難しくなり、反撃できる見込みはなくなってしまう。

それとはべつに、マーシャル群島内のメジュロ環礁に碇泊している敵空母群が動きだす気配にあることを、空中偵察から海軍は探知していた。いったい、敵はどこを狙うのか。サイパンを強襲するとはまだわかっていなかった。

戦局がそのように緊迫していることを知らなくても、どこで敵を押し戻せるのだろうかと暗い気持ちでいる人びとは、政府と統帥部を一手に握った東条への不信の念を強めていた。こうした目に見えない圧力のなかで、木戸は自分を守るために、遠からず東条と手を切らざるをえなくなると近衛はみたのである。

近衛は木戸に向かって、地下共産主義者が政府各機関へ浸透していると説いた。この悪化する情勢のなかで、共産主義の脅威はこのさきいよいよ大きくなっていくだろうと語り、この危険を抑えることができるのは皇道派しかいないと語った。

そして近衛は木戸に依頼した。

「お上が真崎、柳川、小畑といった将軍をどのようにお考えになっているのか伺ってもらいたい」

真崎や小畑を陸軍大臣、参謀総長にするためには、かれらをまず現役に復帰させねばならない。そのためには、天皇のお声がかりといった方法しかなかった。

木戸はうなずいた。つづいて近衛は、つぎの総理には柳川中将の声が高いと言って、木戸の反応をうかがった。木戸の対応はにべもなかった。「柳川中将はただ神様を拝むばかりだから困る」[15]と一蹴した。

木戸は柳川になんの好意も抱いてはいなかった。神様を拝むばかりだから困るとかれは語ったが、皇道派だから困ると言いたかったのが、かれの本音だった。

梅津一派に憎しみを抱く柳川が、かりに陸軍大臣になることがあったら、これこそ昭和十一年八月の粛軍人事の報復にでて、逆粛軍人事をやろうとするにちがいなかった。木戸はそんな具合に柳川をみて、警戒していた。もちろん、首相にするのも、絶対に反対だった。

近衛が木戸と話し合ってから九日あとの六月十四日、木戸が近衛を官邸に招いた。かれは、真崎、小畑、柳川について天皇が述べた言葉を伝えた。そのとき、近衛に語った内容を、木戸は備忘のために日記に書きとめておいた。

「真崎――参謀次長の際、国内改革案の如きものを得意になり示す。中に国家社会主義の如き字句あり、……

柳川――二・二六を一師団長として押え得ざりしこと。……方面軍司令官迄の人物にあらざるか。

小畑――作戦家なり……軍司令官程度か」

木戸は日記には書かなかったが、近衛に向かって、さらにつぎのようにつけ加えていた。

「いまソ連と親しくせねばならぬとき、対ソ強硬派たるかれらを出しては悪くはないかとの御下問がありました[16]」

近衛は天皇が皇道派に対して以前と変わらぬ先入観をもちつづけていることに大きく失望した。前内府の湯浅倉平が皇道派に抱いていた不信感と反感をお上はそのまま信じているのだと思った。

だが、近衛は自分の構想が正しいこと、そしてまた実行可能であることを、木戸にも、岡田にも、若槻、米内にも理解させることができていなかった。

重臣たちのだれもがもっている共産主義への過敏症に訴えようとした近衛と吉田の戦術のほうも、さっぱりうまくいっていなかった。陸軍部内に地下共産主義者がいる、この連中がぐるになって行動し、日本の共産化を進めているといった陰謀の話は、もうひとつ迫真性を欠いていた。

近衛も、吉田も、殖田俊吉も、熱心にキャンペーンをおこなった。陸軍航空本部にいる秋永月三が産業の国営化を主張していると聞き込めば、早速、その話を伝えてまわった。

秋永月三は、南次郎、梅津美治郎、池田純久と同じ大分県の出身である。近衛が語るところの支那事変の拡大を意図した大分閥のひとりである。

そして小畑や殖田に言わせれば、秋永月三は池田純久と同じく、仮面をかぶった共産主義者である。池田純久については第一巻で述べたが、秋永は池田と同様、軍から派遣され、東京帝大経済学部で学んだ。そして池田と同じく、主として政治畑を歩んできた軍人である。

池田のあとを継いで、昭和十四年八月から四年間にわたって、はじめは企画院の調査官、つづいては企画院の第一部長をやったのが、秋永の重要な履歴である。

その時期に、秋永は配下に美濃部洋次や毛里英於菟《ひでおと》を重用し、経済新体制の青写真をつくろうとした。昭和十五年から十六年のことである。もちろん、殖田や吉田からみれば、美濃部と毛里はこれまた地下共産主義者であり、かれらがつくろうと試みた経済新体制の要綱は、日本共産化のための露払いとなるものだった。

そして昭和十九年になって、秋永が産業国有化を唱えだしたのは、またもや共産主義者が動きだしたというわけだった。国有化、統制経済、福祉の方策は、忍び寄る赤のプログラムだと考える人びとは少なくなかった。高級料理店やゴルフ場を閉鎖せよと騒ぎたてたのは、上級階級に対する大衆の不満や怒りを煽動しようとした陰謀であり、これまた赤が仕組んだことだと疑う人びとも多かった。

こうした話を何度も聞かされている若槻や岡田が、殖田や小畑の語るところを聞けば、かれらの知らぬところで、地下共産主義者の策謀が進められているという話はほんとうのことかもしれないと思うことにもなった。

だが、日本を共産化しようとする巨大な陰謀が存在し、関東軍司令官の梅津美治郎がその秘密組織の指導者といった話にまで発展すれば、重臣たちは首をかしげた。かれらは秋永月三のことについてはよく知らなかったが、梅津のことなら、おおよその見当がついた。

満洲重工業総裁の高碕達之助とうまくやっている梅津が、赤の親分であるはずがないとかれらは思った。満洲重工業の初代の総裁は鮎川義介であったが、かれに推され、昭和十六年に高碕がそのあとを継いだ。

高碕は満洲重工業傘下の成績不良の鉄鋼部門を統合し、これまた経営不振の炭鉱を分別しようとした。効率的な経済運営をめざしてのことだった。

そのために昭和製鋼所理事長の小日山直登を更迭し、満洲炭鉱の主である河本大作を引退させようとした。それこそ満洲国建国の元勲といった存在が河本である。

関東軍の幕僚たちがその二つの人事に反対した。高碕はそれを無視しようとした。たかが鑵詰屋の分際で関東軍に楯をつくのかと軍人たちが怒った。高碕は満洲重工業入りする以前に東洋製罐の社長だった。町工場からはじめて、二十五年にわたって製罐業に打ち込み、元旦以外は休んだことがないという勤勉な企業家だった。軍人たちは高碕を叩きだそうとした。かれらを抑えたのが梅津だった。かれは高碕の思いどおりに腕をふるわせた。

また高碕は、ビッグ・ビジネスの代表である住友に満洲重工業の子会社のひとつを任せようとした。満洲重工業内から、そして関東軍から一斉に反対の声があがった。満洲に財閥を入れないといったイデオロギーはすでに怪しげなものとなっていたが、それでもイデオロギーはイデオロギーだった。ところが、梅津はその原則論に与《くみ》しなかった。高碕の主張を支持した。

こうしたわけで、あらかたの重臣たちは、梅津がもっとも危険な人物である、かれが地下共産主義者たちのパトロンだといった話を信じなかった。そしてかれらがもうひとつ信じることのできなかったのは、共産主義者の一団の陰謀を叩き壊すことができるのは皇道派の将軍たちだという話だった。

陸軍部内の大掃除をする、粛清をするというのだが、真崎や小畑、柳川がやろうとすることは復讐なのではないか。梅津一派を一掃するだけですべてはうまく収まるのだろうか。とてもそれだけでは済むまいと重臣たちは思った。昭和十年、十一年に陸軍内で起きたような陰惨な争いが再燃し、血で血を洗う訌争《こうそう》になるのではないかと恐れた。

こうして近衛と吉田の皇道派登用の計画は、宮廷と重臣たちの反対の壁にぶつかってしまった。ところで近衛が木戸から、お上には真崎や小畑を登用する意思がないと聞いたまさにそのとき、敵艦隊のサイパン島に対する砲撃がはじまっていた。

六月十五日には、サイパン島に敵軍が上陸した。六月十九日には、連合艦隊が敵艦隊と戦うことになった。その結果、空母三隻と四百機以上の飛行機とその搭乗員を失い、サイパン島の六万人の守備部隊が全滅してしまった。

この深刻な敗戦は、政府と統帥部を根底から揺さぶった。七月十八日に東条内閣は総辞職した。そして同じ日に、後継首相を決める重臣会議が宮殿内の西溜の間で開かれることになった。

この肝心なときに近衛と吉田は首相候補をもたなかった。もっとも真崎や小畑を陸軍の責任者にすることができないのだから、首相にだれを推しても、なんの意味もなかった。

そして近衛の手の届かないところで、重大なことが起きた。梅津美治郎が満洲から東京へ戻ってくることになった。東条のあとを継いで、梅津が参謀総長になったのだった。

どうしたらよいのか。中間内閣をつくって時間稼ぎをするしかないと近衛は思った。できれば、真崎か、小畑を、無任所大臣でもいいから新内閣に押し込みたかった。このつぎの戦争終結内閣で真崎か小畑を陸軍大臣とするためにも、誤解をとき、顔を売っておくことは必要だった。なにはともあれ、言うべきことは言っておこうとした。後継内閣首班を銓衡する重臣会議でかれは警告した。

「……我国の今日は極端にいえば、左翼革命に進んでいるようであります。あらゆる情勢がそういう風に見える。敗戦はもちろん恐ろしいが、敗戦と同様もしくは、それ以上に怖ろしいのが左翼革命だ。敗戦は一時的で取り返すことが出来るが、左翼革命に至っては、国体も何も吹っ飛ぶ。だから左翼革命については、最も深甚なる注意を要する。表面に起って運動している者ばかりが左翼ではない。右翼のような顔をしている軍人や官吏にも実は多いのだ。本人はそういう積りでなくともすることは全く赤だ、というのが非常に多い。これに向って大斧鉞《ふえつ》を振う人が絶対に必要だということであります[17]」

平沼騏一郎が「全然、御同感」と言った。近衛は若槻と木戸がうなずいたのを見た。つづいて首相候補の名前を挙げることになった。木戸が機先を制した。寺内寿一元帥はどうかと言った。このさき述べる機会もあろうが、ぜひとも寺内を首相にしたいというのが木戸の胸のうちだった。積極的に賛成する者はいなかったが、反対する者もいなかった。寺内でよいだろうということになった。

だが、寺内元帥は南方軍総司令官として昭南にいるのだから、寺内を呼び戻すことに統帥部がうなずくかどうかわからない。もうひとり、候補者を選ぶことにした。米内光政が梅津美治郎を推した。阿部信行、若槻礼次郎、岡田啓介が賛成した。近衛は顔色を変えたにちがいない。自分への侮辱と受けとったことであろう。かれが折にふれて説いてきたことも、ついいましがたのかれの熱弁も、だれの心にもとどまっていなかったのである。

木戸が言った。

「梅津大将は参謀総長になったばかりだから、すぐまた変えるのはよろしくないでしょう」

木戸は近衛の味方に加わったわけではなかった。梅津を支持する者が増え、寺内を押しのけ、梅津が第一候補になってしまうのを木戸は恐れたのである。ところが、若槻が木戸のこの主張に反対した。「参謀総長に就任したばかりでも、いっこうに構わないでしょう」と言った。

近衛は助け舟を求め、平沼騏一郎に視線を向けたのではなかったか。大政翼賛会事務総長の有馬頼寧《よりやす》、あるいは陸軍軍務局長の武藤章を共産主義に甘いと睨み、かれらを放逐させたのが平沼である。ところが、平沼は梅津を疑ってはいなかった。前に述べたとおり、昭和十八年一月に東条が病気で倒れたとき、平沼は梅津を首相候補に挙げていたのである。それが一年半のちには、平沼は近衛の話を信じ、梅津をもっとも危険な人物と思うようになっていた。

「それはいけない。そうたびたび変えるのはよくない」と平沼が声を張りあげた。だれもが平沼の剣幕に押された。梅津の名は消えた。

そこで挙げられたのが朝鮮総督の小磯国昭だった。平沼は小磯と親しかった。反対はなかった。寺内と小磯の二人の候補が決まった。

内大臣の木戸が侍従武官長を通じて、寺内を首相にほしいと参謀本部に申し入れた。

第一線の総司令官を一日もあけるわけにいかないと東条が答えた。

大本営、南方軍総司令部、方面軍といかにも収まりよくみえる指揮系統は、ほんとうは紙の上だけのものである。大本営と方面軍のあいだに挟まれた中二階といった存在の南方軍総司令部は、無用の機関というのが実状である。総司令官が元シンガポール総督官邸に三日いまいと、五日不在であろうと、実際にはなんの支障もなかった。東条が寺内を手離せないと言ったほんとうの理由は、かれを裏切った木戸に対する意趣返しだった。そしてもうひとつ、かれ自身が寺内を嫌っていたからである。

こうして第二候補の小磯国昭が一位に繰りあがった。小磯は朝鮮から東京へ戻ってきた。天皇はかれに組閣を命じた。そのあとかれは、重臣たちの集まりに出席することになっていた。

これは小磯の組閣に注文をつけるための重臣会議だった。真崎、小畑を大臣にするようにと小磯に押しつけることを狙って、近衛が開かせることにした会議だった。

木戸は近衛のその意図を承知していた。木戸はその邪魔をした。木戸の助言があってのことにちがいない、天皇は小磯に向かって、組閣にあたっては、ソ連を刺激するようなことはしないようにと述べた。

重臣会議の集まりで、小磯は天皇のその言葉を披露した。皇道派を閣僚に加えるなとの示唆と小磯が理解し、重臣たちもそのように受けとった。近衛の試みは失敗に終わった。

米英ソ三国首脳会談の行方

そしてそれから六カ月たつことになる。近衛と吉田は、この昭和二十年一月からそうような意気込みをもって動きだしてきている。だが、近衛と吉田は相変わらず首相候補をもっていなかった。かれらが期待を寄せていた柳川平助はこの一月二十二日に他界してしまった。

小林躋造と宇垣一成について述べておけば、小林は昨十九年八月に首相小磯の求めに応じ、翼賛政治会の総裁となり、つづいて昨年十二月からは国務大臣となっている。

宇垣一成といえば、相変わらず意気盛んである。この一月末、徳富蘇峰が宇垣に伝言した。今度はぜひ出馬をわずらわせねばならぬと述べ、それが国民最大多数の声であると伝えた(18)。もっとも、蘇峰が言わんとしたのは、そのあとにつづく部分だった。宇垣大将によって平和を招来しうると期待している一部の者の担ぎだしに注意を乞うと蘇峰は語ったのである。われわれのほうから平和を提唱することは、無条件降伏をもたらすことになるからだとかれは警告したのだった。

かれが言った一部の者とは、近衛とその仲間のことを指したものであることはいうまでもない。実際には近衛のグループは宇垣を見捨てたままであった。

近衛と吉田は、首相をだれにするかということよりも、重臣たちに陸軍首脳陣の一新が必要であることを説き、かれらの合意をとりつけようとしてきた。

近衛と吉田は、重臣たちがどうしてかれらの構想を敬遠してきたのか、その理由を承知している。恐怖感である。陸軍内に混乱が起きるのではないかと恐れてのことである。だが、近衛も、吉田も、そうしたことをさほど気にはしていなかった。半年前と比べて戦局はいよいよ悪化している。首をちぢめているだけで、戦争を終わりにすることはできない。戦争を収拾するためには、自分たちの方策しかないとかれらは思っているのである。

近衛ははっきりと語りはじめた。たとえば一月二十二日、かれは高木惣吉につぎのように説いた。

「支那事変を拡大し、対米英戦争を誘発した張本人の陸軍の幹部が残っている限り、だれが首相になっても、この戦いは収拾できぬ。陸軍を一新しなければなりません」(19)

そして一月三十日、近衛は木戸と面談した。戦局の見通しについて、陸海軍の両総長の真意をお上から確かめていただきたい、内大臣の尽力を望むと近衛は言った。

参謀総長と軍令部総長に本音を吐かせることはたしかに必要である。とはいっても、それは無理な注文だった。梅津美治郎や及川古志郎が弱音を吐くはずはなかった。戦争は遂行しなければならない、いずれ戦況は変化して、敵は譲歩する気になる。そのときまで戦いつづけねばならないと言うにちがいなかった。

陸海軍統帥部は今後の作戦大綱を決めたばかりなのだ、時機がまずいと木戸は近衛に告げたのである。

「帝国陸海軍ハ機微ナル世界情勢ニ鑑ミ　重点ヲ主敵米軍ノ進攻撃摧《げきさい》ニ指向シ……以テ敵戦意ヲ挫折シ　戦争目的ノ達成ヲ図ル[20]」ではじまる作戦大綱である。参謀本部作戦課の作戦班長が原案をつくり、作戦課長、作戦部長が検討し、つづいては軍令部の作戦部長と作戦課長が打ち合わせをしてつくりあげ、一月十九日に参謀総長と軍令部総長の二人が天皇に上奏したのが、その「帝国陸海軍作戦計画大綱」である。

木戸のそんな弁解を聞くまでもなかった。及川古志郎に向かって、戦いをこのさきつづけても、見込みはないのではないかと問いかけ、じつはそうなのだと及川が答えるはずのないことは、近衛がよく知ることだった。

いまの及川がそれを口にだすことができるのなら、昭和十六年九月から十月、かれが海軍大臣だったときに、勝てる見込みはない、戦争を回避しなければならぬ、外交交渉をつづけてほしいとはっきり言うことができたはずであった。

近衛は及川古志郎がなんの頼りにもならないことを承知していた。そこで梅津美治郎のほうだが、戦争はもはやできないと言い、和を講ずる以外にないと梅津が述べるとなれば、いささか困るのは近衛のはずである。

日本を共産化するために、戦いをつづけていこうとする大陰謀の地下組織があり、梅津はその連中に担がれているのだとは、近衛が説いてきたことだったからである。

もちろん、近衛にしても、梅津が戦争の先行きに見込みなしと言うことを望んでいる。だが、近衛は、自分の意見を滅多に口にしないその慎重な男が、戦いは負け戦だ、もはやなんの見込みもないなど言うことはありえないのを承知している。

近衛が木戸に向かって、お上が両総長に質問するように内大臣の尽力を望むと言ったほんとうの狙いはまたべつのところにあった。戦争終結の責任を自分の肩にのせようとしない木戸に、その責任をしっかり負わせようというのが近衛の意図だったのである。

木戸は内大臣の力はごくごく限られたものだといった顔をし、自分は軍事上の問題にかかりあうことができないのだと語ってきた。たとえば、高木惣吉は木戸からそのような話を聞いたことがある。

「統帥事項は官制上ふれることはゆるされない(21)」

木戸が「官制上」と言ったのなら、それは正しくない。常侍輔弼《じょうじほひつ》の責任をもつ内大臣は、文武いずれの問題についても、天皇に助言できるはずである。

木戸は慣例上と言うべきであった。だが、慣例上と言ったら、この未曾有の困難のときに、そんな慣例は無視せねばならぬ、軍事問題にも関与すべきだと説かれ、内大臣が国務と統帥の要《かなめ》の地位に立たなくて、だれがその責任を負うのかと問われることになるのは必定だった。かれはこれを嫌ったのである。

そしてほんとうのことをいえば、木戸はすでに軍事問題に踏み込んでいるのである。アルミニウムの配分問題で、海軍が全体の三分の二を要求し、陸軍との争いがつづいて険悪な情勢になったとき、折半の原則を維持するようにと天皇に助言したのは木戸であった。

また、東条が参謀総長兼任を望んだとき、かれが相談したただひとりの相手が木戸であり、東条のこの要請を承認するようにと天皇に助言したのも木戸であった。

木戸は国務と統帥の要衝にいて、実際には大きな権威と影響力をもってきた。だが、かれはそんな力をもっていないようなふりをして、内大臣がとらねばならない責任を負うことを避けてきたのである。

そのかれを表へ引きだし、軍事問題に口をださせ、内大臣は戦争終結のために主導権をとるべき責任を負っていることをはっきりさせようとしたのが近衛の狙いだった。

木戸は近衛のこのような意図を知っていた。そしてまた、木戸の耳には、かれの更迭を求める近衛系の人びとの声も入っていた。

木戸は、一月三十日に近衛に会う前から、近衛一派の陰謀をどのように始末するかを考えていた。いよいよ最後の手段をとるしかないと思った。重臣たちにかれらの意見を上奏させることである。

これをやれば、天皇の周りに木戸は塀を張りめぐらしているといった非難を打ち破ることができる。それだけではない。重臣に上奏の機会を与えれば、戦争終結のための容易な案などありはしないことをかれらにはっきりわからせることができ、木戸はなにもしていないといった勝手な言い草を封じることができる。

そしてもちろん、二年来説いてきた近衛の皇道派起用論を叩き潰すことができると木戸は考えたのである。

近衛の側はどうであったか。近衛は細川護貞に向かって、苦笑を浮かべながら、まことに形式的だと木戸のやり口に不満を語った。とはいっても、この上奏は四方八方からの木戸への締めつけが成功した結果だと思ったのである。

近衛はこの機会を逃すつもりはなかった。吉田茂もいまこそと思った。こうして今日、二月十三日、吉田と近衛は打ち合わせをおこない、上奏のための最終草稿をつくったのである。

ところで、二人は協議をつづけているあいだも、外務省、それとも同盟通信社、あるいは放送協会からの使いが持ってくるであろう電報を心待ちにしていたのではなかったか。かれらの戦争終結の構想が実効あるものとなるかどうか、その電報の中身を知れば、確認ができると二人は考えていたはずだからである。

じつはこの二月のはじめから、海外電報は米英ソ三国の指導者、スターリンとルーズベルトとチャーチルの三人が秘密会談をおこなっていると伝えてきていた。

三国首脳会談はカイロで開催されていると告げてきたのが最初の報道だった。それは二月一日付のリスボン発の同盟通信の電報だった。ほんとうはサンフランシスコ放送を傍受してつくった記事なのである。国民がアメリカの放送を聴くことを禁止しているのに、新聞がサンフランシスコ放送の傍受と正直に書くわけにはいかなかった。そこでアメリカのラジオ放送の情報を利用するときには、「リスボン発同盟」とクレジットを入れていたのである。

会議の開催地はカイロと伝えていたのが、ルーマニアの海岸だ、コーカサスのソチだとつぎつぎと噂が飛び交うようになった。その会談の中身についても、外電はさまざまな憶測や解説を伝えてきた。首脳会談が開かれていることは間違いなかったが、米英ソ三国は厳重な報道管制をしき、すべては秘密に包まれていた。

二月七日に英国情報省がはじめて中間発表をして、三国首脳会談がおこなわれていると告げ、ドイツの占領に関する共同計画と常設の国際機構をつくるための協議をつづけているのだと述べた。だが、どこで会談が開かれているかはいぜんとして明らかにしなかった。

外務省の部課員、陸海軍の軍務局員、新聞社の外報部記者たちは、その会議で日本の問題が討議されているのではないかと疑った。日本の問題を俎上にのせ、三国それぞれが要求をだし、条件をだし、取り引きをしているのではないかと懸念した。

そうは思いつつも、その可能性はまずありえないとだれもが思った。ソ連と米英がヨーロッパの支配をめぐって激しく争っているとき、まだ占領もしていない極東地域分割の相談がまとまるとは思えなかった。具体的な決定などできるはずはないと考えた。

人びとは、ソ連がアジアに進出しようとするなら、アメリカと取り引きをせず、日本と話し合うだろうと思っている。かつてはソ連嫌いだった人たちが、いまはソ連に期待を抱くようになり、ソ連とのあいだにある種の協力ができると考えるようになっている。


外務大臣、枢密顧問官が語ったことをみよう。

一月一日に近衛が外相重光葵《まもる》と熱海で会ったことは第一巻で述べたが、細川護貞は近衛から聞いた話を日記につぎのように記した。

「重光は、『矢張りその場合ロシアを仲介に立てたほうが、同じ無条件でも独立国家としての体面だけは立ててくれるだろう』と言っていた」

また、梶井剛《たけし》も南弘からソ連に期待をかける言葉を聞き、日記にそれを記していた。

五十七歳になる梶井は日本電気の社長である。日本電気は昭和十八年に住友通信工業と社名を変えている。三田、芝浦、玉川向、上野をはじめ、岡山、大津、大垣に工場をもち、真空管、無線通信機、電波探知機をつくっている。

南弘は枢密顧問官である。明治二年生まれのかれは七十五歳である。西園寺公望に認められ、かれの内閣の書記官長となったのは、南が四十歳になる前のことだった。昭和七年にかれは斎藤内閣で逓信大臣となった。そのとき工務局長だったのが梶井剛だった。南は梶井の才能を認め、ずっとかれをかわいがってきた。南が枢密顧問官となったのは昭和十一年である。かれは政治、外交から国字問題まで、なにごとにも一家言をもち、貴族院勅選議員の時代から、一言居士、やかまし屋といわれてきたが、政治は常識だというのが持論の、穏健、清潔な政治家である。

一月五日、梶井剛は朝早く渋谷富ヶ谷の家を出た。午前中に海軍技術研究所の電波部長、つづいては軍需省第二部長と会う予定があったが、それより前に渋谷栄通りの南弘の邸を訪ねた。和漢洋書の山が廊下から応接間までつづいているあいだを抜けるのは、いつもどおりだった。梶井はその日の日記につぎのように記した。

「……八時に南弘顧問官邸を訪れ、……話が好きなのでつい時間が経つ。戦局と政局の話で矢張りソ連との提携を主として話された。比島方面の戦局は悪いらしい」[22]

梶井剛と細川護貞の二人がともに「矢張り」と日記に書いたのは、前に何度もそうした意見を聞いたことがあり、頻繁に口にされる話だったからである。

そこでだれもの念頭にある日ソ中立条約のことになるが、一月二十三日、外務省条約局はその条約の第三条の解釈をまとめた。

第三条は、条約の延長、不延長の手続きを決めている。不延長を望むのなら、この条約の期限満了の一年前までに条約廃棄を通告しなければならないことになっている。

もちろん、日本側はその条約の延長を望んできた。条約の延長を求めるために、日本はソ連と協議しなければならない。

その交渉を一日も早くはじめたいのが本心である。ところが、ソ連側がゆったりと構えているために、日本側も落ち着いていると見せかけなければならなかった。気がかりなのはその最終期限である。条約局は、条約の期限満了の一年前が何月何日になるのかをはっきりさせようとしたのである。

条約を批准したのは昭和十六年四月二十五日だった。条約の有効期間は五年だから、期限の満了は昭和二十一年四月二十四日となる。二十四日を含み、二十五日を含まない。

それから一年前といえば、昭和二十年四月二十四日の午後十二時となる。そこで四月二十四日までに、ソ連との議論を終わらせなければならない。条約局長はこれを外務大臣に報告した。三カ月の余裕がある。長いか、短いかは、考え方しだいだ。

二月三日、教育総監の畑俊六は清水盛明《もりあき》の報告を読んだ。

清水盛明はイタリア駐在武官である。四十六歳であり、士官学校では有末精三《ありすえせいぞう》と同期だった。清水と有末はよく似ている。ともに八面六臂の活動家である。政治に口をだし、ローマに勤務し、ムッソリーニから親しく声をかけられたところまでが同じである。だが、有末が全盛期のムッソリーニに話しかけられ、かれの崇拝者になったのにひきかえ、清水は尊敬するムッソリーニとかれのイタリアが亡びるのをその眼で見ることになってしまった。

畑俊六は、清水盛明の報告の要点を日記に書き写した。

「…………

今次ソの大攻勢は独の運命を決するものなり。

独の所謂《いわゆる》秘密兵器に関しては大なる希望を抱く能わず。特に憂うべきはガソリンの欠乏なり。

独の志気は将兵共に独の勝利を信ずるもの少なく、戦争の終結を希望するもの多きは偽らざる所なり。

…………

敵陣営は対立愈々深刻化すべきも、今日戦争遂行に支障を与うる程度に悪化するものと判断するを得ず。

要するに今や最後の五分間なり。

独が超人的意志と力を発揮し、ソに対し一大打撃を与える場合か、帝国の斡旋により日独の相当大なる代償提供によりソ独単独講和に成功せざる限り、独の再起不可能なるべし」

畑俊六が清水の電報を写しとったのは、つぎの結論に心を惹かれてのことだったのであろう。

「戦後ソと英米との対立は必至にして、対ソ政略の運用宜しきを得ば、ソを利用し英米を牽制し、今次戦争を巧みに終局に導く如き方策樹立の可能性なしとせず(23)」

二月六日の夕刻、衆議院書記官長の大木操のところへ大塚喜平が訪ねてきた。大塚喜平は朝日新聞の記者だ。大塚が訪ねてくるようになったら政治家も一人前といわれる、政治部の五十二歳になるベテラン記者である。

大塚は大木に語った。

「陛下は一昨日の二月四日に牧野伸顕伯をお召しになり、御下問がありました。ドイツがいかぬとき、ソ連との中立条約を楯に、極東にも地位を占めさせ、米の言い分を通させぬ方策はないかというお尋ねでした。

牧野伯は英国に渡りをつけることを考えておられるようです。

今後重臣を個々にお召しになり、意見を徴せられるとのことです(24)」

大木は考えたのであろう。ソ連を頼って大丈夫なのか。英国の交渉を望む牧野伯の考えが正しいのだろうか。その可能性はあるのか。

ところで、その話を大塚喜平に語り、それをひろめさせようとしたのは、だれだったのか。そしてその狙いはなんだったのであろうか。じつをいえばこの話はまるっきりの嘘だったのである。

ごきげん伺いのかたちをとっておこなう重臣の上奏はまだはじまっていなかった。平沼騏一郎が最初だったが、それは二月七日の予定だった。二番目が、日を改めて広田弘毅だった。そして五番目に牧野伸顕の上奏が予定されていた。

ソ連への期待と不安

広田弘毅が上奏したのは二月九日だった。ソ連は日本に対敵行動をとることをしなくても、ポーツマス条約の廃棄を求め、樺太の返還を要求し、漁業権と満洲駐兵権の撤廃を求めてくる可能性があると広田は述べた。「日ソ中立条約廃棄の通告期限があと二カ月あまりと迫っている現在、政府としてはなんらかの手段をとるべきときだと思います」とかれはつづけた。

そしてドイツの戦局と三巨頭会談がおこなわれている現況から考え、「ロシアに対する態度をいっそう鮮明にする必要があります」[25]と説いた。

広田が語ったことを、侍従長の藤田尚徳《ひさのり》はつぎのようにまとめた。

「支那ニ対シテハ如何ナル方策ヲ講ズルモ蔣ハ身動キ出来ヌ情勢ニ在リ。尚ソ連ニ対シイクラニテモヨキ立場ヲ造ルコト最モ大切ナリ。新ニ別ノ人ノ来ルコトヲ好マヌナラバ新シキ大使ヲ送ルコトモ可ナリト思考ス。……」(26)

対ソ外交の行き詰まりを打開するためには、交渉の担当者を代えるのが一策だというのが広田の考えだった。ソ連側は日本からの特使の受け入れを拒否していた。そこで日本から新しい大使をモスクワへ送り、現大使の佐藤尚武《なおたけ》をスイスへ派遣すべきだと、かれは説いたのである。

二月十日、参謀本部は、京都帝大助教授鈴木成高《なりたか》の「米ソノ政治外交」と題する研究報告を印刷にまわした。鈴木は三十七歳、参謀本部の嘱託である。ドイツ、ポーランド、イタリア、バルカンの情勢を分析して、かれはその結論でつぎのように述べた。

「欧州ニオケル紛糾ハ回避スルコト能ワザルベク、マタソ連ガ欧州政治攻勢ヲ断念セザルベキコトハ先ニ論ジタルトコロニシテ仮令《たとえ》ドイツ屈服ノ後ト雖《いえど》モ米英ハソ連ニ対スル示威ノタメ、マタ自己ノ発言権ノ保障ノタメ且ツハ占領地域ノ確保ノタメ、容易ニ欧州ヨリ兵力ヲ撤収スルコト能ワザルベシ

斯ク考エ来ルトキニハ吾人ハ……米英トソ連トノ対立武力に訴ウルニハ至ラザルモ欧州ニオケル情勢ガ米英ヲシテ対日戦ニ専ラナラシメザル……公算最モ大ナリト結論セザルヲ得ズ」(27)

二月十一日、細川護貞は西田幾多郎《きたろう》を訪ねた。

七十五歳になる西田幾多郎は、細川と同じく鎌倉に住んでいる。江ノ島電車に乗り、稲村ヶ崎のひとつさきの姥ヶ谷で降り、谷あいの曲がりくねった道を登りつめたところに西田の住まいはある。細川は近衛のお供をして、前にも何度か西田を訪ねたことがある。

西田は近衛と親しい。近衛ばかりでなく、原田熊雄や木戸幸一とも交際がある。西田は金沢の第四高等学校の教授をやめたあと、学習院の高等科で一年ほどドイツ語を教えたことがある。原田と木戸はそのときの教え子だった。

西田は明治四十三年に京都帝大の助教授になった。その翌年に原田や木戸が京大へ入学し、さらに一年あとに近衛が東京帝大哲学科をやめ、京大法科に転じ、京都へ来た。かれらは西田を誘ってハイキングに行き、ときにはかれを囲んで勉強会を開いた。西田と学習院出身者たちの師弟の関係は、こうして京都で生まれたのである。

西田は昭和三年に京大を定年でやめたあと、昭和八年から鎌倉に住むようになり、学習院出の京大グループとの交遊がふたたびはじまった。第一巻で述べたことだが、四十代前半のこれら華族が自分たちの技倆を信じ、いささかの政治的野心をもち、意気盛んなときのことである。

そして近衛が首相となったときには、西田はかれに教育問題で注文をつけたこともある。来客が西田に向かって、近衛の指導力の不足を嘆じることがあれば、「まあ、三条実美《さねとみ》というぐらいのところか」と応じもした。だが、ほんとうは内心に悔しさがあってのことで、西田はずっと近衛に愛情をもちつづけてきたのである。

二月十一日に細川護貞が西田を訪ねたのは、内大臣を辞任するようにと木戸に勧告する手紙をかれに書いてもらおうという考えからだった。細川とかれの仲間たちは、木戸に代えて、近衛を内大臣に推すことを考えた。木戸は近衛をはじめとする重臣たちの上奏をとりはからい、これで自分に対する非難を鎮めることができると思っていたのだが、近衛系の木戸排撃運動は終わってはいなかったのである。

細川がひとつ深呼吸をしたあと、それを切りだすと、西田は明らかに当惑の色を示した。「キトに言ってやっても、かれは聞きいれはしまい」と答えた。西田は木戸の名をキトと発音した。細川は、ほかからも圧力をかけるつもりだと言い、もうすこし考えてみようと西田が言って、この話は終わりとなった。

つづいて話は戦況のことになり、ソ連の話となった。細川は西田が語ったソ連観を、日記につぎのように記した。

「……将来の世界はどうしても米国的な資本主義的なものではなく、やはりソヴィエット的なものになるだろう。ドイツのやり方でもソヴィエットと大差はないし、又ソヴィエットでも資本主義こそ許さぬが、それ以外のものは宗教でさえも許している有様だから、結局はああいった形になるのだろう。日本本来の姿も、やはり資本主義よりは、ああいった形だと思う。而し日本の今日までのマルキストの理論は、ダンスの流行と同じはやりだよ。スターリンのやり方だってあんな下手なものではない、と云われたり」

多くの人びとがソ連と手を握らねばならないと思っている。だが、一方で、同じ人がソ連に接近して大丈夫だろうかと疑っている。そこで、だれかがソ連に助けを求めるのは危険だと言えば、しかしほかに道はあるまいと問い返すことになり、反対に、ソ連と同盟を結ぶべきではないかと言われれば今度は、ソ連は信用できないと答えることになるのである。

たとえば、一月一日に重光葵が近衛に向かって、ソ連に調停を頼むしかあるまいと語ったことは前に述べた。ところが、一月末の重臣たちの集まりに重光は出席して、岡田啓介がソ連に仲介を依頼してはどうかと言ったのに対し、重光葵は首を横に振った。

ソ連はその代価としてどれほどの条件を持ち込んでくるかわからない。延安にいる共産主義者を入閣させよといった条件をだしてくるかもしれない。当たって砕けろ式のことはできないと、消極的な態度をとったのだった。

ソ連に頼るしかない。だが、ソ連はこのときとばかりに過大な要求を突きつけてくるにちがいない。そうではあっても、唯一の打開策はソ連に頼ることしかないのであろう。たとえば、重光葵や木戸幸一はこんな具合に思い迷うようになっているのである。

こうして、だれもが三国首脳会談でなにが決まるのかを気にしてきた。そして米英とソ連とのあいだの対立が激化することを望む人びとは、その会談で大取り引きがおこなわれ、争いと仲違いは消えてしまうのではないかと懸念しているのである。

吉田の家で話し合う近衛と吉田はどうなのか。二人は、だれもがソ連の助力を求めるようになっていくのを恐れているが、米英とソ連との分裂を望んでいるのは、かれらもまた同じである。そこでこの二人も三国首脳会談のコミュニケの発表を待っているのだが、ほんとうのことをいえば、二人はその中身をそれほど重視しているわけではない。それについてはこのさきで述べる機会があろう。

近衛、「かの一味を一掃すべし」と上奏す

さて、今日、同じ二月十三日のことだが、夕刻には、三国首脳会談のコミュニケの写しは、政府幹部たちの手元に届いた。

会議の開催地はソ連のクリミア半島のヤルタだった。会議は二月四日にはじまり、二月十一日までつづいた。そして二月十二日に共同コミュニケが発表されたのだった。

同盟通信、朝日新聞の外報部記者、外務省の部課員、だれもが素早く探したのは、日

本、アジアの問題についての言及があるかどうかということだった。日本、アジアの一字もなかった。だれもがふうっと息をついた。コミュニケに最初に載せられているのはドイツ問題だった。

ドイツは、戦争に負けてしまったら、米英ソ三国とフランスを加えて、四国によって、四つに分割されることになる。だが、コミュニケで見るかぎり、それ以上はなにも決まっていない。決めることができなかったのであろう。すべてのことは先送りなのである。

ヤルタで決めようとしたのは、ポーランド問題のはずであった。一方の側にソ連とソ連が後押しをするポーランドの臨時政権があり、もう一方の側に米英と米英が承認しているロンドンのポーランド亡命政権があって、両者の対立がすでに半年にわたってつづいてきている。共同コミュニケは、その二つの政権をひとつにすることを定めていた。もちろん、それは紙の上だけの取り決めである。

はっきり定められたのはただひとつ、ポーランドの東部国境である。昭和十四年にリッベントロープとモロトフがポーランドを分割したときの国境線が、そのままソ連とポーランドのあいだの新しい国境線となった。既成事実の確認だけは簡単だった。ソ連はポーランド領を大きく奪う代わりに、新しいポーランドにドイツ領を与えようという意図のようだが、ポーランドとドイツとのあいだの国境線は決められてはいない。

首相官邸や陸軍省軍務局には、三国首脳会談の共同コミュニケの写しのほかに、それと関連するニュースも届いていたのであろう。ソ連のラジオ放送がその会議を繰り返し称賛していることにはじまり、プラウダとイズベスチアの社説がその会議の成果を褒めたたえ、プラウダはその会議のための特別号をだしたことが伝えられてきていた。

その会議を大成功と褒めたたえているのは、モスクワだけではない。米英両国の新聞の反応も、これまた熱烈なムードであふれている。ソ連にとっても、また米英にとっても、その会議の結果は、めでたし、めでたしといったもののようである。

外務省の幹部のなかには首をかしげた者も多かったにちがいない。たとえば、外務省顧問の本多熊太郎はどう考えたであろうか。ミュンヘン会談直後の英仏両国の反応と同じだと思ったのではないか。

昭和十三年九月、ミュンヘンに、ドイツ、イタリア、英国、フランスの首脳が集まり、いわゆるミュンヘン協定を締結した。英仏両国の政府、議会、言論機関は、その会議の成功に歓呼の声をあげ、平和が保持されたと手放しで喜んだ。だが、二、三カ月のあいだに「ミュンヘンの精神」なるものは霧散してしまい、熱気の最後のひとかけらも消えてしまった。そして英仏両国ではミュンヘンという語は恥辱をあらわす言葉になったのだった。ヤルタもミュンヘン以上のものではあるまいと本多熊太郎は考えたのであろう。

三国首脳会談についての電報の綴りをいち早く読んだ人たちのなかに、ハルピン総領事の宮川船夫がいる。かれは外務大臣の重光葵に一時帰朝を命じられ、東京にいる。帝国ホテルに宿泊している。

宮川船夫は山形の生まれ、五十四歳である。昭和十六年四月にクレムリンで松岡洋右《ようすけ》がスターリンと会談したときに、宮川が通訳をしたことは第一巻で触れた。ここでもうすこし述べておこう。

宮川船夫は東京外国語学校の露語科をでて、外務省の留学生試験に合格し、革命前のペテルグラードに留学した。かれはいわゆるノンキャリアだったから、出世の階段をあがっていくために、ベルリン、ワシントン、パリを回って歩くといったことはなかった。かれはずっとロシア勤務をつづけ、田中都吉《ときち》、広田弘毅、重光葵、東郷茂徳、建川美次《よしつぐ》の五代の大使のもとで働いた。

かれはロシア語ができない歴代の大使のために、ソ連で起きている重要問題をブリーフィングするのが日課だった。そして大使が外務省へ行くときには、かならずかれが同行した。モスクワ勤務をしたことがある天羽英二は、「大使にとっては秘書官兼情報係また指南役[28]」と宮川のことを語ったものだ。

現在、公使として新京にいる西春彦は、かれもまたモスクワ勤務の経験があり、宮川のことを、「通訳しながら、自分で交渉をするのだというような勢いで通訳する人[29]」と語った。まさしくそのとおり、宮川はなかなかの勉強家だが、それ以上に熱情家なのである。

「宮川君を中心にしてロシア及びソ連の物語をつづればこんこんとしてつきないであろう」とは、これも天羽英二が述べた言葉だが、たしかに宮川ほどソ連を相手にしてのきびしい交渉、協議の衝にあたった者はいなかったのである。

こうしたわけで、ソ連に関心をもつ政治家や役人なら、だれもが宮川の名を知っている。その人たちのあいだで、かれの外交構想が語り伝えられたことがある。昨年九月末、かれはハルピンから東京に意見具申の電報を打った。対ソ外交についての提案だった。ソ連に特使派遣を申し入れ、それを拒否され、政府と陸軍の幹部が落胆していたときだっただけに、だれもがその内容に注目した。

ソ連と交渉をはじめる時機はドイツ敗北のあとだと宮川は主張した。ソ連の息のかかったドイツ政府ができた場合、「ドイツノ新政府ヲ承認シ　独ソ開戦前一時実現シカケタル構想ニ基キ　日独ソブロック結成ヲソ連トドイツニ提議ス」とその電報は説いていた。

またドイツに親英米的政府ができたとき、あるいは米英ソ三国合体の政府ができたときには、ソ連に対して、中立条約の延長、その強化を提議すべきだと主張し、さらにつぎのように述べていた。

「我方提議ニ基ク交渉ノ過程ニオイテ　万一スターリンヨリ米英トノ和平斡旋ヲ提議シ

キタルガ如キ場合　我方トシテコレニ応ズルコト然ルベシト存ス
　従テ我トシテハカカル場合ノタメ　アラカジメ対策ヲ考究シオクコト必要ナルベシ
又スターリンガカカル斡旋ヲナス動機奈辺《なへん》ニアリヤ　モシ　イグナーチェフノ故智ニ倣ワントスルモノトセバ　ソノ代償モ亦少カラザルベシ(30)」

　宮川が説いたことのひとつひとつは、珍しいことでもなんでもなかった。宮川がイグナーチェフの故智と言ったのは、帝政ロシアの外交官、イグナーチェフが清国からウラジオストックを含む沿海州を割譲させたことを指していた。英仏同盟軍に攻め込まれ、清国政府が苦境にあるのに乗じ、和平仲介を口実にして、清国の領土を削りとったのだったった。

　だれもがうーんと唸ったのは、日独ソブロックをつくるという途方もない考えだった。すっかり忘れていた構想だった。昭和十五年のあのときに、四国ブロックができていたらと思う人びとは、このさきそれができるかもしれないという話にびっくり仰天し、その下地はできつつあるのだと気づき、まことに魅力的、積極的な計画だと思ったのだった。そしてそれがすべてを包む糖衣の働きをして、スターリンの和平斡旋を受け入れるべきだという主張までが、なんの抵抗もなく受け入れられることになったのである。

　その宮川提案から四カ月あとのことになるわけだが、現在、宮川が東京へ来ているのは、三国首脳会談が終わるのを待ち、だされるであろうコミュニケを待ち、ドイツをどのように処理する予定であるのかを見きわめたうえで、時機を失せず、モスクワへ向けてシグナルを送る考えなのである。

ドイツは米英ソのあいだで分割される模様となり、ソ連がドイツの全土を占領する見込みは消失した。宮川が昨年九月にひとつの可能性として説いた日独ソブロックを結成する計画は消えた。そこで、もうひとつのことをするつもりだ。

宮川はヤルタ会談のコミュニケの検討を終え、外務大臣と協議をしたのであろう。じつは重光葵も帝国ホテルに宿泊している。外務省は帝国ホテルの客室をいくつも借り、重光はここを官邸がわりに使っている。重光と宮川は、ソ連に平和の仲介を求める考えである。非公式に、慎重に仄めかすというやり方をとる。たまたま東京に来ているので、旧知を訪ねるというかたちにして、宮川はソ連大使に会う。

ソ連大使のジャコブ・マリクは昭和十四年に日本に赴任する以前、三年ほどモスクワの外務省新聞局次長だった。そのときモスクワにいた宮川は、かれをよく知っていた。

宮川はマリクに会って、つぎのように語る予定である。

「権威があり、説得力をもった国際的な指導者がすべての国に戦争の停止を求めるときが到来した。そのような指導者はソ連の首脳をおいてはいない。もしソ連の指導者が戦争の停止を提案するなら、ヒトラーは戦争をやめようし、ルーズベルト、チャーチルもその提案に反対しないであろう(31)」

もちろん、ヤルタの取り決めがあることを宮川は承知している。その取り決めがなくても、ドイツが崩壊しようとしている現在、スターリンがドイツの攻略を断念するはずはない。宮川が言おうとしているのは、太平洋の戦いのことである。ヨーロッパの戦いが終わったとき、スターリンが太平洋で戦いをつづけている国々に向かって、戦いの停止を説けば、米英、そして日本の指導者はそれに反対することができまいというのが、宮川の説こうとするところなのである。

スターリンは太平洋の平和を呼びかけ、大見得をきることによって、かれの国際的威信はいっそう大きなものになるだろう。しかもかれがアジアの平和を求める呼びかけをおこなえば、かれはアジアの問題に発言権をもつことにもなる。日本に恩を売り、日本を味方につけることもできる。日本はソ連の第一の友邦になる可能性があるのだ。ソ連にとって不利益なことはなにひとつないというのが、重光と宮川の考えである。

重光は、マリクを通じてだけでなく、もうひとつ、モスクワへ向けてシグナルを送る計画である。部下に命じ、ヤルタ会談を批判する海外向けの放送草稿を起草するようにと命じ、そのなかに盛る一、二の要点を語った。

そして重光は、武藤義雄に来るようにと告げたのであろう。武藤義雄は放送協会の海外部長である。放送会館の三階と四階を占め、外国人を含めて、三百数十人の部員を抱える海外放送の責任者である。かれは四十七歳、外務省の出身である。アメリカとの戦争がはじまったときには、ニューヨーク総領事だった。海外放送を外務省の監督下におこうという重光の意図があって、ロンドン時代に一等書記官としてかれのもとにいた武藤にその仕事を任せようとした。昭和十八年八月に、情報局総裁の天羽英二が武藤を放送協会に押し込んだのである。

海外放送のための草稿はできあがった。ヤルタ会談の共同コミュニケは、アメリカの世界制覇の野心を露骨に示したものだと断じ、世界の平和は、日本の重光葵外相が説くところの公正な外交路線によってのみ達成できると述べた内容である。

肝心な箇所はそのあとのくだりである。日本は公正な平和が得られるなら、戦争を停止する意思があるのだと仄めかし、つづけて述べた。「日本は平和のために差しだされた手を拒むつもりはない(32)」

重光はそれを欧州向けに放送するようにと武藤義雄に指示した。日本政府の意向を伝えるラジオ東京が平和を唱えるのだから、英国の情報機関と通信社が注目するのは確実である。ロンドンの新聞とラジオ放送がそれをとりあげよう。ソ連もそれに気づくはずだ。そしてマリクからの電報が届けば、クレムリンは日本が求めていることをはっきり理解しよう。重光はこのように思ったのである。宮川船夫は、明日、ソ連大使館と連絡をとり、マリクと会う日時を決めるつもりである。

吉田茂の邸にいる近衛のところにも、三国首脳会談のコミュニケは届けられたのであろう。牛場友彦の使いが持ってきたのではないか。牛場友彦は第一次近衛内閣で首相近衛の秘書官のひとりだった。現在、かれは放送協会にいる。かれはサンフランシスコ放送が伝える敵陣営の重大ニュースの綴りを近衛に届けてきていた。

近衛と吉田は共同コミュニケを読み、偽りの妥協、独立、民主、自由といった甘い言葉、ばかばかしい誇張、すべては見せかけだけのものだと思ったにちがいない。どのような約束ができようとも、それは戦争がつづいているあいだの約束であって、紙の上の約束にすぎないと近衛は思っていよう。かれは伊藤述史《のぶふみ》が説いてきたことをなるほどと思っているのである。伊藤が繰り返し説いてきたのは、戦争が終わってしまえば、同盟国の関係は悪化し、同盟国はちりぢりばらばらになってしまうのが古今東西の歴史だということである(33)。

伊藤述史は五十九歳、外交官だった。語学の天才であり、外務省きっての論客といわれたものだ。かれは近衛と親しい。第二次近衛内閣発足のときに、かれは情報部長、そして初代の情報局総裁となった。退官のあとも、近衛のインナー・サークルの一員としてとどまり、近衛の外交顧問となってきている。

伊藤は「共同講和ということは非常に難しい」と述べ、それでこそ、敗者の外交が重要な役割を果たすのだと説いてきたのである。同じ考えを吉田もまたもっている。

そこで近衛が考え、吉田が思い描いているのは、ドイツが敗北したあとではなく、日本が敗北したあとのことになる。かれらがつくっている構想は日本敗北のあとのものなのである。ヤルタの共同コミュニケを見て、自分たちの計画を手直しするようなところはなにひとつないとかれらは思っている。

吉田は完成した最終草稿を写しはじめた。かれはそれを牧野伸顕に届けるつもりである。

二月十四日は水曜日、今日も晴天である。午前九時すぎ、近衛は吉田茂の家をでた。かれは昨夜は吉田邸の二階のベッドで眠ったのである。同じ時刻であろう、侍従長藤田尚徳の執務室に木戸幸一がやって来た。

「藤田さん、きょうの近衛公の参内は、私に侍立させてくれませんか。近衛公はあなたをよく存じあげていない。それで侍従長の侍立を気にして、話が十分できないと困る。ひとつ御前で近衛公に思うとおり話をさせてみたいと思います(34)」

重臣の上奏に侍立するのは侍従長と決められていた。二月七日の平沼騏一郎、九日の広田弘毅の上奏にそれぞれ侍立したのは藤田だった。木戸はなにを考えたのか。近衛がどんなことを上奏するのかはかれにはわかっていた。だが、近衛はべつのことをつけ加える恐れがある。内大臣の職務について言及し、間接的に自分を批判するかもしれない。平沼や岡田啓介なら、そんなことを言う気づかいはなかったが、近衛であればそれを平然と語る可能性がある。

たとえば近衛は天皇に向かって、つぎのように上奏するかもしれない。

〈ことの両面の議論をお聞きになり、全体的な展望を閉ざされることのないようにお願いいたします。そのためには、政府、統帥部の責任者だけではなく、より多くの人びとの非公式な意見を聞いていただきたい。

現在、内大臣、侍従長、武官長、宮内大臣が定期的に会合しているようでありますが、率直な話し合いをするように御下命ありたい。すでに時局は重大であり、宮中と府中のべつを墨守する段階ではないと考えられます。

そこで重要なことは、軍の考えと外交・内政の責任者の考えとのギャップを埋め、国務と統帥を密接、継続的な関係におくために、内大臣に対して、軍事問題についても御下問ありたい。最終的な決断をしなければならない時機が迫っているとき、国務と統帥の統一は緊急事であり、常侍輔弼の責任がある内大臣こそその要《かなめ》となる存在であると考えます〉

木戸が近衛の上奏に侍立しようとしたのは、近衛にこうしたことを言わせないためである。自分が侍立すれば、よもや近衛もそんなさしでがましいことを申し立てることはあるまいと思ったのである。

午前十時、近衛は御文庫《おぶんこ》に参内した。木戸が侍立し、近衛の上奏がはじまった。

近衛が用意した草稿は和紙八枚である。何度か吟味を加えての書きだしは、「敗戦ハ遺憾ナガラモハヤ必至ナリト存候」となっていた。いざ喋りはじめようとして、のっけから「敗戦」という言葉を口にするのをかれは躊躇した。「最悪の事態」とかれは言い換えた。つづいてもういちど「敗戦」の文字がでてきたとき、かれは「最悪の事態、つまり敗戦」と言った。

そしてかれは、「敗戦だけならば国体上はそれほど憂うる必要はないと存じます」と語った。昨十九年七月、東条内閣が総辞職したあとの後継首相を選ぶ重臣会議で、かれが力説した主張である。つづいて本論に入った。かれは最初の二枚半で、ソ連が欧州各国の内政に干渉し、共産化をすすめている実態を詳述した。

つぎの一枚で、ソ連は日本に対しても内政干渉をする恐れがあると述べた。つづいての二枚で、支那事変、大東亜戦争までを導いてきたのは、「軍部内の一味の者」であり、その背後で糸をひいてきたのが共産主義者であると説いた。

自分がそれを充分に看取できなかったのは、「まったく不明のいたすところでなんとも申し訳なく、深く責任を感じております」とつけ加えた。

近衛はつづけた。現在、「一億玉砕」を叫ぶ者の背後で煽動しているのは、国内を混乱に陥しいれ、革命の目的を達しようとする共産分子だと睨んでいると述べた。勝利の見込みのない戦争をこれ以上継続することは、まったく共産党の手に乗るものだとかれは説いた。

そして戦争終結のためには、「軍部内のかの一味」を一掃しなければならないと主張した。これが八枚の草稿のうちの残る二枚で説いたことだった。

そしていよいよ八枚目の最後の部分となった。もっとも重要な箇所である。かれは希望的観測だがと前置きして、「これら一味」を一掃すれば、米英、重慶の対日態度が緩和する可能性もありましょうと述べた。

かれは最後をつぎのように締めくくった。

「この一味を一掃して軍部の建直しを実行することは、共産革命から日本を救う前提先決条件なれば、非常の御勇断をこそ望ましく存じ奉ります」(35)

天皇は、近衛のこの構想を聞くのははじめてではない。木戸から何回か説明を受けている。また、木戸の考え、他の重臣の考えが近衛と違っていることも、天皇は承知している。そして天皇は、近衛の計画に陰謀めいた匂いの強いことが気にかかっているのであろう。天皇は、近衛が十回も繰り返した「軍部内の一味」がだれなのかとは問おうとしなかった。天皇は近衛に尋ねた。

「人事上の問題に結局なるが、近衛はどう考えておるか」

「それは陛下のお考え……」

「近衛にも判らないようでは、なかなか難しいと思う」
「従来、軍は永くひとつの思想によって推進し来ったのでありますが、これに対しては また常に反対の立場をとってきた者もありますので、この方を起用して粛軍せしむるの も一方策と考えられます。これには宇垣、香月、真崎、小畑、石原の流れがございま す」

さすがに近衛も、真崎と小畑の二人の名前だけをだすのははばかられた。真崎と小畑 の二人については、昨年六月に木戸を通じて天皇の評価を聞いていた。真崎と小畑以外 に何人かを挙げねばならなかった。近衛はつづけた。

「これらを起用すれば当然摩擦も増大いたします。考えようによっては、いつかは摩擦 が生ずるものならば、この際これを避けることなく断行するのもひとつでございますが、 もし敵前にてこれを断行する危険を考えれば、阿南、山下両大将のうちから起用される のも一案でございましょう」(36)

天皇と近衛の一問一答はこれで終わった。

だれを戦争責任者にするのか

夜になってのことだが、木戸幸一は書斎に坐って、近衛の上奏記録を改めて読み直し たのであろう。

戦争を終結するためには陸軍指導部を一新しなければならないという主張は、すでに近衛から何度も聞かされており、いまさら検討する必要はない。木戸が思いにふけっているのは、近衛の構想の隠された部分であろう。戦争責任の問題である。これこそ戦争の終結と切り離すことができない問題である。しかも、もっとも深刻で、重大な問題である。

戦争責任とは、戦争を引き起こした責任のことだ。人びとがこれを語るようになったのは、昨日今日のことではない。「今日八釜しく言われている開戦の責任[37]」と小林躋造が記したのは昭和十八年三月のことである。

じつはそのすこし前の昭和十八年二月に、アメリカ国務省が「平和ト戦争」と題する文書を発表し、戦争は日本が引き起こしたものだと言い、日本を侵略国と非難した。戦争の原因を戦いの相手国に負わせ、煽動的な言葉を使って相手国を攻撃するのは格別めずらしいことではない。それにしても、アメリカ側のその文書のものの言い方の激しさと尊大さに、外務省の事務官や同盟通信社の記者たちは驚き、戦争犯罪人といった威嚇的な言葉に憤慨した。

そして、アメリカ側のその非難にショックを受けたのは、対米戦争がはじまる前、対米交渉のなりゆきに心配した政治家や元外交官、退役の提督たちだった。小林躋造もそのひとりだった。そこでかれは昭和十六年にかれとかれの仲間が戦争回避のためにやったこと、匙を投げるまでのかずかずを書きとめることにもなったのである。

それから二年がたった今日、勝者による敗者の処罰といったことは、やがては直面しなければならない問題になろうとしている。このさきのことを考え、待っているであろう運命に思いをはせる人がいるのだし、そんな陰鬱な話を仲間うちで語り合うようになっているのである。

一月二十七日に、近衛、岡田啓介、吉田茂、賀屋興宣が、内田信也の招待で、赤坂山王の星ヶ岡茶寮に集まったことは、第一巻で述べた。

酒が入って、みなの話が活発になった。冗談好きな内田信也が賀屋興宣をからかった。

「このなかで賀屋君が一番さきにやられる。唐丸籠に乗せられて、アメリカへ連れて行かれる。君は浪曲好きだから、横浜で浪花節で送ってやろう」

内田と賀屋は仲が好い。昭和のはじめに、内田が海軍政務次官、賀屋が大蔵省主計官だったときから、その交遊はつづいてきている。つけ加えるなら、そのときの海軍大臣が岡田啓介であり、内田は岡田とも親交を結んだ。岡田内閣で内田が鉄道大臣となったのはこうしたわけからである。

賀屋が内田に言い返した。

「いや、いや、腹が減ってはいくさはできぬで、農林大臣も戦争には重大な役割だ。内田さんも連れて行かれますよ。覚悟を決めておきなさい」

開戦内閣の蔵相だった賀屋は、つづけて吉田茂に顔を向けた。

「敵軍が日本に上陸するということになると、日本のバドリオ、和平論者はさきに殺されますよ。そのあとで日本が負けて私が唐丸籠に乗せられることになるわけだが、吉田さんのほうがさきにやられますよ[38]」

だれもがそこでもういちど、けっして陽気とはいえない高笑いをすることで、その不快な話題をふりはらったのであろう。だが、曖昧に笑う近衛の顔を素早い眼差しで探った者もいたにちがいない。

戦争犯罪人といった敵側の宣伝はべつとして、この戦争の責任者ということになれば、だれを挙げねばならないか。賀屋、あるいは内田は指を折り、開戦時の首相兼陸相の東条英機、参謀総長の杉山元、軍令部総長の永野修身《おさみ》、そしてちょっと考え、内大臣の木戸幸一と指を折るにちがいない。

また、第二次近衛内閣の外相、松岡洋右を挙げるであろう。そして近衛公をも加えざるをえないと内田が思い、賀屋が考え、かれら二人だけでなく、その席のだれもが思ったはずであった。

近衛はどう考えているのか。星ヶ岡茶寮のその会合の三日あと、一月三十日に近衛は木戸に会った。前に述べたように、その日、近衛は木戸にゆさぶりをかけた。近衛が語るのを聞きながら、木戸は黙りこみ、不快そうな顔をしていた。いつも赤みを帯びているかれの耳はいっそう赤くなったにちがいない。かれは自分の感情を隠すことができなかった。近衛がそれに気づいていた。そのあと近衛は細川護貞につぎのように語った。「(木戸に対して)、いまの軍はともかくこの戦争の責任者であるから、外国と話をする場合にも、外国が相手にするような者でなければならないから、いまの指導者を一新する必要がある。それにはまた皇道派とかいろいろあるだろうがと云ったが、木戸は責任者ということを云うといやな顔をするね[39]」

木戸はなにが不快だったのか。近衛が自分ひとり戦争責任から逃れようとして、策略をめぐらしているのが我慢ならなかったのであろう。近衛が昭和十六年十月の辞表の写しを持ってまわり、だれかれに見せていることを木戸は聞き知っていた。たしかに近衛はアメリカとの戦争を回避しようとした。

だが、近衛には中国との戦いを拡大してしまった責任がある。木戸はそう思っていよう。昭和十二年七月、近衛が主宰する閣議で、簡単に華北派兵を決めてしまった。つづく昭和十三年一月の「国民政府ヲ対手《アイテ》トセズ」の声明は、近衛自身がださせたものであった。そして戦いは武漢から広東までひろがってしまい、その平和解決を不可能にしてしまった。

そこで木戸が不愉快なのは、近衛が中国との戦いの責任を梅津一派に押しつけようとしていることであろう。昭和十八年一月にかれが受け取った近衛の手紙にはじまり、近衛がめぐらしてきた策略のすべては、中国との戦いの責任を他人に押しつけようとするものなのである。

今日、二月十四日の夜のことだが、木戸は考えつづけたのであろう。近衛に向かって、自分ひとり救命ボートで逃げるつもりかと言えば、かれは激しく反駁しよう。木戸には近衛がどのように反論するのかわかっている。

〈救命ボートで私ひとりが逃げるのだと。なにをばかなことを考えているのだ。ボートに乗り移れと私ひとりが声をからして叫んでいるのではないか。船腹に大きな孔があき、海水がどっと浸入してきている。船は傾斜し、海水はすぐ下まで迫ってきている。だが、みなは船室でうろうろしているだけではないか〉

たしかに近衛が救おうとしているのは、天皇、内大臣木戸を含めての体制のすべてである。だれもがいうところの国体である。では、どうやって近衛は国体を守るつもりなのか。近衛と吉田茂の構想のいちばん奥底にある部分は、木戸にもわかっている。

だれもが予測しているように、近衛と吉田も、米ソ間の対立はこのさき激化するとみている。そこまでは同じだ。だが、そこからが違う。多くの人びとは、ドイツが敗北したあと、ソ連に助けを求めるべきだと説いてきている。近衛と吉田は、ドイツ敗北のあと、日本が米ソのあいだにひろがるであろう溝を利用できるとは考えていない。

近衛と吉田は、米英に降伏するしかなく、そうすべきだと思っている。降伏のあと、日本は米ソのあいだでいよいよ本格化する抗争を利用できるはずであり、利用しなければならないというのが吉田と近衛の考えなのである。

その抗争を見越したうえで、近衛と吉田は、「軍部内のかの一味」を共産主義者と共産主義者に操られる一団としてしまう策略をたてたのである。かれらを厄介払いして、戦争終結にもっていくのが、計画の第一段階である。そして戦争責任と戦争犯罪人の面倒な問題も、これら共産主義者にすべて負わせてしまい、解決してしまおうというのが、計画の第二段階なのである。

近衛の構想のこの核心の部分は、もちろん、木戸にもわかっている。だが、かれは、とてもそうはいくまい、まず第一段階でつまずくことになると思っている。

今日午前中に、御文庫で、近衛は山下奉文《ともゆき》と阿南惟幾《あなみこれちか》の名前を挙げた。山下や阿南が陸軍大臣になったとして、かれらに「軍部内のかの一味」の一掃ができるか。できるはずがない。かれらはそんなことをやる気もなかろう。そしてかれらは戦争をやめることもできはしない。

では、近衛が本命と考えている真崎甚三郎や小畑敏四郎であれば、「大斧鉞《ふえつ》をふるう」ことができるのか。

木戸の見方はこれまで考えてきたことと変わっていない。真崎の支持者は真崎を褒めたたえるが、陸軍内で真崎の人気はけっして高くはない。かれは西郷隆盛とならねばならないのに、なろうとしなかったという非難がある。かれは二・二六事件の全責任をとり、蜂起した将兵と運命をともにすべきだったのだ。城山で死ぬ覚悟ができていないのなら、かれは若い士官を煽ったりすべきではなかったのだ。

かれが再登場し、梅津一派の馘《くび》を切ったりして、だれが拍手をするか。陸軍内は怒りと猜疑心、不信が渦巻くことになり、陸軍は四分五裂の状態となるだろう。

それだけではない。真崎と小畑は自分たちの権威が崩れるのを防ぎ、混乱を統御しようとして、市谷台の佐官クラスの中堅幹部を懐柔しなければならなくなる。人気取りのためにかれらの言いなりになるしかない。戦争をやめるなどと言いだせるはずがない。

そこで、木戸はつぎのように思っているのであろう。皇道派によって陸軍を牛耳らせようとする近衛の計画は、昭和十五年のかれの四国同盟の構想と同じなのだ。昭和十六年の日米首脳会談の提案と同じなのだ。

近衛は四国同盟ができるものと信じて、三国同盟を結んでしまった。ところが、四国同盟はできなかった。三国同盟だけが残ってしまい、その同盟が日本を身動きできなくさせてしまうことになった。

近衛はそのあと、ルーズベルトと話し合い、すべての問題をその頂上会談で解決してしまうのだときめてかかった。御前会議で和戦の最終期限を定めてしまうのをいい加減な気持ちで見送った。ところが、日米首脳会談を開くことはできず、御前会議のその決定がそのまま残り、それがかれを縛り、日本を縛ることになってしまったのだ。

木戸はこんな具合にふり返ったのであろう。これ以上考える必要はない。かれは日記につぎのように書いた。

「午前十時警報　近衛公参内、御文庫にて拝謁、藤田侍従長風邪につき代りに侍立す。

笑子百ヶ日につき、鶴子、和子、国嘉、孝彦と共に樋口家に一時に至り読経に列す。

……」


二月十四日、同じ時刻、近衛は鎌倉市大町の細川護貞の邸にいる。上奏を終え、吉田茂の邸に戻り、それから小田原市入生田《いりゅうた》の別荘に帰るつもりだったのが、鎌倉に寄り道をした。今夜は細川の家に泊まるつもりである。

吉田の邸に戻ったときには、近衛は少々興奮し、吉田も上機嫌だった。だが、夜に入って、細川と話す近衛には昼間の元気さが消えてしまっている。平沼騏一郎に裏切られたという思いが、近衛の胸に湧いたのであろう。池田成彬の忠告を思い浮かべ、苦い気持ちにもなったはずである。

池田成彬は三日前の二月十一日に、つぎのように言ったのだった。「近衛、若槻、岡田、平沼の四人の重臣がたびたび会うのだから、ひとつのプランをつくり、意見をまとめるようにしたほうがよい(40)」

言われるまでもなかった。すでに見てきたとおり、今年に入って、近衛は若槻、岡田、平沼に向かい、戦争終結のための自分の構想を繰り返し説いてきたのだった。

重臣の上奏は平沼がいちばん最初だった。近衛は、平沼が陸軍内の危険な一味を除去することがもっとも重大事であると上奏するものと信じ、敗戦より革命が恐ろしいと天皇に申し上げるだろうと期待していた。

ところが、平沼は上奏に先立ち、近衛になんの連絡もしてこなかった。二月七日の上奏のあとにも、淀橋西大久保町の平沼のところから、なにも言ってこなかった。今日午前の天皇の問いとその帰途の木戸の話から察して、平沼が戦争終結の問題を上奏しなかったことは明白であった。

岡田啓介と若槻礼次郎の上奏は近衛のあとである。だが、近衛の主張を支持し、かれに同調してきた平沼が、その問題を上奏することを避けたのであれば、及び腰の若槻や陸軍のことに触れるのをいやがる岡田の上奏をあてにすることは、はじめからできはしない。

そこで近衛は、木戸にしてやられたと思ったにちがいない。戦争終結の構想が他の重臣たちの支持を得られず、私ひとりのものでしかないことをはっきりさせ、私を孤立させ、私の口を封じるために仕組んだ計画が、今回の重臣上奏だったと、いま気づいたのである。

近衛は考えつづけたのであろう。木戸をはじめ、平沼、若槻、岡田がどうして私の構想を支持しないのか。理由はずっと変わりはなかった。陸軍首脳陣を一新したりすれば、陸軍内で争いが起きるのではないかと、かれらは恐れてきたのだ。真崎甚三郎や小畑敏四郎には、陸軍を抑えることができないと思っているのだ。

では、木戸や平沼、岡田は、かれらの戦争終結の方策をもっているのか。だれももってはいない。ソ連に和平の仲介を頼むという案があるだけだ。ソ連とそんな取り引きをしようとすれば、その交渉はソ連に譲歩を重ねるだけのものになろう。とどのつまり、日本はスターリンに咽喉もとを押さえつけられることになる。

近衛はつづけて考えたにちがいない。いま、木戸がとっている態度は昭和十六年のときとまるっきり同じだ。いまとなれば疑いようもないが、あのとき日本は中国からの撤兵を決意しなければならなかったのだ。アメリカからの圧力はまさにその戦いを解決するチャンスだった。その死活的重要性をもった問題の解決を主張してがんばったのは木戸ではなく、ほかのだれでもなく、首相の私だけだった。

アメリカとの戦争を回避するためには、中国から撤兵するしか道はないと知りながら、木戸は私と同じ方向を目ざす努力をしなかった。中国から撤兵しなければならないと天皇に申し上げなかったし、陸軍大臣の東条を説得しようとしなかった。

私に協力するどころか、木戸は私の邪魔をした。臥薪嘗胆策をとるべきだと木戸は説いた。木戸はそれを心底から信じ、真剣にその隠忍自重策を説いたのか。そうではなかった。私が説いたところの中国撤兵の提案と相殺を狙って、それを持ちだしたのではなかったか。

どうして木戸はそんな態度をとったのか。中国からの撤兵をアメリカに約束しようとすれば、参謀本部が反対し、支那派遣軍や関東軍の血の気の多い連中が激昂し、国民が大喚声をあげての大きな騒ぎになる恐れがあった。

暗殺の陰謀がくわだてられ、首相の私が狙われ、内大臣の木戸が襲われるかもしれなかった。クーデターが計画されて、深刻な事態になるかもしれなかった。木戸はそれを恐れたからこそ、中国撤兵案の邪魔をしたのだ。

木戸は争いが起きるのを警戒した。血腥《ちなまぐさ》い混乱が起きるのを避けようとした。そこでずるずるとアメリカとの戦争に入ることになってしまったのだ。いま、木戸は相変わらず混乱を恐れている。だからこそ、かれは陸軍を粛清しようとする計画を潰しにかかったのだ。かれには戦争をやめることができない。近衛はこんな具合に思っているのである。

そこでだが、近衛は木戸に向かって、どのみち救命ボートにすべての人を乗せることはできないのだとはっきり語ることはなかったのであろうか。「舟中の指、掬《すく》うべし」となるのを覚悟しなければならないと言うことはなかったのか。

それは、春秋戦国時代を記した歴史書「春秋三伝」のいずれにもでてくる言葉である。晋の軍隊が大敗して、退却した。川を渡って逃げようとして、船に乗った。船に乗り遅れた者たちが泳いできて、船端に手をかけた。船に乗っている者が刀をふるい、船端にしがみつく指を片端から切った。船中に指が落ちた。「舟中の指、掬うべし」の「掬うべし」とは多いという意味なのである。

じつはこれは、若い海軍士官が上官からいちどは聞かされたことのある話である。そして、かれらの心の片隅にずっと残ることになっている戦訓である。

味方の船が沈められる。敵の空母機が来襲するさなか、短艇をだす。救命索を投げ、海上にいる者を引きあげる。だが、短艇の蛇腹《じゃばら》外板二枚を残すところまで水面があがってきたら、残っている漂流者は見捨てねばならない。それ以上に乗せたら、短艇はちょっとした高波で転覆する。つまらぬ同情心は禁物だ。

船端に手がかかれば、ひき離さなければならない。意識を失いかけていても、舷側にとりついた指はしっかと離さない。手ぬるいことをしていれば、たちまち船端には何本も手がかかり、救命艇はあっという間に転覆する。刀を用意しておかねばならない。船端にかかった指は容赦なく切り落とさねばならない。

そこで、若い海軍士官は肝心なことを教えられた。自分の船が沈み、救命艇で逃れるときも同じである。艇の指揮者は刀を持っていなければならない。刀を忘れてはならない。

自分ひとり救命ボートで逃げるつもりかと木戸が近衛に詰問することはなかったのだから、近衛がそれに答えることもなく、したがって近衛は木戸に向かって、「舟中の指、掬《すく》うべし」となるのを覚悟しなければならないと語ることもなかったのであろう。「舟中の指、掬うべし」と語ったとすれば、それは近衛と吉田とのあいだの会話のなかででたはずである。その決意なしに、戦争終結と戦争責任の二つの問題を解決することはできないと、この二人は考えているのである。

だが、近衛と吉田がつくった構想が実施される見込みはない。平沼には逃げられてしまい、木戸の陰謀にしてやられることになってしまった。近衛と細川護貞の会話はいつかとぎれがちになり、重苦しい雰囲気になったのであろう。細川は、近衛が語った言葉を日記に記した。

「御上の御考えといい、周囲の事情といい、最悪の状態になるのではないかと思える」

硫黄島、父島で

同じ今夜、二月十四日の夜のことだが、小笠原諸島の父島の司令部にいる堀江芳孝は落ち着かない気持ちである。昨夜、硫黄島を発進した海軍の索敵機がサイパン西方の洋上を西北へ針路をとる敵艦隊を発見していた。

百七十隻を超える艦船である。はたしてどこへ向かうのか。敵の機動部隊は先導役で、上陸作戦部隊を伴っているのではないか。あれを考え、これを考え、堀江の脳裡に浮かびあがるのは、どうしても昨昭和十九年六月のことになる。

堀江は硫黄島に駐屯する第百九師団からの派遣参謀である。父島は本土から硫黄島への補給路の中継基地となっている。かれはこの海上補給の指揮をとり、毎日、硫黄島の司令部と通信連絡をとっている。

堀江が小笠原兵団への転任を命ぜられ、千葉の木更津から硫黄島へ飛んだのは、昨年の六月末だった。到着の日の昼過ぎ、かれは栗林忠道にはじめて会った。栗林は水筒を肩にかけ、地下足袋をはいていた。かれは小笠原兵団の兵団長であり、硫黄島守備軍の主力である第百九師団の師団長である。

栗林も堀江と同様、硫黄島に着任したばかりだった。硫黄島に来て二週間たらずのかれは、その任務の遂行に専心し、島内巡察をつづけていた。これまた硫黄島に来たばかりの参謀たちが、この新しい指揮官のやり方に戸惑いをみせていることは、はじめて司令部を訪ねた堀江にもすぐにわかった。

栗林忠道はすべてを部下任せといった多くの高級将官とはおよそかけ離れた人物だった。かれは硫黄島の全地形、構築中のすべての掩蔽《えんぺい》壕や塹壕を自分の頭にたたき込もうとしていた。水筒を持っていたのは、視察したさきで、茶の接待をさせないためであった。島には川がなく、湧き水がなく、水は雨水を溜めるしかなかった。一日に使う水を水筒一杯とかれは自分で決めていた。

堀江はその到着の晩、栗林中将から食事に招かれた。五十二歳になる栗林は、はじめて会う三十歳の堀江に向かってざっくばらんに語った。

「永田さんが生きていればこんなことにはならなかったよ。相沢とかなんとかいう気違いが殺しちゃって、国宝を失っちゃったんだ。あきめくらが愛国だのへちまだのと言って、みさかいのつかないことをやるからこのざまだ」

栗林の語る言葉を聞いて、堀江の胸中をよぎったのは、鈴木宗作《そうさく》中将がかれに向かって語った言葉だった。海上護衛総司令部の連絡参謀だった堀江は、宇品《うじな》にある船舶司令部に出張することがあった。司令官が鈴木宗作だった。以前に鈴木の部下だった堀江は、かつての上官と話し合えるのがうれしかった。

鈴木宗作は栗林忠道と同じく五十二歳である。もっとも陸軍士官学校は栗林の二期上、二十四期の卒業だった。鈴木は部下をかわいがったから、堀江だけでなく、だれからも敬愛されている。

鈴木は堀江に語った。「永田中将が生きていれば、日本はこんなことにならなくて済んだはずだ」

かれはつづけて、陸軍の癌は、山下大将、石原中将、辻大佐などを誤って崇拝する徒輩《やから》が増えたことだと嘆じた。山下奉文、石原莞爾《かんじ》、辻政信のことだった。

それが昨昭和十九年の六月九日のことだった。堀江が硫黄島で栗林忠道から永田将軍が生きていたならばという嘆きを聞いたのが六月二十九日だった。忘れようとして忘れることのできないのが、そのあいだの二十日間の出来事だった。

堀江が第三十一軍参謀に転補の電報辞令を受け取ったのが、鈴木中将と語り合ったつぎの日の六月十日の昼すぎだった。慌てて宇品から東京へ戻った。サイパン島、グアム島、テニアン島への敵空母機の爆撃がはじまっていた。かれが赴任する第三十一軍の司令部はサイパン島にあった。サイパンへの飛行便は四日ごとで、つぎの便は六月十四日だった。

堀江は郷里の茨城へ行き、母とともに墓参した。かれは母に向かって、万一のときには、妻と子をみてやってほしい、もし妻が実家へ帰りたいと言ったら、許してやってくれないかと頼んだ。朝晩、お宮さんに武運長久を祈ると母は答え、かならず生きて帰ると言ったのだった。

六月十四日のサイパン行きの飛行機便は欠航になった。翌六月十五日の朝、堀江は市谷台へ行った。廊下を歩くかれの横を形相を変えた参謀が駈け抜けた。二階の作戦課の部屋からは怒声が聞こえてきた。サイパン島に敵軍が上陸したのだった。

堀江は海上護衛総司令部へ行った。長官室に入って、退庁の挨拶をした。「ＧＦも出ました」と司令長官の及川古志郎がぽつりと言った。かれの目から涙がこぼれ落ちるのを堀江は見た。ＧＦとは連合艦隊のことだ。Ｆは艦隊、ＡＦは航空艦隊であり、海軍内で使う符牒である。騒然たる雰囲気の市谷台とは違い、霞が関には重苦しい空気がたちこめ、人びとは足音を忍ばせて歩いているようであった。

参謀本部に戻ると、堀江は作戦課長の服部卓四郎《たくしろう》に呼ばれた。「第三十一軍の新しい参謀長になる予定の長勇《ちょういさむ》少将が明日到着する。サイパンに増援部隊を送り込む。長少将とともにサイパン逆上陸をやってもらいたい」と命じられた。

横須賀へ行き、それから横浜にまわり、堀江は増援部隊派遣のための打ち合わせをした。だが、すべては連合艦隊がサイパン周辺の制海権を奪取できるかどうかにかかっていた。海戦は六月十九日に起きた。勝つことはできなかった。サイパン逆上陸の夢は消え、サイパン、テニアン、グアム、マリアナ諸島のすべてが見捨てられることになった。

六月二十三日、堀江は作戦課長から小笠原諸島へ行くようにと命じられた。伊豆諸島の南に点在する父島列島と母島列島が小笠原諸島である。その南に硫黄列島がある。六月二十九日、堀江は硫黄島に飛び、師団長の栗林忠道に着任の申告をした。

まことにあわただしい二十日間だった。大きな期待をかけ、たちまち失意の底に落ちた。束の間の喜びと胸を押さえられるような悲しみが渦を捲いた。多くの人に会い、今生の別れを告げた。そして、間違いなく日本の命運を決した日々であったと、かれは思い返したのである。

堀江は硫黄島に落ち着くことなく、七月一日に父島へ行った。硫黄島には港がないために、横浜港をでた兵員輸送船は父島どまりとなり、そこからは機帆船か漁船で硫黄島まで運ばねばならなかった。

それだけではなかった。硫黄島がサイパンからのB24の爆撃に身をさらされるようになり、大きな船を硫黄島へ近づけることができなかったのである。サイパン島から一千百キロ、横浜から一千二百五十キロの距離にある硫黄島は、第一線になってしまったのである。

こうして兵員と火器は、夜のあいだにそっと父島から硫黄島へ送り込むことになった。硫黄島までは二百六十キロの距離がある。のろのろしていると、船は夜明け前に硫黄島を離れることができなくなる。そこで父島から五十キロ南にある母島までひとまず行き、そこから出発することにした。

面倒なことがさらに増えた。敵の爆撃機が父島まで足をのばし、碇泊している貨物船と海岸に集積した軍需品を狙うようになった。

貨物船は夜に入って入港するようになった。荷役作業に従事する兵士たちは三千人にものぼった。午前二時、三時になると、兵士たちは疲労と空腹から、そこここにしゃがみこんだ。怒鳴っても、なだめすかしても、かれらは腰をあげなかった。

こんな状態では荷を全部下ろすことができないが、午前四時には出航すると船長が告げてくることもあった。堀江は棍棒をふりあげ、坐りこんでいる兵士たちを追いたてねばならなかった。最後の荷を艀《はしけ》がわりに使っている上陸用舟艇にやっと下ろし、暗闇のなかから貨物船の揚錨機の錨をまきあげるうなり声が聞こえてくると、堀江はいつもほっと息をつくのだった。

だが、仕事はまだ終わっていなかった。夜が明けきるまでに、海岸の迫撃砲や爆薬、米俵を山あいに隠してしまうために、トラックに積み込む作業がつづいた。

昨十九年の十一月から十二月のあいだ、堀江は父島の上空を飛ぶ友軍機を何度か見た。サイパン攻撃に向かう爆撃機だった。その帰りのときもあった。爆撃機は本土から硫黄島まで飛び、燃料を補給して、サイパンへ向かった。攻撃目標はサイパンの飛行場のB29だった。

敵も黙ってはいなかった。硫黄島の飛行場への爆撃が激しくなった。十一月十一日には、敵の巡洋艦が硫黄島へ近づき、飛行場を砲撃した。

サイパンからの最初の本土爆撃は、十一月二十四日だった。中島飛行機の武蔵製作所が襲われた。十一月二十七日の正午すぎ、ふたたび武蔵工場が狙われた。その同じ夜、陸海軍機の編隊がサイパンの飛行場を爆撃した。つづいて十二月七日の未明にもサイパンを攻撃した。

この二回の爆撃は成功だった。地上にあるB29二十数機を全壊させ、三百人の搭乗員を死傷させた。翌十二月八日にはやり返された。硫黄島はB29六十機とB24百機に襲われた。飛行場は徹底的に爆撃された。

サイパンに対する爆撃は、すでに息が切れようとしていた。サイパン爆撃のための搭乗員の訓練が大変だった。陸軍のパイロットは、夜間に洋上を飛ぶことを習わねばならなかった。一千二百キロを往復しなければならず、浜松の基地から九州の大隅半島まで、あるいは根室の納沙布《のさっぷ》岬までを飛ぶ訓練を繰り返した。

訓練人員はわずかだったし、飛行機の数も少なかった。そこで一度の攻撃はせいぜい五機から八機だった。そしてその半数以上が帰らなかった。B29の本土爆撃がいよいよ本格化しようというときになって、サイパン爆撃は断念せざるをえなくなった。十二月末の二回の爆撃が最後となった。

ところで、硫黄島への補給は十一月半ばから食糧輸送を優先させることになった。やがて兵站《へいたん》線が断たれるのを覚悟してのことだった。敵機は昼間だけでなく、夜にも来襲するようになった。父島とのあいだを往復する小型船にも被害がではじめた。

この二月に入ってからは、昼夜のべつなく、毎日二十機から三十機が硫黄島を襲うようになった。そして昨夜、敵機動部隊発見という情報が入ったのだった。

敵はどこを狙うのだろうかと堀江芳孝は考えた。硫黄島ではなく、沖縄なのかもしれない。思いだすのはふたたび昨十九年六月のことになり、思い浮かぶのは長勇少将の顔だった。長はかずかずの伝説の持ち主である。三月事件の首謀者のひとりとして知られていたし、日ソ両軍が衝突した張鼓峰《ちょうこほう》事件の停戦交渉におけるその豪放ぶりは有名だった。堀江もその盛名を聞き知っていたが、その大きな体軀の主に会うのは、そのときがはじめてだった。

サイパン逆上陸の作戦は中止となって、別れの挨拶をしたとき、「世話になったね。堀江君」とにっこり笑った長の顔を堀江ははっきり覚えていた。堀江が硫黄島へ飛んだ二日あと、長は沖縄へ向かった。長は沖縄を防衛する第三十二軍の参謀長である。敵が狙うのは、沖縄ではなく、やっぱり硫黄島なのかもしれない。硫黄島に向かう飛行機が父島に不時着して、一夜語り明かした師団参謀の山内儀武の顔が浮かび、戦車部隊の連隊長、西竹一の顔も浮かんだ。

そして思いだすのは、ふたたび昨十九年六月のことになり、塚本清彦のことになった。陸軍省の整備課員だった塚本は、堀江と同じく、第三十一軍の参謀となった。サイパン奪回作戦が消えてしまった六月二十二日のことであった。堀江が陸軍省の船舶課に立ち寄ると、塚本のメモが残されていた。

「堀江君、ずいぶん君を捜したが、時間の関係でお先に行く。失礼、すまない」

塚本清彦は立川からでる重爆撃機に便乗したのだった。堀江はそれに乗りそこなってしまったために、硫黄島行きを命じられることになった。塚本は台湾、マニラ、パラオを経て、グアム島へ飛んだ。かれはそこで戦死してしまった。

つづいて思い浮かぶのは、鈴木宗作中将の顔だった。昨十九年八月に打ち合わせのために東京へ行ったとき、堀江は陸軍省で偶然にも鈴木中将とふたたび会った。第三十五軍司令官としてフィリピンへ向かうところだった。

第三十五軍はルソン島の南にあるミンダナオ島、セブ島、レイテ島を守っていた。昨十九年十月に敵軍はレイテ島に上陸した。大本営はレイテで地上決戦をおこなおうとした。

思うようにはいかなかった。まずは多勢に無勢だった。そして制空権を敵の手に握られてしまい、援軍をレイテに送り込むことができず、戦いはあっけなく勝負がついてしまった。十二月にはレイテの戦いは事実上終わり、この一月には、敵はルソン島へ上陸していた。

鈴木中将はいまなおレイテ島の戦闘指揮所でがんばっているのだろうかと、堀江は思った。司令部のあるセブ島で、持久戦の指揮をとっているのかもしれない。

敵機動部隊の目標は沖縄でなく、硫黄島にちがいないと堀江はもういちど考えた。そうなれば敵はいつものやり方で、硫黄島背後の父島、母島、そして関東、東海地域の航空基地を叩くことになるはずである。

頼みの綱は海軍の航空戦力だ。はたして、反撃する力をもっているのだろうか。レイテ、ルソンの戦いで、あらかたの搭乗員と航空機を失ってしまっているのではないかとかれは考えた。思い浮かぶのは、いまごろ石油ランプの光の下で、硫黄島の地図をひろげているであろう栗林中将の姿である。

西の空にあったか細い三日月は、すでに水平線に落ちていた。月齢は一である。星空は雲におおわれてしまい、風が強まり、天気は崩れる気配である(41)。

第8章　航空機工場の疎開（二月二十一日）

名発の総帥、深尾淳二

二月二十一日、深尾淳二は名発の本館にいる。名発とは、三菱重工業名古屋発動機製作所のことだ。航空機の機体をつくっている名古屋航空機製作所が、名航である。長船《ながせん》といえば三菱重工業長崎造船所のことであり、神船《しんせん》は神戸造船所である。三菱の人びとはそんな具合に呼んでいる。

名発は名古屋市東区の大幸町《だいこうちょう》にあるから、大幸工場とも呼ばれている。名航は大江町にあるから、大江工場だ。

深尾淳二は、三菱の航空機用エンジン生産部門の総指揮者である。名古屋発動機製作所と発動機研究所、そして名発から分かれた静岡、京都、広島の分工場を統轄している。

深尾は五十六歳である。三菱に入社して、神戸造船所、つづいて長崎造船所の主任技師となり、長船に深尾ありと認められた。名古屋航空機製作所に派遣されて、かれは航空機エンジンとかかわりあうことになった。造船屋が航空機と取り組むことになったわけだが、これは珍しいことではない。

日本の航空機工業を築きあげたのは、大学の造船学科をでた者、そして造船所で働いていた人たちなのである。中島飛行機の総帥である中島知久平《ちくへい》も、そのひとりに数えてよいのではないか。かれは造船とは直接の関係はないものの、それとは縁つづきの海軍機関学校の出身である。つけ加えるなら、東大工学部に航空学科がおかれたのは昭和六年になってからである。

航空機の発動機の生産は、昭和十四年まで中島飛行機がトップだった。昭和十五年に三菱が中島を追い抜いた。それ以来、三菱がずっと首位を占めつづけてきている。昭和十八年には、三菱は年間一万基に近い発動機を生産し、昨十九年は一万八千基をつくった。昭和十八年には、発動機全生産量の三分の一を三菱が占め、昨十九年は四割に達した。

もっとも、発動機の生産量を一基、二基と数えるのはおかしな習慣である。練習機に積む百馬力の発動機と四式重爆撃機の飛龍につける千八百馬力の発動機の生産量を加算して、八百基になった、一千基の大台を超したというのは、発動機の生産量をすこしでも多く見せようとするごまかしであり、気休めの水増し数字でしかない。アメリカの発動機工場では、月産一千五百基などと無意味な数字を並べることをしない。総馬力三百万馬力を生産したとはっきり述べている。

総馬力数でいえば、三菱の生産量が全体の半分近くを占めているのは間違いのないところであろう。三菱、中島についで、発動機の生産量が三位の日立航空機がつくっているのは、練習機用の小型発動機でしかない。さらに発動機の耐久性と信頼性を加算すれば、三菱名発は全生産量の六割を占めるといっても過言ではなかろう。

だが、三菱の発動機生産量が全体の四割を占めようと、五割に達しようと、いまは空しい話である。深尾淳二は得意な気持ちからはほど遠い。かれは苦悩のなかにある。爆撃と疎開によって、発動機の生産は急激に下落しようとしているからである。

最初の爆撃は、昨十九年十二月十三日だった。それ以来、名発はすでに四回狙われた。第一回の爆撃のあと、名発の第一工作部は濃尾平野各地の小工場に分散することにした。第二工作部の工作機械は静岡発動機製作所に移すことに決めた。また、第三工作部の工作機械は京都発動機製作所に移転させることにしている。

京発と静発に工作機械を疎開するのは、その二つの製作所は戦争がはじまったあとに着工したのだから、敵にその所在はわかっていないのではないかとの神頼みがあってのことだが、航空写真を撮られているはずだから、いつまでも隠しおおせることができるとは思っていない。これらはすべて地下工場が完成するまでの応急の対策なのである。

深尾淳二は部下たちから、各工作部、各分工場の報告を受け、重く沈んだ気分である。発動機の生産は、三カ月前の月間生産量の三分の一から四分の一に落ち込んでしまっている。そして疎開の計画は遅れ、混乱がつづいている。名発ががんばらねば、この戦争はおしまいである。そして、まさしくそうなろうとしている。

ここで三菱名発の歴史、日本の軍用機の発動機の歴史を振りかえってみよう。

陸海軍がアメリカやフランスから飛行機を大量に購入しはじめたのは、第一次大戦が終わってあとのことだった。海軍は横須賀に航空隊を設立し、陸軍は所沢に飛行場を建設した。輸入した飛行機をそっくりまねて機体をつくり、三菱がルノーの発動機を試作し、海軍工廠《こうしょう》がダイムラーの発動機をつくろうとした。同時に海軍は空母の設計にとりかかった。

こうした胎動期があって、三菱が神戸造船所から航空機部門を独立させ、名古屋港入口の埋立て地に新工場を建設したのが、大正九年のことだった。

飛行機の将来に鋭い勘を働かせ、大尉で海軍を辞めた中島知久平が、神戸の日本毛織の社長、川西清兵衛と組み、群馬県の太田にバラック建ての工場をつくったのが、それより一、二年前のことだった。

川崎造船所が飛行機工場をつくったのも同じ時期だった。まもなく川西は中島との提携を解消し、神戸に川西機械製作所飛行機部をつくった。愛知時計電機、東京瓦斯電気工業といった会社がそれぞれ飛行機をつくりはじめたのも、大正九年だった。

これら半ダースほどの航空機メーカーは、英国やアメリカから機体や発動機の製造権を買い、英国人やドイツ人の技師を招聘した。また、自社の若い技師をアメリカやフランスに派遣し、国産化の努力をつづけることになった。

先頭をきったのが中島だった。イギリスのブリストル航空機会社でつくっているジュピターと呼ばれる九気筒エンジンを自家設計し、国産化に成功した。この発動機をジュピターの「ジュ」から「寿」と命名した。これを機に、機体・発動機メーカーとしての中島の支配的地位が確立した。

三菱はさっぱりだった。三菱製のエンジンはピストンが焼きつき、故障が続出し、海軍からの製造契約がとれなかった。プロペラ製造工場では、しかたなく原料のマホガニーやトネリコを使って、洋服簞笥やテニスのラケットをつくっていた。

深尾淳二が名古屋へ送り込まれたのはこんな状態のときで、昭和八年だった。リリーフ・ピッチャーだった。そうはいっても、かれはそのときまで長船、長崎造船所にいたのだから、航空機エンジンについてはずぶの素人であり、継投できるのかどうかと、人は危ぶんだ。かれは設計技師と技術者たちに説き、三菱独自の発動機をつくろうとした。造船屋に飛行機がつくれてたまるかと、海軍航空廠の幹部や陸軍監督官が嘲笑するなかで、昭和十一年に新しい一千二百馬力の発動機を完成させた。

優秀な性能に加え、信頼性が高く、第一級のエンジンであり、なによりも安価なのが深尾の自慢だった。これが金星四型だった。大江工場は生き返った。金星四型は九六式陸上攻撃機に積まれ、大艇の名で呼ばれる大型飛行艇やＤＣ３の輸送機にもとりつけられた。

航空機メーカーが陸海軍からの注文を山とかかえ、黄金時代に入ったのは昭和十二年から十三年にかけてだった。三菱と中島は、発動機製造の新工場の建設に着手した。中島は、東京府武蔵野町に五万五千坪の土地を求めた。櫟《くぬぎ》林と桑畑がつづく平坦な台地で、養蚕農家がぽつんと一軒あるだけの土地だった。荻窪工場の工作機械を移し、昭和十三年四月には一部操業を開始した。これが武蔵野製作所だった。

三菱は発動機工場を分離独立させ、名古屋市北部にある東区大幸町の矢田川沿いに新工場を建設することにした。鋳物工場、機械工場、軸受工場ができ、発動機をつくりはじめたのが昭和十三年七月だった。これが名古屋発動機製作所であり、名発だった。

中島、三菱がそれぞれ新工場をつくったことで、昭和十年、十一年、十二年には航空機の年間生産高が一千機台と低迷していたのが、昭和十三年には一挙に三千機に増大した。

ほかの航空機メーカー、さらに新たに仲間入りをした航空機会社も、各地で土地を取得しだした。埼玉県や、三多摩の小楢《こなら》や赤松の林の台地が赤茶けた裸土に変わり、四十万坪、五十五万坪の広大な敷地に鉄骨を組み、アスベストを張った工場が姿を現し、引込み線のレールが工場内へ入った。組立工場のさきにつづく広い平地には芝が張られた。栗石が埋められ、舗装された滑走路がのび、格納庫が並ぶようになった。

そして畑のあいだには、通勤者のための新しい駅ができた。たとえば、群馬県邑楽《おうら》郡の大川村に中島の小泉製作所がつくられ、館林と小泉を結ぶ小泉線が延長されて、西小泉駅が新設された。北多摩郡の昭和村には、昭和飛行機の工場が建設されて、青梅電鉄の拝島駅と中神駅とのあいだに昭和前駅が設置された。これら新駅は、朝と夕方には作業服姿の若者でいっぱいになった。駅前の新しい道路には商店が並び、社宅と寮が建ち、下請工場が操業をはじめるようになり、人口数千の町はたちまちのうちに一万人を超し、雑然としながらも、活気あふれる町に変わっていくことになった。

そしてそのあいだにも、三菱や中島は、海軍から飛行機増産の命令を受け取り、陸軍からの増産命令をそのあと受け取った。第一次命令に第二次命令が重なり、さらに追加要求がきた。三菱、中島をはじめとする航空機メーカーは工場の拡充をつづけ、下請工場も増えつづけた。

航空機エンジンをつくる米自動車産業

ところで、昭和十五年の夏のある日、名発総帥の深尾淳二はひとつのニュースに注目したのではなかったか。そして、のちのちそれを思いだすことになったのではないか。それは名発の第二工作部がフル操業をはじめ、数百台の工作機械が一斉に低く澄んだ唸り声をあげ、名発が日本一の発動機工場となった八月のことである。

第一工作部では火星と金星の発動機をつくり、新工場の第二工作部では金星と瑞星《ずいせい》をつくりはじめていた。金星を小型にしたのが瑞星である。昭和十二年に開発された発動機である。金星を大型化したのが、昭和十四年につくられた火星である。一千八百五十馬力だ。

つけ加えるなら、昭和十五年の同じ八月、中島は新しい発動機工場を建設していた。武蔵野製作所の西側の広大な土地に、地下一階、地上三階の七棟の工場の建設を計画し、前年昭和十四年の三月から工事にとりかかっていた。武蔵野製作所を陸軍機用の発動機工場とし、そこから分離独立する海軍機用の発動機工場の新設だった。それが昭和十六年末にできれば、世界一流の工場になるというのが中島と海軍の期待だった。

三菱、中島だけではなかった。川崎航空機の明石の発動機工場ももうじき操業するようになるところだった。日立の発動機工場は昭和十六年に完成の予定だった。

深尾淳二の目にとまったニュースは外電だった。プラット・アンド・ホイットニー社のエンジン、R２８００を自動車会社のフォード社がつくることになるというニュースだった。英本土上空で英空軍とドイツ空軍とのあいだの航空決戦がつづき、第二次近衛内閣が発足してまもなくのときだった。アメリカとの戦争が起きるとは深尾は考えず、かれの部下たちもだれひとり思ってはいなかったときのことである。深尾は部下たちとその外電について語り合ったのではなかったか。

かれらがプラット・アンド・ホイットニー社のニュースに強い関心をもったのは、かれらがそのアメリカの会社をよく知っていたからである。ごくごく親しい名前だった。

プラット社はアメリカ最大の航空機エンジン・メーカーであり、これも航空機の発動機を生産しているライト社と覇を競う存在である。プラット社はR2800と呼ばれる二千馬力のエンジンをつくっていた。これに対し、ライト社はR2600一千九百馬力のエンジンを生産していた。つけ加えるなら、昭和十五年のそのとき、二千馬力の発動機をつくることができた会社はほかにはなかったのである。

三菱が大馬力の発動機を製造する技術を学ぼうとして、プラット社から七百馬力のエンジンの製造権を買ったのが昭和九年だった。プラット社にとってはすでに旧式なエンジンだったが、三菱はそのエンジンを土台に明星エンジンをつくり、つづいて金星四型を開発したのである。

こうしたわけで、三菱の幹部にとって、プラット社はかれらの先生であり、かれらが目ざす目標だった。技師たちのなかには、プラット社のコネチカット州にあるイーストハートフォード工場を見学し、羨望と感嘆の念を抱いた者もいたのである。

かれらの大幸工場も人びとを驚かせたことでは同じだった。はじめて名発の門を入った人たち、たとえば、長船や神船から名古屋に転勤してきた役職づきの幹部、訪問者名簿に名をつらねた陸海軍の高官や皇族、あるいは名発で働くことになった中学生の一団は、いずれも大幸工場の巨大な構内に気圧《けお》され、はるかかなたまでびっしり機械が並んでいるのに驚き、隅から隅まで清潔なのに深い感銘を受けたものだった。じつはその大幸工場はイーストハートフォード工場をまねてつくられたのである。

プラット社が自社発動機のライセンス生産をフォード社に認めたということを知って、深尾と部下たちが即座に思い浮かべたのは、それより二カ月前、昭和十五年五月のアメリカ大統領の言明だったのはまちがいなかろう。大統領は航空機工業界に向かって、年間最低五万機を生産するように求めたのである。

思いつきだ、非現実的な数字だと、アメリカ国内で批判の声があがった。それまでアメリカの年間製造機数は五千機だった。五千機といっても、そのうちの三分の二以上は小型の自家用機だった。五万機の軍用機をつくるのはとても無理だと人びとは思った。

五万機を生産するためには、自動車工業の設備と技術を利用しなければならなくなるだろうとは深尾が考え、だれもが想像したことであった。フォード社がライセンス生産するということで、それは事実となった。だが、それはうまくいくのか。

第一次大戦中に、アメリカの自動車メーカーは四百馬力の航空機エンジンをたいした苦労もなく製造した。かれらがつくっていた自動車エンジンとさほどの違いがなかったからである。だがそれから二十年のちの二千馬力の航空機エンジンは、自動車のエンジンとはまるっきり異質のものとなっていた。

航空機のエンジンをつくるのは容易なことではない。

現在、名発の発動機研究所長である稲生光吉は、七年前に神戸造船所からはじめて名発に来たとき、発動機を構成する一万以上の部品が、小さく、軽く設計されているのに、深刻な印象を受けたことをはっきり記憶している。

つまらぬエンジンの植え込みボルトひとつにしても、安全率をぎりぎり低くし、最低の重量に押さえてあった。そして部品のひとつひとつは、自動車エンジンの部品と比べて、三倍、四倍の作業量と丹念な検査を必要としていた。

つまらぬ植え込みボルトといいはしたものの、そのボルトにしてからが面倒をきわめた。小さく軽ければいいというだけのものではなかった。ねじ込み保持力を確保するためには、焼き入れ、焼き戻しをした強靱鋼材でなければならなかった。硬い丸材を大型のターレット盤で削り、ねじ切りフライス盤で三回、四回に分けてねじ切りをしなければならなかった。

厳しい精度が求められたから、おおかたのねじ工場のがたぴしの旋盤ではお手あげだった。つくられたすべてのボルトはゲージで検査しなければならず、数多くの検査作業員をおかねばならなかった。

組み立てられた発動機は運転試験場へ運ばれて、測定装置に連結された。耳にゴム栓をし、飛行帽をかぶった運転試験員は紫色の炎を吐き、すさまじい轟音をたてるエンジンを見守り、油だらけになりながらエンジン出力を測定した。

テストが終わって、エンジンは分解され、各部分は洗浄のあと、ふたたび検査された。

故障を起こしたエンジンは、所長の深尾が先頭に立ち、一品ごとに調べた。ここまでしなければならないのかと、稲生は驚いた。潜水艦用のディーゼル・エンジンでは問題にもならない軸受面の微小な掻き傷が見逃されなかった。

エンジン設計者の使命は、小型で軽いことを前提にして、大馬力のエンジンをつくることにある。軍用機は馬力で勝負がつく。二千馬力の強力なエンジンをつけた飛行機は、一千馬力や一千四百馬力の飛行機と比べ、大口径の機関砲を据えることができ、燃料タンクや操縦士のための防弾装備を強化できる。

ところで、航空機のエンジンは複雑微妙な生き物である。一千馬力のエンジンから一千四百馬力のエンジンを開発し、さらに二千二百馬力のエンジンを試作しようとすれば、一歩一歩の経験を積み重ねての忍耐強い努力が必要である。

夜のあいだに運転テストをおこない、翌朝には分解し、材料試験場に送って、顕微鏡写真、分析試験の結果を集め、故障の原因を究明する。午後には対策を決定し、ただちに部品を製作する。そして夕方には組み立てをおこなう。また一晩中、スケジュールどおりに回転させるといった耐久試験を繰り返さねばならない。なみなみならぬ苦労の連続である。

では、フォード社はどうか。この自動車会社が二千馬力のエンジンをつくることができるのだろうか。一年から一年半の準備期間があれば、それはできるかもしれないと深尾は考えたのであろう。フォードのひとつの工場が、月に五百基の航空機エンジンをつくることができようと、深尾は想像したにちがいない。

なんといったところで、アメリカの自動車工業は三十万台にものぼる工作機械をもっていた。計器、打ち型、ジグが揃っていた。しかも、アメリカ東部から中部にある機械工場や工作機械工場は、転換しようとする自動車工場が必要とする機械類を容易に供給できるはずであった。

だが、深尾と部下たちは首をひねりもしたのであろう。ジェネラル・モーターズやフォードは乗用車の生産をやめることができるのだろうかという疑問があった。そしてまた、プラット社が自動車会社に細かい製造のノウハウを、包み隠さず教えることができるのかというもうひとつの疑問があった。

名発は第二工作部を開設したあと、ただちに第三工作部の建設にとりかかった。第二工作部は陸軍機の発動機、第三工作部は海軍機の発動機をつくる工場となる予定だった。

中島も工場の建設に大わらわだった。武蔵野製作所に隣接してつくられていた海軍機用の発動機工場は、昭和十六年十一月に完成した。延べ三万五千坪の床面積をもつその新工場が多摩製作所だった。

だれもが、アメリカとの戦争は不可避だと思うようになっていたときであった。戦って、けっして負けはせぬ、やるならいましかないと海軍の中堅幹部が思ったのは、「多摩」があって、「大和」があるのだという自信からだった。多摩製作所は月に百二十基、やがては五百基の誉《ほまれ》発動機を生産できるようになるはずだった。そして、呉海軍工廠で竣工する巨大戦艦がまもなく連合艦隊に加わる予定だった。それが大和だった。

アメリカとの戦争がはじまった翌年、三菱と中島はそれぞれ二つの発動機工場をつくることになった。中島は大宮市に発動機工場の建設を決め、昭和十七年六月に地鎮祭をおこなった。多摩製作所の分工場であり、海軍機用の発動機をつくることになっていた。

さらに同じ年の九月には、浜松市で発動機工場の建設にとりかかった。武蔵野製作所の分工場だった。ここでは陸軍機用の発動機を生産する予定だった。

同じ九月、三菱は静岡市小鹿《おしか》の四十万坪の土地に発動機工場を建設することになった。陸軍機用だった。京都市右京区桂の五十万坪の土地に海軍機用の発動機工場の建設をはじめたのも、同じ昭和十七年九月だった。

だが、静岡、京都、大宮、浜松の四つの工場が、早急に発動機を製造できるようになる見込みはなかった。工作機械の生産が間に合わないからである。陸軍はドイツから工作機械を輸入しようとした。同じ九月のことだ。

歯車研削盤、フライス盤、内面研磨盤を中心に二千七百台、せめて一千台の高級工作機械を購入しようとした(1)。

北アフリカで戦っているドイツ軍がイギリス軍をエジプトとスエズ運河から追い払っ

てしまえば、日独両国を結ぶ海上輸送路をインド洋に確立できると考えてのことだった。ドイツに駐在する武官と商社員が飛びまわったが、ドイツの機械メーカーはどこも三年さきまでの注文を抱えていた。日本に一千台、二千台の工作機械を輸出する余裕はとてもなかった。

かりにドイツに輸出余力があるとしたところで、インド洋の海上権を握ることができなくては、どうにもならなかった。それでもようやく潜水艦が工作機械を運んできた。翌昭和十八年になってからだった。発動機の製造に不可欠なユング社の歯車研削盤とウエッル社の中刳《なかぐり》盤だった。だが、その数はわずかだった。

こうしたわけで、昭和十七年に建設をはじめた分工場は、昭和十八年中には発動機を生みだすことができなかった。発動機の増産は、三菱の大幸工場、中島の武蔵野と多摩製作所の生産増強にかかっていた。しかし、それが思うようにはいかなかった。発動機の増産は、機体の増産に追いつかなかった。翼や胴体をつくるほうが簡単だったからである。首なし飛行機が組立工場の空地を埋めることになり、発動機工場の責任者が吊しあげられることになった。

昭和十七年に三菱の発動機の生産は月に五百基から六百基、中島が三百基から四百基だった。川崎航空機、石川島航空工業といったほかの会社の生産数を含めれば、それこそ練習機用のエンジンまでを入れることになるわけだが、月に一千三百基から一千四百基だった。

昭和十八年十二月には、三菱と中島の発動機の生産はそれぞれ一千基となった。ほかの会社の製造数を合わせると、三千基になろうという数字だった。一年半かかって、生産量は二倍となったのだった。

アメリカではどうだったのか。前に見たとおり、アメリカは発動機の生産高を総馬力数で表している。一九四二年（昭和十七）に一億七千馬力を生産した。かりに一基一千五百馬力として、平均の月産は八千基から九千基だった。ところで、このうちの三割をつくったのが自動車メーカーだった。

プラット・アンド・ホイットニー社とライセンス契約を結んだのは、フォード社だけではなかった。あらかたの自動車メーカーがプラット社のエンジンをつくるようになっていた。一般向けの乗用車の生産はすべて中止してしまっていた。

一九四三年（昭和十八）に入って、自動車メーカーの発動機生産は完全に軌道にのった。生産高は前年の三倍となった。そして、その生産量は総生産量の五一パーセントを占め、航空機エンジン製造を専業とするプラット社、ライト社、そしてもうひとつ、アリソン社の生産合計に匹敵することになった。

ルーズベルトが一九四〇年（昭和十五）に要請した五万機の目標には及ばなかったが、一九四二年の航空機の生産は四万七千機に達した。日本は一万機だった。一九四三年の生産総計は八万六千機だった。日本は二万機だった。

日米間の航空機生産の格差をひろげたのは、年間五百万台の自動車を生産していたアメリカの自動車工業だった。

日本にはそのような自動車メーカーがなかった。日本の自動車製造会社も航空機エンジンをつくろうとした。高馬力のエンジンをつくる力はなかったから、練習機用のエンジンをつくることにした。

日産自動車が陸軍航空本部から、練習機用の百馬力のエンジンの生産を命じられたのが昭和十七年末だった。日産の横浜工場が装備を整え、生産にとりかかったのが昭和十八年十月だった。月産三百基の目標をたてた。将来は一千基をつくる計画だった。

昨十九年の三月になって、はじめて二十一基が検査に合格した。十二月には百五十基の最高記録をだした(2)。

トヨタ自動車は川崎航空機との共同出資で、昭和十八年三月に東海飛行機を設立し、刈谷と挙母《ころも》に工場を新設した。航空機用エンジンの製作工場だった。ここでも、陸軍の練習機用のエンジンをつくることになった。

冷却器の生産は軌道にのった(3)。川崎の明石発動機工場でつくるエンジンはあらかたが水冷式であり、水冷式エンジンには冷却器が必要である。だが、エンジン本体の製造はさっぱりうまくいかなかった。試験運転場ではエンジンの轟音が昼夜のべつなく響きわたり、周辺の住民の眠りを妨害したが、検査に合格する発動機の数はわずかだった。昭和十九年六月にはじめて検査に合格して以来、月に十基合格したのがこれまでの最高だった。この昭和二十年一月には、六基が合格しただけであった。

アメリカの自動車工業とは比べるべくもなかった。日産自動車が月に百基に近い航空機のエンジンをつくることができたのは、アメリカ製の新式機械をもっていたからだった。日産自動車と満洲自動車の幹部たちがアメリカ中を探して歩き、発動機製造用の機械を買おうとした。昭和十五年のことである。満洲自動車理事長の山本惣治が恰好の出物を見つけた。自動車エンジンの専門メーカーであるライカミング社が売りにだしていたシリンダーの生産ラインだった。新品なら八百万ドル以上の価格のものが二百七十万ドルの安値だった。

なけなしの外貨をはたくことになったが、いつ輸出禁止の措置がとられるかわからなかった。時間のかかるパナマ運河経由をやめ、西海岸まで貨車で運んだ。虎の尾を踏む思いだった。出航を急ぎ、貨物の固定をいい加減にした。野島崎沖で大時化《しけ》にあい、機械は損傷したが、それでも無事に横浜に到着した。

満洲安東へ送る計画は中止となり、そのエンジン・ラインは日産横浜工場に据え付けられた。新品ではなかったが、ほかの自動車メーカーが涎《よだれ》を流す新鋭設備だった。この御自慢の工作機械、冶工具、測定用具があってこそ、わずかに百馬力ではあれ、日産は航空機用のエンジンがつくれたのである。

飛龍を牛車で運ぶ

所詮は日本とアメリカの工業力の差だった。その日本の工業力を象徴する光景がある。三菱名航の門からでてくる牛車の列である。大江工場で働く者は慣れっこになっていたが、はじめて見る人はびっくりしたものだった。奈良本辰也《ならもとたつや》もそんなひとりである。

三十一歳になる奈良本は、妻千枝と二人の子供の四人家族である。召集されたことはあったが、結核の既往症があるために即日帰郷となった。家にいて、ロシア語とヘーゲル哲学を勉強している。

京都に住んでいるかれが名航を訪ねるのは、義兄が経営する会社の役員になっているからだ。徴用逃れのためだ。かれの会社でつくっているのは航空機用のボルトである。

「月産千台は欲しいのに、いまは練習機のようなものまで含めて、五百台でしょうかね」と義兄が語った言葉を奈良本は忘れていない。三菱で生産している飛行機の話だった。実際には月産三百七十機から三百八十機だった。四百機に達した月は二度しかない。昭和十八年十二月と昭和十九年七月である。つけ加えるなら、昨年十二月の三菱の生産は、地震と空襲に痛めつけられ、百九十機だった。そして今年一月は百四十機である。もはや二百機に戻ることもない。

ところで、奈良本は三菱の大江工場の門からでてくる牛車の列にどうして驚いたのか。牛車を町で見るのは、いっこうに珍しいことではない。輸送はトラックと牛車、馬車が半々といった有様になっている。朝早く、日本通運の車庫に行けば、馬のアパートと呼ばれる厩舎のビルのゆるやかなスロープから、馬車曳きがつぎつぎと馬をおろしているのを見ることができる。

日本通運は日本最大の運輸会社だが、昨昭和十九年に手持ちのトラックの数は四千数百台だった。これに対して馬車と牛車の合計は五千台を超していた⑤。

奈良本辰也が名航構内からでていく牛車の列をいぶかしく思ったのは、その厳重な警戒ぶりだった。牛車の荷台にはシートがかけられ、それぞれの車には二人の曳き子がいた。そして、牛車の列に十人近い警固の男がついていた。

辰也は義兄になにを運んでいるのかと尋ねた。牛車に載せられていたのは完成した飛行機だった。

飛行機の牛車輸送は昨日今日はじまったことではなかった。名古屋の町なかに住む人びとは、提灯を持った人たちが前後を囲んで進む牛車の行列を見慣れていた。栄町に住む中学生だった城山三郎は、毎夜、轍《わだち》が道路をこする音をわずかにたてて、しずしずと牛車の行列が家の前を通っていくのを知っていた。

機体組立工場には飛行場が不可欠である。大江工場の二つの分工場、昭和十七年に建設をはじめた水島航空機製作所と熊本航空機製作所は、双方とも広大な飛行場用地をとってある。大江工場にも昔は飛行場があった。張った布を通して木製の翼桁が透けて見える複葉機をつくっていた大正末期には、組立工場から引きだした偵察機を広い野原にある滑走路まで押していき、そこから飛ばしたのである。

短い滑走路はやがて役に立たなくなった。英国帰りの技師たちがゴルフをやり、そのさきに港に出入りする千トンクラスの小さな石炭船が見えていた草原には、機体工場がつぎつぎとできていった。そして気がついてみれば、かつては広大な埋立て地の六号地に三菱の工場と火力発電所がぽつんとあるだけだったのが、いつか臨海工業地帯の一画に変わってしまっているのである。

海軍機体工場でつくっている零戦や一式陸攻は面倒がなかった。満潮時を待って、スリップウェイから飛行機を引き降ろし、底の浅い団平船《だんべいぶね》に載せた。海軍の名古屋飛行場まで、四十分かかる。

問題は陸軍機だった。陸軍の各務原《かがみはら》飛行場まで運ばねばならなかった。翼や胴体を載せた牛車の隊列は、名古屋市内を北に抜けた。市内布池町にあるアメリカ総領事館の前を通るとき、その二階の窓に明かりがつくといった噂がひろがったこともあった。

昭和十五年に総領事館は閉鎖されたのだから、それ以前のことだったのであろう。暗闇のなかで警官たちが領事館をうかがった。怪しい動きはないようであったが、道順を変えることにした。

日暮れに大江工場をでた牛車の列は、夜明け前に小牧の町にさしかかった。町のなかに入ると、戒厳院の前が最大の難関だった。狭い道路は丁字になっていて、牛に曳かせたままでは辻回しができなかった。輸送の責任を負う田村誠一郎が弓張り提灯を高くかかげ、ゲートルに草鞋《わらじ》ばきの曳き子と護送者たちが掛け声とともに台車を担ぎあげるのだった。

小牧の町のはずれに五鈴屋という旅籠屋《はたごや》兼業の食堂があり、そこが中継基地だった。七十人ほどの宿泊設備があった。牛に飼料をやり、曳き手たちも飯を食べ、三時間ほど横になった。

牛車はふたたび出発し、犬山を通り、木曾川にかかる犬山橋を渡り、各務原に着くのが夕方だった。四十八キロの道程に二十四時間を費やしたのである。

昭和十八年九月、行政査察使の藤原銀次郎が名航へ来た。陸海軍の軍務局長をはじめ、二十人に近い随員を引き連れていた。藤原はそのとき七十五歳、内閣顧問だった。王子製紙の経営を三十年にわたってつづけ、日本一の巨大な製紙会社につくりあげ、製紙王と呼ばれもした。

藤原の任務は、航空機の生産を四万機にすることができるか、さらに五万機に引き上げるにはどうしたらよいのかということだった。増産を阻む隘路はどこにあるのかを見つけだし、処方箋をだすのが査察使の仕事だった。

名発の首脳陣が査察使に訴えた問題のひとつが、完成飛行機の輸送の問題だった。査察使の一行は工場建設のための鋼材の要求にはうんと言わなかったが、輸送問題のほうは簡単に解決してくれた。

名古屋陸軍造兵廠の熱田製造所から二十輌のトレーラーが提供された。ガソリン付きだった。鉄道からは大型長尺の貨車を貸してくれることになった。

ところが、親子自動車、要するにトレーラーによる輸送は失敗だった。機体の骨組みに細かな亀裂ができていることがわかって、大騒ぎとなった。各務原飛行場までの道路は舗装されていなかった。トレーラーの運転手は、時速四十キロの速さでそのでこぼこ道を突っ走った。機体の傷は、激しく上下に揺すられてできたものだった。

トレーラーによる輸送は断念することになった。貨車の利用も、面倒なだけで、毎日運ぶというわけにはいかず、これも役に立たなかった。輸送はたちまち牛車に逆戻りした。道路のいたるところにあるくぼみを注意深く避け、ゆっくり進むしかなかった。

もっともこの騒ぎのあと、牛のほかに、ベイロン馬を使うことになった。馬は暴走を恐れて使わなかったのだが、盛岡産のその馬はおとなしかった。十二時間で運搬できるようになった。

飛行機を運搬する人びとがいちばん喜んだのは、昭和十九年はじめに小牧の町の外をまわるバイパスが完成して、難所のひとつが消えたことであった。

雪どけの泥道を牛車で重爆撃機を運ぶといったことは、航空機生産のための努力と無理のほんの一例にすぎない。航空機工場で働く人びとの数を知れば、どれだけの努力と無理をしてきたのか、おおよその見当はつこうというものである。

昨昭和十九年のはじめに、百九十五万人が航空機の機体・発動機工場と部品工場で働いていた。昨十九年二月二十二日におこなった人口調査の数字である⑹。つづくこの一年のあいだに、応召者はあったにせよ、徴用者、女子挺身隊、中学校、国民学校高等科の少年少女までが動員されて、航空機工場で働く人はさらに増えている。

そこで昨十九年はじめのその数字のことになるが、百九十五万人とひと口にいっても、それは驚くべき数である。炭鉱で働く人の数が五十三万人だった。兵器工場と造船所で働く人が、それぞれ四十九万人だった。鉄道従業員が四十七万人、郵便電信で働く者が三十万人だった。航空機工場で働く人びとの数はかけ離れて多かった。

昨十九年二月のその調査は、航空機の製造に直接加わっている人の数だけでなく、それとはべつに、航空機の生産に間接的にかかわっている人を数えあげていた。

たとえば兵器工場のなかから、航空機に搭載する兵器を生産している人を数えていた。金属精錬、鋳物、工作機械をはじめ、ゴム、皮革、塗料、木材までの工業で、航空機製造に関連のある人を拾いだしていた。その総計が百九万人だった。

航空機の生産に直接従事している者、間接に従事している者は、あわせて三百四万人に達した。製造業で働く人びとの総計の三八パーセントを占めていた。海軍の総兵力よりも多かった。内地にいる陸軍部隊を除いて、沖縄、台湾、南方全域、中国、満洲にいる陸軍総兵力に匹敵する数字だった。

航空機の生産を昭和十六年の月産五百機から一千機へと増やし、二千機、そして昨十九年の夏に二千五百機までに押しあげたのは、三百四万人、とりわけ航空機の生産に直接従ってきた百九十五万人の努力によるものだった。かれらは拡充をつづける一ダースほどの航空機会社の工場と分工場で働き、つぎつぎと設立される星の数ほどもある協力工場で働いてきていた。

熟練工員は少ない。あらかたは素人の寄せ集めである。下駄屋や刃物屋、豆腐屋、八百屋といった雑多な職業の中年の人びとが徴用されて働いている。そして多いのが女性である。

航空機をつくっている百九十五万人のうち、四十一万人が女性である。そのほとんどが未婚の若い女性である。彼女たちの大部分は、前に紡績工場、製糸工場で働いていた。彼女たちは勤勉で、優秀である。

服部高尚は名発の管理職だが、一千人以上の若い娘たちを任せられ、それまで男がやっていた機械工場の仕事を彼女たちがわけもなくやってしまうのを見て、感心することになったのだった。

服部は名発の第二工作部の組立工場長だった。昭和十七年の末に、かれは深尾淳二から、大曾根工場の工場長になるようにと命じられた。大曾根工場は以前に東洋紡績の名古屋の主力工場だった。大幸工場の西側、すぐ近くにある。

名発の各工作部の小物部品を製作している工作機械を大曾根工場に移し、ボルト、ナット、ネジをつくる専門工場とした。深尾淳二は作業のすべてを女子にやらせるようにと命じた。東洋紡績の女子工員五百人、日本毛織の岩塚工場の女子工員五百人、それに名発各工作部のすべての女子工員を大曾根工場に集めた。

一日三交代で彼女たちは働いた。服部は若い娘たちだけでやっていけるだろうかと心配した。ところが、彼女たちはたちまち、旋盤、ターレット旋盤、アップライトドリルを使いこなすようになった。彼女たちのきびきびした働きぶりを見て、服部は彼女たちに教えられる思いだったのである。

士気が高く、熱心に仕事をしているのは、動員の学徒も同じであった。いわゆる勤労動員がはじまったのは昨十九年の夏からである。

三菱の京都発動機製作所が操業を開始したのは昨十九年の七月からである。名発から京発に送り込まれたのは組長と指導工だけで、現場で働くのは徴用工と学徒たちである。

京大、立命館大、同志社大の理科系の学生、奈良商業、帝塚山中学、光華女学校、向日町《むこうまち》女学校の生徒たち、そして近くの国民学校高等科の児童たちである。かれらだけで発動機の部品の生産をしてきた。

名発から派遣されている加藤敬道がびっくりしたのは、桂、京都、同志社の女子高専生の働きぶりである。彼女たちが分担しているスーパーチャージャー関係のケーシング、インプラー、ピストンの平均生産高は、名発の熟練工の記録をはるかに上回っているのである。(7)

だが、紡績工場の女子工員や女子学生たちがどれだけ一生懸命に働いても、発動機の生産はもはや伸びることはなかった。三菱と中島の月間生産量が昭和十八年十二月に、それぞれ一千基に達したことは前に述べた。昨十九年の春になって、一千二百基になった。つづいて一千四百基になった。それがピークだった。

京都発動機製作所が昨十九年の七月に操業を開始したと前に述べたが、生産ラインは動いていなかった。特定部品の加工にとどまっている。

京発だけではなかった。昭和十七年に着工した静岡、浜松、大宮の三つの発動機工場は、昨十九年半ばになっても、最初の計画どおりに稼動していなかった。

工場への空襲はじまる

昨十九年七月一日、サイパン守備軍の抵抗が尽きようとしていたときだった。陸相兼摂の東条が局長会議に出席して、「工場の分散を積極的におこなわねばならない」と指示した。五十機に近いB29が成都《せいと》から八幡製鉄所を襲ったのが、それより二週間前のことだった。中国奥地からのB29の攻撃はせいぜい北九州までだった。だが、敵に奪われようとしているマリアナ諸島にB29の基地ができれば容易ならぬことになると、東条は思ったのである。「一つでも二つでも具体的な案をたてよ」とかれは命じた。

その翌日だった。内閣書記官長の星野直樹は鉄道総局長官の堀木鎌三《けんぞう》を呼んだ。実際に鉄道の全権を握っているのが堀木だった。「日本全国にトンネルを掘らねばならなくなったが、鉄道のほうで引き受けてくれないか」と星野が言った。(8)

星野の弟の茂樹は、トンネル掘りの専門家である。丹那トンネルを掘り、そのあと関門トンネルの工事に取り組んだ。そこで兄の直樹は、鉄道土木陣の技術が優れているのを知っていた。

堀木鎌三は施設局鉄道監の稲葉通彦に計画をたてるようにと命じた。トンネル工事の立地探査から技術指導、建設までをやる地下建設部隊を編成する計画案を稲葉はこしらえあげた。東京、熱海、信濃川、岐阜、下関の各地方施設部の四千人の職員を動員する予定だった。

稲葉は、熱海地方施設部副長の河野康雄に白羽の矢をたて、かれを関東地区の責任者にした。河野はトンネル掘りのベテランであり、馬力があった。

河野康雄は東京帝大土木学科をでて、昭和八年に鉄道省に入った。伊東線の宇佐美トンネルを掘った。昭和十三年に召集されて、丸三年華北にいた。つづいては新丹那トンネル掘削の主任技師となった。若いトンネル掘りを養成するためのトンネル学校の校長をも兼任した。

昭和十八年一月に、資材の不足から新丹那トンネルの工事は中止となった。かれは東北本線の野辺地《のへじ》から分かれる小湊線のトンネルを掘った。そのあとは群馬県吾妻郡にある吾妻線の鬼岩と矢倉の二つのトンネル貫通に取り組んでいた。

小湊線にトンネルを掘ったのは、北海道からの石炭の輸送路を拡充するためだった。渋川から長野原、そして太子《おおし》を結ぶ吾妻線のトンネル掘りは、鉄鉱石を日本鋼管の川崎製鉄所に運搬するための輸送路の建設だった。太子の奥に露天掘りが可能な褐鉄鉱の鉱床がある。日本鋼管の持ち山である。つけ加えれば、吾妻線は今年昭和二十年の一月二日に開通した。

昨十九年七月十八日に東条内閣は倒れ、星野直樹も辞任したが、そのあと地下建設部隊の設置は本決まりとなった。河野康雄は東京近郊の山から採石場を歩いてまわった。三十メートル以上の高さの立ちはだかった山でなければならない。岩質、湧水の有無を調べ、交通の便も考慮に入れなければならなかった。

中央線の浅川駅の南側にでて、一キロほどさきにある初沢《はつさわ》の山を掘ることにした。谷あいの杉林のあいだに茅葺きの小さな寺がある。高乗寺である。集団疎開の子供たちが寝泊まりしていた。品川区浜川国民学校の四十人ほどの学童だった。来て一カ月になったばかりだった。かれらを置いておくわけにはいかない。同じ南多摩郡の横山村へ児童たちは移っていった。高乗寺は監督将校の宿舎になった。寺の背後の山林も買い上げられた。トンネルを掘るのは、この山の下だった。

じつはこの工事は、航空機工場を地下に移すためのものではなかった。東部軍の地下司令部の建設だった。東部軍は関東地方の防衛と防空が任務であり、司令部は代官町竹橋におかれている。以前に陸軍築城本部だった二階建ての頑丈な建物である。

鉄道の地下建設部隊が地下工場を建設する計画はどうなっていたのか。後回しになっていた。陸軍がその計画に割り込み、自分たちの司令部を建設することになったのである。

同じ昨十九年の夏、福岡市の南東十五キロのところにある筑豊本線の駅、山家《やまえ》から近い桃谷山でも、トンネルを掘る準備を進めていた。関門トンネルを掘った下関施設部が指揮をとっていた。いよいよとなれば、福岡市上ノ橋の旧城内にある西部軍司令部がそこに移る計画をたてていてのことだった。

東部軍司令部、西部軍司令部だけのことではない。陸軍中央はひそかに大本営の移転を考えていた。長野県の松代《まつしろ》を選んだ。河野康雄が松代へ行った。かれは山体を調べ、岩質、地質構造を調査し、トンネル施工の方法、工程の立案、設計をおこない、坑口や抗外施工設備の予定地点を選定した。

浅川と松代には、それぞれ事務所と宿舎が建てられた。かつて清水トンネルを掘り、つづいて丹那トンネルを掘ったことのある熟練の工手長、そして熱海のトンネル学校を卒業したばかりの少年たちがやって来た。

材料置場には松の丸太や矢板が積みあげられた。工事に協力する土建会社の飯場が建てられた。間口三間、奥行十五間の長屋が何十棟と並び、実際に工事の大部分を受け持つ数千人の労働者が来た。号令、世話役といった指揮者を除いて、削岩工、斧指《よきさし》の技能職をはじめ、坑夫たちのすべては朝鮮人だった。斧指は、掘削の作業につづいて、地山の崩落やはだ落ちを防ぐために、松の丸太に矢板を組み、支保工《しほこう》を建て込むのが仕事である。

浅川と松代の工事は九月に開始された。地下工場の建設のほうは遅れた。軍と軍需省の幹部が乗り気でなかった。航空機の生産は、昨十九年六月に二千六百機に達した。夢にまでみた月産三千機の大台にとどくのも間近と思えた。まったく予測と違ったことが起き、テニアン島を中心とする基地航空部隊が潰滅し、連合艦隊がサイパン沖の戦いで負けてしまって、サイパン島、テニアン島が失われようというとき、月間三千機の生産こそがただひとつ希望の灯だった。

七月、八月の航空機の生産は横ばいをつづけた。そして九月になって下がりだした。政府首脳、軍需省の幹部が声をからして、増産を叫んだ。十月の生産機数はさらに下がった。

敵潜水艦による海上封鎖の影響がでるようになり、原材料の不足から基礎産業全体の活動が低下していた。航空機の生産だけが上昇するはずはなかった。軍需省の首脳陣、陸海軍双方の航空本部の幹部たちは慌てた。

作戦の担当者たちは地団駄をふんだ。敵のつぎの攻略目標は、沖縄、台湾、あるいはフィリピンにちがいなかった。邀撃《ようげき》戦の準備を進めなければならなかった。その「捷号《しょうごう》作戦」の勝敗を決めるのは航空戦力であり、中島がつくっている海軍の銀河と天山、三菱がつくっている陸軍の飛龍の増産にその一切がかかっていた。

その決戦で敵に大損害を与えることができれば、こちらの側に余裕ができる。地下工場などはそのときにやればよい。飛行機を一機でも多くつくることが緊急の問題だと軍首脳は考えたのである。

陸軍内にはもうひとつの主張があり、なるほどと人を思わせた。それはつぎのように説いていた。工場を疎開するのであれば、そこらの山かげに移しても意味がない。満洲へ移転しなければならない。航空機製造工場とその関連工場の設備と人員の三割を満洲へ移駐すべきだ。たしかに発動機工場や組立工場の一部を地下に移しただけでは、なんの役にも立たない。満洲、朝鮮へ移さねばならない。だが、それをいつやるのか。そんな時間的余裕はあるのか。そんな論議をしているあいだに、航空機工場の地下工場化はさして重要ではないことになってしまった。

昨十九年十月二十八日、つづいて三十日にトラック島が敵飛行機に襲われた。いつものB24ではなかった。はじめて見るB29だった。しかも発進基地はサイパンのようであった。日本本土空襲のための足慣らしにちがいなかった。陸軍首脳は狼狽した。「緊急増産」とばかりは言っていられなくなった。十一月一日の閣議で、医学関係の学校を除き、国民学校から大学までのすべての校舎は、航空機工場の疎開工場、倉庫、事務所に転用できることとした。

同じ十一月一日の昼すぎ、関東地区に警戒警報のサイレンが鳴った。午後一時すぎ、空襲警報の発令となった。B29一機が勝浦上空から木更津を抜け、東京から立川の空を飛び、大きく旋回して、機首を東京へ戻した。一万メートルの上空だった。

竹橋にある東部軍司令部の作戦室に詰める士官たちは、各地の監視哨からの報告にふりまわされ、侵入した敵機は三機だ、いや四機だと口角泡をとばしていた。敵機はふたたび勝浦から南の海へ消えた。

その二日あと、十一月三日の昼すぎ、名古屋の人びとは、はるかな上空を一筋の飛行機雲を残して東から西へ飛んでいく飛行機を仰ぎ見た。水の底をゆっくりと動く魚のように見えた。秋空のなかでそれは陽の光で白く輝いた。たしかにそれは金属でつくられた飛行機だった。高射砲はとどかないのか、迎撃はできないのかと、不満を語りあう人びとの胸に心細い思いが残った。

名発や名航で働く人びとは、偵察飛行にちがいないと話し合った。写真が拡大されれば、港と運河のあいだの大江町の名航、矢田川に沿った大幸町の名発に印がつけられ、爆撃目標になるのだと思った。

空襲がはじまったのは、十一月一日のB29の最初の偵察飛行から三週間あとの十一月二十四日だった。狙われたのは中島の武蔵製作所だった。

武蔵野製作所と多摩製作所を合併したのが武蔵製作所である。昭和十八年十月のことであり、中島飛行機を査察した藤原銀次郎の勧告によるものだった。だが、実際には名前をひとつにしただけのことなのである。

十一月二十四日、午前十一時五十分に警戒警報が鳴った。空は雲におおわれていた。地響きがして、爆発音が聞こえた。空襲警報はでていなかった。武蔵野町と三鷹町の人びとは、中島の工場が爆発事故を起こしたのだと思い、外へ飛びだした。

工場に二百五十キロ爆弾四十八発が落ちた。生産設備の被害はわずかだったが、七十三人が死に、五十数人が負傷した。撃墜したB29は一機だけだった。飛燕に乗っていた見田義雄伍長が体当たりをした。水平舵をもぎとられたB29は海に落ちた。体当たり機を含めて、こちらは六機を失った。

二回目はその三日あと、十一月二十七日の正午すぎだった。低く雲がたちこめ、小雨が降っていた。重い唸り声のあいだにドドドと濁音のまじる爆音が雲の上から響いてきた。不規則な間隔で炸裂音が聞こえ、家鳴りがして、新宿、原宿、青山、そして本所、深川の人びとは首をすくめた。

中島の武蔵製作所を襲った八十機のB29は、爆撃目標を雲にさえぎられ、そこここに爆弾をばらまき、引きあげたのだった。

十一月三十日ははじめての夜間爆撃だった。神田、日本橋、芝、麻布で二百軒ほどが焼かれた。どうやらこれは、武蔵製作所を狙ったものではないようであった。

十二月三日の午後二時、重ねて武蔵が狙われた。晴れていたから、敵機を見ることができた。およそ七十機だった。あらかたの爆弾は工場周辺の田畑や空地に落ちた。工場内には二十六発が落ちただけだった。工場の被害は前より大きかったが、それにしてもたいしたことはなかった。だが、練馬、板橋、杉並であわせて二百人近くが殺された。撃墜したB29は六機だった。こちらの損害は体当たり一機を含めて、六機だった。

予期せぬ大地震

名発の幹部たちは、遅かれ早かれ自分たちの番がくると覚悟をきめていた。名航の首脳陣も同じだった。深尾淳二は庶務担当の課長を呼び、棺桶を百個ほどつくっておけと命じた。名航所長の岡野保次郎も同じ指示をだした。

ところが、だれひとり予想も、予測もしていないことが起きた。

十二月七日の午後一時すぎだった。静岡県周智郡久努西《くどにし》村にある大寺院、可睡斎《かすいさい》の大きな本堂で、東京渋谷の山谷国民学校の女生徒たちが午後の勉強をしていた。大砲を打ったような音が聞こえた。なんだろうと頭をあげた女の子がいた。つづいてだれもが大きく突きあげられたように感じた。目の前の教科書が躍りだした。はるかに高い棟木がミシミシと鳴りはじめ、ぶらさがった電燈が行ったり来たりしはじめた。子供たちは悲鳴をあげ、立ちあがろうとしたが、立つことができなかった。

東海道線の袋井駅を通り過ぎたばかりの下り貨物列車の機関士は、異常な衝撃を感じた。レールが水面を泳ぐ蛇のように、大きくうねりながらこちらへ走ってきた。かれは慌てて非常ブレーキを引いた。袋井―磐田《いわた》間の盛土の鉄道路盤は二メートル近く沈下し、下り貨物列車と上り貨物列車が脱線転覆した。

袋井西国民学校では二棟の校舎が倒壊した。十八人の児童と六人の職員がその下敷きとなった。袋井保育所では十数人の幼児が圧死した。袋井町の戸数は一千七百戸、九千人が住んでいたが、六割近くの家が倒壊し、六十数人が死んだ。袋井の北にある久努西村では四割、二百戸近くが全壊し、八人が死んだ。東京からの集団疎開の子供たちは無事だった。久努西村の北にある山梨町では、これまた四割の家が全壊して、二十六人が死んだ。[9]

静岡県全域で三百人近くが死んだ。死者の数は袋井町が一位、山梨町が二位だった。二十一人が死んだ浜松市が三位だった。

マグニチュード八の巨大な地震であり、震源地は熊野灘だった。三重県の渡会《わたらい》、北牟《む》婁《ろ》、南牟婁の三つの郡の沿岸は津波に襲われた。海を見ていた人は陸地が沈んでいくのではないかと錯覚した。実際には、数メートルもの高さの水の壁が入江のなかへ押し寄せてきたのだった。赤く濁り、盛りあがった水は、物凄い音をたてて、入江の奥にある部落の家々を押し潰した。

尾鷲《おわせ》町で九十六人、錦町で六十四人、吉津村で三十九人、四日市市で二十三人が死に、ほかに二十人以上が死んだ町村が四箇所あった。[10] 三重県全域の犠牲者は四百人を超した。

愛知県下では、三河湾沿岸を中心に四百三十数人が死んだ。愛知、静岡、三重、三県あわせて一千二百人が死に、一万七千戸の家が全壊、流失し、多くの学校、役場、工場が潰れ、津波に流された。

名発の被害はたいしたことがなかったが、埋立て地にある名航は大きな被害を受けた。地鳴りが聞こえてきて、激しい上下動に人びとは揺さぶられた。大きな酒樽の防火用水の水が跳びはね、舗装した道路が割れて、真っ黒なヘドロが水とともに噴きだした。工場の床は沈み、工作機械とジグが傾いてしまった。電気、ガス、水道もとまってしまった。なかでもいちばんひどかったのが、第三敷地の東工場だった。不同沈下を起こし、工場の鉄骨は曲がり、屋根は落ちかかっていた。

材料課員の安達勇は東工場へ行った。耳をつんざく打鋲の音はやみ、嘘のように静かだった。床は水でいっぱいだった。流れ込んだ海水だった。従業員たちが泥水のなかで、傾いた飛龍の機体を持ちあげようとしていた。

安達は三十三歳である。昭和十七年に召集された。隠岐《おき》出身のかれは浜田連隊へ入隊したが、即日帰郷となった。材料部長が広島師団に召集解除の陳情をしてくれたのだった。

かれは東工場の建設に苦労をした。拡充材料証明書をもらうために軍需省へ日参した。航空機工場の建設だからといって、鋼材の切符が楽々と手に入るわけではなかった。昭和十八年の十二月には、月の二十日を東京往復の夜汽車で過ごした。やっとのことで切符を手にしても、現物化が大変だった。その足りない分として金属回収品が割り当てられた。供出予定が決まっている鳴海球場や灘の酒造工場、横浜の海岸通りにある敵国資産の建物を調べてまわった。材料置場に、コンクリートの塊がついたままの煙突の鉄筋やガラクタの山がだんだん大きくなっていくのを、ときどきかれは見にいった。

セメントもなかった。かれは桑名の奥の藤原村にある小野田セメントの工場にお百度を踏んだ。セメントを手に入れるためには、燃料の石炭と交換しなければならなかった。紙袋がなくなり、最後はまだ熱いセメントを貨車にばら積みにした。

砂利は木曾川や鍋田川にいくらでもあったが、それを運搬する船頭がいなかった。若い者は召集され、年配者は徴用されていた。調べてみれば、名航にも七人ほどが働いていた。使っていない鵜飼船を見つけてきて、かれらが砂利を運んだのだった。

こうしてできあがったのが東工場だった。再建できる見込みはとてもないと安達は思った。昭和十九年のはじめから月間三十機をつくってきた爆撃機、キ67の生産もおしまいだった。キは陸軍機の機体のことで、機体番号67は双発の重爆撃機、飛龍のことだった。

だれもが大変なことになったと茫然としながらも、死者が一人だけだったのが不幸中の幸いと話し合っていたとき、悪いニュースが入った。道徳《どうとく》工場が倒壊したという知らせだった。

大江工場から二キロ離れたところにある道徳工場は、もともと日清紡績の名古屋工場だった。三菱が大江町に進出したのと同じ大正の中期につくられた工場であり、昭和十七年半ばに三菱が買収したのだった。

名航の工場となってからは、キ46、すなわち一〇〇式司偵の組立工場となっていた。

四千人が働き、月に五十機を生産していた。一〇〇式司偵は、昭和十六年からずっと第一線機の座を守りつづけてきた偵察機である。

名航の第五設計課に勤務する向後盛文は技術部長の河野文彦から、道徳工場に応援にいってくれと命じられた。向後は自転車で道徳工場まで行った。すでに地震から四時間がたっていたが、救出作業はなおつづいていた。骨格組立工場は半分が潰れてしまい、煉瓦の山の上に壊れた鋸《のこぎり》型の屋根が重なり、惨憺たる有様となっていた。流線形の胴体のあの双発の快速機がほんとうにここでつくられていたのだろうかと、かれは信じがたい思いだった(11)。

瓦礫のあいだでは、救出作業の人びとが懸命に働いていた。すでに死んでいる女子挺身隊員や瀕死の女学生を掘りだしていた。腕を突きだしてはいても、鉄の柱に押さえつけられ、身動きできないでいる少女がいた。死者は工場内にある青年学校の講堂に運ばれていた。死者の数は六十四人だった。

名古屋市の死者総数百二十人のうちの半分が、三菱道徳工場の死者だった。じつは、名古屋市全域の死者よりも多くの死者をだしていたのが半田市である。三重県尾鷲町の津波による死者九十六人よりも多く、静岡県袋井町の圧死者六十数人よりも多く、半田市の死者は百九十人に近かった。そしてそのあらかたが半田市内にある中島飛行機半田製作所の死者だった。

半田製作所は群馬県大川村にある小泉製作所の分工場であり、海軍機の機体工場である。中心となる工場は昭和十七年六月に操業を開始した半田市の乙川《おつかわ》工場であり、知多半島全域に多くの協力工場を抱えている。それというのも、知多半島は知多木綿の産地であり、中小の織物工場が多い。半田製作所はそれらの工場を部品工場として育成し、知多半島を中心に大小二百の協力工場をつくりあげたのである。

半田製作所が生産してきたのは、艦上攻撃機の天山と艦上偵察機の彩雲である。天山はすぐれた艦上雷撃機だが、主役の座につくのが遅すぎた。優秀なパイロットの大半を失ってしまい、空母に着艦できるパイロットが底をついてしまっては、天山は宝の持ちぐされだった。それでも地震直前の十月には九十機の天山をつくりあげていた。

乙川工場の隣にあったのが、倒壊した山方工場である。そこでは天山と彩雲の部品をつくり、二千人が働いていた。以前に東洋紡績の半田工場だったその建物は、明治三十年代につくられた煉瓦建てだった。しかも三菱の道徳工場と同じように、作業の邪魔になる仕切りの壁や支柱を取っ払ってしまってあった。

煉瓦と大きな梁の下に埋まって、百五十三人が死んだ。そのうちの九十六人が動員学徒だった。そのなかには、半田高女の二十六人と豊橋高女の二十三人の女学生がいた。

中島でも、三菱でも、悪夢のような惨事の後始末で大変だった。人手もなければ、資材もなく、人びとは疲れ、消耗した。戦いの情勢が思わしくないときに、こんな天災が起きるとはあまりにもひどすぎると、だれもが思った。

名航所長の岡野保次郎は東工場の放棄を決めた。飛龍の生産をほかに移さねばならなかった。本来なら熊航、熊本航空機製作所にすべてを任せるところだった。名航は二つの分工場を建設中だった。そのうちのひとつが海軍機の機体工場である水島航空機製作所であり、もうひとつが陸軍機の機体工場である熊本航空機製作所なのである。

熊本市の郊外に機体工場をつくりはじめたのは、昭和十七年六月だった。名発が静岡と京都に発動機製作所の建設に着手したのと同じときだった。名航から、職員と基幹となる工員を熊本に送った。月間五十機の飛龍を生産する計画だった。工場の建設は進み、昭和十九年一月には熊本航空機製作所の看板を掲げ、四月には飛龍第一号を納入した。ほんとうは熊航でつくったのではなかった。従業員の士気を高めるためにやったことで、名航で完成した飛龍を解体して、熊本に運び、もういちど組み立てただけのことだった。工場は完成し、二千五百戸の社宅、十二棟の合宿所はできはしたものの、肝心の工作機械と機械が揃わず、本格的な生産はとてもできなかったのである。

地震で破壊された東工場の生産設備を、熊航へ移す余裕はなかった。飛龍の組立て艤《ぎ》装《そう》は川崎航空機の一宮工場でやることにした。その工場は前に東洋紡績の工場だった。

道徳工場も放棄するしかなかった。一〇〇式司偵の生産は北陸でやることにした。富山市から十キロ離れたところにある呉羽紡績の大門工場を組立工場にすることにした。

その近くに適当な建物がなく、板金、機械、鋳物の工場は、福野、井波、金沢へ分散させることにした。調査のための先遣隊が出発した。

狙われた名発と武蔵製作所

地震から六日目の十二月十三日、正午すぎに警戒警報がでた。人びとは地震騒ぎで空襲のことなどすっかり忘れていた。午後一時すぎ、空襲警報のサイレンが鳴った。真っ青な冬空に白い飛行機雲を長く曳きながら、十機ほどのＢ29の編隊が大幸工場の真上にきた。

第一波が落とした爆弾は工場に命中しなかった。つづいて二番目の編隊が頭上に迫った。だれもが建物の外にある小さな防空壕に入って、息をころしていた。耳をつんざく物凄い金属音が周囲を圧した。一瞬、胸を締めつけられるような圧力を感じた。壕は縦に揺れ、横に揺れ、板張りの天井からは土がこぼれ落ち、吹き飛んだ扉の外は土煙でなにも見えなかった。

煙がはれたあとの空地には、すり鉢状の直径十メートルほどの大きな穴があき、泥にまみれた人が倒れていた。砂ぼこりにむせながら、担架、担架と叫び声がした。ふたたび、敵編隊の爆音が近づいてきた。

二時間あまりの空襲が終わった。傾いた鉄骨に人間の足がひっかかり、コンクリートの塊とスレートの破片のあいだに、工作機械と製品の発動機が埋まってしまっていた。人びとは土砂の下に埋まった壕を掘り起こした。腕や足がでてきてから、土を掘り、砂をかき分けて体をかかえだすのにまどろっこしいほどの時間がかかった。

掘りだした少女の口と鼻には土が詰まっていた。窒息死だった。遺体を工場内の青年学校の武道場に運び、従業員食堂の床に敷いた蓆《むしろ》の上に並べた。看護婦が少女の髪と顔の土を拭きとり、ちぎれた手を包帯で縛った。

工場の建物内では、人びとが機械配置図を頼りに、瓦礫のあいだの工作機械の機械番号を照合し、損傷の程度を調べていた。第二工作部内の組立工場では、佐々木一夫とかれの部下たちが、そこここにころがっているA20のエンジンを集め、コンクリートの塊やアスベストの破片のあいだに散らばってしまった部品を拾い集めていた。

悔しかったし、情けなかった。A20は最高出力二千二百馬力のエンジンである。それを設計したのが佐々木一夫だった。かれは主任設計者だった。設計をはじめたのは昭和十七年五月だった。世界一のエンジンをつくる意気に燃えていた。その年の十月には試作工場で製作を開始し、初号機を組み立てたのがその年の末だった。

最初の性能試験のとき、二千二百馬力の発動機が発するすさまじい轟音を聞いたときの武者ぶるいする嬉しさを、かれはずっと記憶していた。だが、それからが大変だった。耐久試験を繰り返さなければならなかった。ピストンが焼きつき、弁が割れた。部品をつくり直し、検討会議を重ねる毎日がつづき、またたくまに一年がすぎた。試作エンジンを飛行機に搭載してからの空中実験も大変だった。担当者は飛行場に詰めっきりで、パイロットや整備員とともにエンジンの性能を調べた。

こうして、やっと生産にゴーサインがでた。第二工作部でつくっている金星40を静岡でつくることにし、そのあとをA20の量産工場とすることにした。十一月に月産二十基、十二月に五十基、一月に百基、最高月産を二百基とする目標をたてた。

佐々木と部下たちは、その発動機が名航で開発中の艦上戦闘機、烈風に搭載されることを期待していた。烈風は零戦の後継機だった。曾根嘉年が設計した。大馬力のエンジンを搭載することによって、零戦よりも高速とし、火力を強化し、航続距離を増大させようとした。A20を積んだこの特大の零戦こそが「絶対不敗」の戦闘機になると期待されていた。

ところが十一月に生産された二十基の発動機は、いずれも試運転で故障を起こした。そのすべてが組立工場へ戻されてきた。機械工、調整工、メッキ工、仕上工、組立工の技術訓練をもういちどやり直した。そのあいだには十二月につくる予定の五十基分の部品ができてきて、この組立てをも急がねばならなかった。

十二月九日、A7M2の呼称で呼ばれる烈風にA20を搭載した一号機の飛行テストがパスしたとの電報が海軍空技廠審査部から名発に届いた。とびあがる嬉しさのはずであったが、嬉しさも半分までだった。しなければならぬことが山とあった。

そして爆撃が、十一月につくられたA20の完成エンジンと十二月分の部品を四散させてしまった。同様にその爆撃は、佐々木と部下たちの希望をも粉砕してしまった。A20を第二工作部で生産することは諦めるほかはなかった。だが、A20の生産を田舎の小さな工場に移してしまえば、月に二百基の生産はできるはずがなく、二十基をつくることも難しかった。

夕方、訓育課の有賀博は自転車で大江工場へ急いだ。棺を譲ってもらうためだった。棺が足りなかった。かれが課長からつくっておくようにと命じられたのは百個だった。名航側は手持ちの棺の半分を分けてくれた。五十個だった。まだ百十数棺たりなかった。

常務の深尾淳二は各工作部長から被害の報告を聞いた。工場内におよそ四百発の爆弾が落ちた。死者は二百六十四人だった。負傷者は二百五十五人、工作機械の損害は二百四十五台だった。三割の減産になるのは間違いのないところであった。

だが、空襲がこれで終わるはずはなかった。敵が名発と武蔵を第一の目標としていることは疑いようがなかった。敵が航空機生産の息の根をとめようとするのであれば、機体工場や専門部品工場、下請工場をしらみつぶしにする必要はなかった。

アルミニウム精錬工場や合金鋼の製造工場を爆撃リストに載せる必要もなかった。発動機工場を叩き潰せば、それで充分だった。名発と武蔵が日本の航空機工業の二本の柱であり、日本の心臓なのである。

ジグが破壊されても、その補充は難しかった。工作機械が破壊されれば、致命的だった。名発が瓦礫の山になってしまえば、第一線機の生産はたちどころに半分に減少せざるをえない。名発につづいて武蔵もやられれば、それでおしまいとなる。

深尾は、いまからただちに工場の疎開にとりかかろうと決意した。もはや陸海軍のだれも反対できないはずであった。まず名発の外に工作機械をださねばならない。

そして、もうひとつ大事なことがあった。警戒警報がでたら、警備員だけを残して、全従業員を工場の外へ退避させねばならない。二度と五百人の死傷者をだしてはならない。

その二つのことをはじめれば、三割の減産ではとても済まなかった。五割の減産になるかもしれなかった。名発と静発をあわせて、八月、九月の生産がそれぞれ一千七百基、十月が一千五百基、十一月が一千三百基とじりじり減っていた。そして十二月は、八百基か、七百基になってしまうかもしれなかった。やむをえなかった。

それから五日あとの十二月十八日の正午すぎ、今度は大江工場がやられた。敵は、機体工場をも第一の爆撃目標に入れているようであった。百九十余人が死に、二百余人が負傷した。海軍機の組立工場が破壊された。

十二月二十二日の午後一時、ふたたび名発が狙われた。曇り空だった。落とされた爆弾は数多かったが、名発の損害はわずかだった。十二月二十七日の昼すぎ、中島の武蔵製作所が襲われた。三度目だった。附属病院がやられた。

三菱、中島、他の航空機会社は、疎開の準備で忙しくなった。身軽な管理部門や設計課は郊外の中学校や国民学校へ移転した。各工場の疎開担当者は適当な建物を探そうとして、長野県へ行き、日本海沿岸の町を訪ね、娘たちが布織りをつづけている織物工場を見てまわった。

またべつの者は、地質の専門家とともに山を登った。すでにはじまっている地下工場の進捗状態を見にいく者がいたし、石切り場や採砂場の地下にもぐって、巻き尺をあてている者もいた。山あいにある煉瓦建ての製糸工場を買い取り、機械類を運び込んでいる工場もあった。

今年に入っても、敵はいぜんとして航空機工場を狙いつづけた。一月中に六回の空襲があった。一月九日に武蔵、十四日に名航、十九日に川崎航空機の明石工場、二十三日に名発が狙われた。

ほかに一月三日の昼すぎに名古屋の市街地に焼夷弾がばらまかれた。一月二十七日のこれも昼すぎに東京の市街地に爆弾が落とされた。

名発、名航、武蔵の被害はいずれも小さかった。被害が大きかったのは、一月十九日の川崎航空機の明石工場に対する爆撃だった。工場内で二百五十三人が殺され、工場の三分の一が破壊された。空襲がはじまって以来、最大の損害、破壊となった。

銀座爆撃と風船爆弾

そして東京都民を驚かせたのが、一月二十七日の敵の昼間爆撃だった。

午後一時十分、御前崎の南方を北上する敵編隊を見つけた。B29の編隊は御前崎上空から富士山上空に進路をとり、そこで旋回して東へ向かった。第十飛行師団の各戦隊が待ち伏せをしていた。全力をあげて攻撃をかけた。

東京では、空襲警報のサイレンは午後二時に鳴った。都心の人びとは、空襲はまた中島だろうと語り合った。その数分あとに爆音が聞こえてきた。同時に爆発音がつづいた。浅草か、本郷のあたりだとだれもが思った。

有楽町駅では、プラットホームで電車を待っていた人びとが階段を降り、改札口の周辺に固まっていた。電車は駅でとまり、乗っていた人びとも降ろされた。三十分待つのか、一時間待たされるのだろうかと思いながら、人びとは空襲警報が解除になるのを待っていた。

つづいて編隊がくると駅員の告げる声がした。北の方角から低い雲を圧して爆音が近づいてきた。敵機来襲とだれかが叫んだ。駅前にある待避壕に駈けだす者がいた。なにかが殺到するような異様な音が聞こえ、閃光が走ったように感じた。午後二時三十分だった。

あたり一面は爆発音で埋められた。土煙があがり、火柱がたった。日比谷公園から昭和通りまでのあいだに、三十発に近い爆弾が炸裂した。そして落ちてきた焼夷弾が炎をあげた。

三信ビルの前の道路には、直径六メートルほどの大穴があいていた。歩道はガラスの破片で砂利道のようになっていた。ビルの窓ガラスは割れ、六階の窓枠になにやら異様なものがひっかかっているのは、人間の体の一部だった。

帝国ホテル裏庭のヒマラヤ杉の横にも大きな穴があいていた。二百五十キロ爆弾は待避壕を吹き飛ばしてしまった。そのなかにいたと思えるコック五人が行方不明になっていた。

二百五十キロ爆弾は宝塚劇場前の山水楼を直撃した。東京で一、二の中国料理店として知られ、社交場として有名だった。消防士が火を消しているかたわらで、兵士たちが梁を持ちあげ、漆喰《しっくい》のほこりにむせながら、天井板を割ろうとしていた。軍需省の軍需管理官ら九人がその下敷きになっていた。

有楽町駅には二発が落ちた。そのうちの一発は、中央口の出札所の前で炸裂した。駈けつけた人びとは息を呑んだ。火薬と血の匂い、そして砂とガラスの破片のなかに、無数の人が倒れていた。そこここでうめき声がし、幼児の泣き声がしていた。腰から下のない死体があり、靴がころがり、そのなかに足首が残っていた。死体と瓦礫のさきに若い女が立っていた。よかったと思って近づくと、その娘は生きてはいなかった。コンクリートの壁に貼りついたようになって死んでいるのだった。駅周辺の死者は七十人、負傷者は二百人以上だった[12]。

泰明国民学校には三発落ちた。一発は三階と二階の教室を突き抜け、一階の教員室で爆発した。児童たちはいなかった。高学年の児童は、埼玉県大里郡の新会《しんかい》村に集団疎開していた。低学年児童の授業は、午前中に終わっていた。四人の女性教師が死に、二人の女性教師が重傷を負っていた。

日劇と朝日新聞社のあいだの道路にも、二百五十キロの爆弾が落ちた。朝日新聞社の車の脇で運転手が死んでいた。血だらけの若い娘が道路に坐りこみ、痛みをこらえて救いを待っていた。ガラスの破片が顔にくいこみ、頰から血を流し、その髪の毛は砂ぼこりで真っ白だった。

ニュートーキョーの前にも、数人の人が倒れていた。橋の際では馬が横倒しになり、血が道路を流れていた。そして、そこらじゅうに真っ黒な泥の塊が飛び散っていた。

外濠側の朝日新聞社の窓ガラスもすべて破れ、薄青色の壁は真っ黒に汚れていた。濠に二発の爆弾が落ち、川底の泥を巻きあげたのだった。

安田銀行の数寄屋橋支店は直撃を受けた。支店内にいた者はすべて死んだ。血だらけの人を担架で運ぶ人がいたし、その横を手挽きポンプを曳いた消防団員が駈けていった。消防自動車のサイレンの音がいくつも聞こえ、そこここに黒煙があがり、道路のさきは煙におおわれて、なにも見えなかった。

銀座四丁目の交叉点では、鳩居堂前の地下鉄口に爆弾が落ち、かどにあった交番は消えてしまっていた。鳩居堂が燃え、服部時計店の隣の教文館からも火の手があがっていた。

大倉土木の別館の向かい側に落ちた爆弾は、紙問屋の日野屋の倉庫を壊し、なかにあった紙を空に舞いあげた。畳半分ほどの大きな紙が数限りなく屋根に落ち、道路に落ち、人びとはそれを拾っていた。

これが一月二十七日の銀座の空襲だった。それからしばらくのあいだ、人びとはこの話をした。だれもが銀座の町には馴染みがあり、ビルの名、店の名を知っていたから、この話には興味があった。

そして、なぜ敵は銀座を爆撃したのかという話につづいた。宮城と議事堂を狙ったのが、はずれたのだろうと話す者がいた。敵はいよいよ無差別爆撃を開始したのだと語る人がいた。知り合いの陸軍軍人に聞いた話だがと前置きをして、つぎのように喋る者もいた。

「日劇、宝塚、歌舞伎座では、秘密兵器をつくっているのだそうだ。敵はそれを知っていて、爆撃したのだ」

それら三つの劇場は、昭和十九年二月に高級娯楽場閉鎖の政府命令がでて、いずれも閉鎖された。六月に陸軍が借りて、宝塚も、歌舞伎座も、観客席の上に板が貼られ、作業場に変わっていることを知っている者もいた。そこでそんな極秘情報を聞けば、たしかに敵はその三つの劇場を爆撃しようとして、それに失敗したのだと人びとは思った。

それらの劇場でつくっている秘密兵器について述べておこう。秘密兵器とは、陸軍が開発したふ号兵器、「風船爆弾」のことだった。風船に水素ガスを吹き込み、焼夷弾をつけ、千葉、茨城、福島の海岸から飛ばしていた。昭和二十年のこの一月には、毎日百個以上の風船爆弾を放っていた。

大きな風船は和紙を貼り合わせてつくった。勤労動員の女学生、女子挺身隊員の手づくりだった。できた風船が完全なものかどうかを調べるために、空気を入れてふくらませ、空気もれの箇所を探して、その穴をふさいだ。そして二十四時間放りっぱなしにしておいて、空気が抜けないかどうかを検査した。合格した気球に無色透明のラッカーを塗った。

直径十メートルもある気球だから、「満球検査」のためには、天井の高い、広い部屋が必要である。学校の雨天体操場や講堂では頭がつかえる。そこで日劇、宝塚、歌舞伎座を使って、この最終作業をしていたのである。

だが、アメリカ側は日劇や宝塚を狙ったわけではなかった。爆撃目標は中島の武蔵製作所だった。富士山を越え、進路を東に変えたB29の編隊は大月、八王子の上空を飛び、まっすぐ武蔵に向かおうとした。ところが、待ち伏せをくった。二機、三機と撃墜されて、B29の先導機が慌てたのであろう。第一目標を狙うことをやめ、第二目標を爆撃することにした。第二目標は東京の市街である。わけもないことだった。東京湾へでる直前、爆弾倉を開いた。

その日の東京の死者は百十七人だといわれ、三百五十人だと語られた。実際には死者は五百人を超し、負傷者は一千人にのぼったであろう[13]。

それから十日あとの二月五日のことだった。大和運輸専務の小倉康臣は運輸通信大臣からの命令書を受けとった。二月六日からむこう三カ月、五月五日までのあいだ、中島の武蔵製作所の疎開にともなう物資輸送に従事せよとの命令だった[14]。

大和運輸はほかの仕事のために十数台を残すだけで、三百台に近いトラックのすべてを動員して、武蔵製作所の工作機械を運ぶことにした。井之頭公園の一部を借り、トラック置場にすることにした。また、公園内にトラック修理工場とバラック建ての宿舎を建設しはじめている。

工作機械の疎開先は浅川の山である。浅川の山とは、前に述べたことだが、東部軍司令部がつくろうとしていた地下司令部のことである。いつ地下司令部の建設が地下工場の建設に変わったのか。昨年十二月か、この一月はじめに変わったのであろう。浅川の地下トンネルは、すでに八分どおりできあがっている。工事の進み方が早いのは、大型鑿岩機を使ってきたからだ。

地下陣地をつくり、地下工場を建設しなければならず、鑿岩機がいまほど必要なときはない。鑿岩機の製造は、東洋工業、山本鉄工所、足尾製作所の三社だけに集中されていたのが、いまは東洋工業だけでつくるようになっている。

東洋工業でつくっているといっても、その数はわずかである。需要に応じるどころではない。前線に送ることもできない。鑿岩機はどうした、いつ送ってくるのかと矢の催促を受けながら、どうにもならない。たとえば、こんな話がある。昨年の七月、長勇《ちょういさむ》が沖縄の第三十二軍の参謀長になったことは前に述べた。沖縄の海岸は珊瑚礁におおわれ、鶴嘴《つるはし》をはねかえすほどに固い。その下の地層は軟らかいから、トンネルを掘るのは容易だが、地表に蛸壺、掩体、交通壕の陣地をつくるのは大変である。

鑿岩機が百組もあれば、どれだけか助かる。長勇は参謀本部に鑿岩機を二十組要求した。百組ではない、二十組である。ところが、いつまで待っても鑿岩機は到着しない。そのか長は喧嘩早い。命がけの喧嘩を何度もやったことが自慢であり、それで有名だ。そのかれがかんかんになって怒り、参謀本部の部課員たちは頭をかかえることになった。それでも鑿岩機を沖縄へ送ることができないのである。

浅川の工事ではふんだんに鑿岩機を使った。高乗寺のある山を掘削すると前に述べたが、その山の東側と西側の双方に、百馬力の空気圧縮機をそれぞれ五台据えつけた。トンネルは山の東側から九本掘り、西側から六本掘った。それらのトンネルを横坑でつなぎ、碁盤の目とした。床の総面積は一万二千平方メートルになっている。まずは充分な広さである。

市谷台の地下防空施設とくらべてみよう。アメリカとの戦争がはじまる直前、市谷台の地下に突貫工事でつくられた防空施設の広さが一千四百平方メートルある。事務室として使うのであれば、三百人を収容できる。その八倍の広さがあるのが浅川の地下司令部である。

市谷台の軍事課や戦備課の課員たちが、この地下司令部のことを話題にしたのであろう。かれらは、航空機工場の地下工場化がさっぱり進捗していないことに気が気ではなかった。軍需省からは、全工場の疎開を急がねばならぬと矢の催促がきていた。疎開よりは生産がさきだとの主張は間違っていたのだと、だれもが思うようになっていた。

そこで、二、三カ月前に聞いたときにはなんでもなかったことが、いつかかれらを不快にさせるようになっていた。たとえば、つぎのような話である。中島の武蔵製作所が高尾山の西側の山麓を買収しようとした。武蔵製作所からは近いし、鉄道の便もある。ところが、東部軍が浅川倉庫の建設に支障をきたすと横槍を入れた。中島はその計画を断念した⑮。浅川倉庫とは地下司令部の秘匿名である。その地下司令部の隣の山が高尾山である。

市谷台の部局員たちのなかには、「武蔵が瓦礫の山になってしまえば、太田と宇都宮でつくっている四式戦はすべて首なしになってしまうぞ」と声を荒げた者もいたはずである。浅川で建設中のトンネル群を中島の地下工場にすべきだとの提案がでて、陸軍次官と参謀次長も賛成したのであろう。誉《ほまれ》発動機の生産をつづけるほうがさきだと東部軍司令部もあっさりとうなずいたのである。

武蔵製作所でつくられているのが誉であり、四式戦闘機に搭載されている。「大東亜決戦機」と呼ばれて大きな期待をかけられた四式戦は昨十九年四月から生産を開始し、中島の太田製作所と宇都宮製作所でつくられてきている。

浅川の地下司令部を発動機工場に転用するとなれば、まだまだ狭い。床面積を二倍にひろげ、二万五千平方メートルにまでしなければならない。炉をおかねばならず、煙抜きの縦坑を掘らねばならない。地下工場の周辺の山あいには林間工場をつくらねばならない。また、浅川駅から地下工場の入口まで引込み線を敷かねばならない。こうして、浅川では第二期工事を進めながら、その一方では坑内に工作機械を運び込み、地下工場周辺の部落の農家に下宿することになった先遣の従業員たちが据え付けの作業をおこなっている。

ところで、武蔵の工作機械は浅川だけに運んでいるのではない。大和運輸のトラックは、工場側の指示で、宇都宮市郊外の城山村にある大谷石の採石場に工作機械を運び、浜松製作所にも輸送している。浜松製作所は、陸軍機用発動機の製造工場である。宇都宮市郊外の大谷石の採石場跡は、工作機械を運ぶ前まで、陸軍の被服廠と糧秣廠が借り、倉庫がわりに使っていた。そして、浅川が陸軍施工のトンネル工事であったことは繰り返すまでもない。

そこで、これまでいいそびれたことをいえば、武蔵製作所の工作機械の疎開といっても、それは東工場の疎開だということである。前の名称でいえば、武蔵野製作所の工作機械の移転である。陸軍機用の発動機の製造工場の疎開なのである。

陸軍と海軍はべつべつに航空機の生産をしているのだから、当然のことながら疎開もまたべつべつである。中島の海軍機用の発動機を生産しているのは、もとの多摩製作所であり、現在の武蔵製作所の西工場である。海軍側は、西工場よりも、大宮製作所の疎開を優先させている。

大宮市内にある大宮製作所は多摩製作所の分工場であり、海軍機用の発動機工場である。昭和十八年三月から、発動機の生産を開始している。大宮製作所の疎開先は、埼玉県比企《ひき》郡の吉見村である。二百五十メートルの長さの十本のトンネルを掘り、横坑で結び、床面積二万四千平方メートルの地下工場をほぼ完成させている。ここで月に誉発動機三百基を生産する計画だが、これはまださきのことである。

陸軍機用の発動機工場の疎開の話に戻れば、栃木県河内《かわち》郡の城山村の大谷石の採石場跡には、宇都宮製作所も疎開することになっている。御止山、金入山、戸室山、弁天山といったいくつかの山の地下の採石場跡は、機体と発動機製造の双方の地下工場にする予定である。発動機の生産は、月間三百基の計画である。

これに対し、浅川は月間五百基としている。疎開できない大型の機械設備は武蔵の東工場に残さねばならず、部品をつくる協力工場はいずれも武蔵の周辺にあるから、どうしても武蔵に近い浅川工場が主体となる。

ところで、輸送計画が終わる五月、あるいは六月には、ほんとうに浅川で月間五百基、城山で三百基を生産できるようになるのか。正直な話、机上の計画である。

鉄道トンネルを工場にする

三菱名発の地下工場の建設は、中島の武蔵よりずっと遅れている。陸軍が自分のためにつくった浅川や、海軍が手回しよくつくりあげた吉見のような地下工場はまだできていない。三万平方メートルの面積がある城山の大谷石の採石場跡もない。

トンネルを掘りはじめているのは、犬山町と小牧町とのあいだにある楽田《がくでん》村の山である。昨十九年十一月に、鉄道の岐阜地方施設部の地下建設部隊が指揮をとり、熊谷組が工事を開始したばかりである。一万六千平方メートルの広さの地下工場をつくることにしているのだが、鑿岩機が足りず、ダイナマイトがなく、ズリ運搬用のトロッコが不足し、レールがない。ズリとは坑内で掘りだした岩石土砂のことである。地下工場の完成は七月の予定だ。

また、そこから十数キロのところにある岐阜県可児《かに》郡平牧村の山とその隣の久々利《くくり》村の山に、双方あわせて五万五千平方メートルの地下工場を建設する計画をたてている。鉄道の建設隊の測量が終わり、工事にとりかかったのは、この二月になってからである。

深尾淳二は、政府と軍が地下工場化の計画にもっと早くから取り組むべきだったのに、いまとなっては手遅れだと思っている。楽田、平牧、久々利だけでは、まだ足りはしない。だが、三菱鉱業の技師に頼んで、山を見てまわり、さてトンネルを掘ろうというのでは、すでに遅すぎる。既存のトンネルを使うしかないとは、かれが前から説いてきたことだ。かれは陸海軍監督官や軍需監理部長に自分の考えを告げ、京発、静発の所長に向かっても、トンネルを探すようにと命じていた。

名古屋の近郊にはトンネルがないが、京都と静岡の周辺には適当なトンネルがあり、深尾の机にはいくつかの計画案がある。

琵琶湖の水を京都盆地にひく琵琶湖疎水は、第一疎水と第二疎水の二本がある。第一疎水は、その途中に三井寺の山の下を通る二千四百メートルのトンネルがあり、つづいてもう二本のトンネルがある。第二疏水のほうには四本のトンネルがある。疏水は一本で充分なはずである。第一疏水か、第二疏水のうちのどちらかを地下工場に借りようという案がある。

静発からは、日本軽金属の蒲原発電所の富士川沿いのトンネルはどうであろうかという案がでている。発電用水のための長いトンネルであり、直径が五・四メートルある。

すでにビンタン島からのボーキサイトの輸送はとまってしまって、蒲原の電解工場は昭和十九年末から開店休業といった状態である。蒲原工場内にある発電所の電力は直流である。一般の使いものにはならないのだから、そのトンネルを地下工場にしてもいいではないかというわけである。

それにしても、蛸が自分の足を食うような話だと静発の所長が考え、深尾が思ったことであろう。アルミナは電気の罐詰といわれるくらい、その生産には電気を消費する。その水力発電の源をとめてしまって、発動機生産の地下工場をつくろうというのだ。アルミナがなければ、アルミニウムはつくれない。アルミニウムがなくて、航空機をどうやってつくるのか。

だれもそんなことは口にしなかったのであろうし、喋っても、さらりと言っただけであったにちがいない。したり顔をして、そんな話をしてなんになるか。深尾とかれの部下たちはそう思ったのである。

疎水のトンネルや発電用水のためのトンネルのほかに、京都と静岡にはすぐ利用できるトンネルがほかにもある。

静岡には日本坂トンネルがある。京都には新東山トンネルと新逢坂山トンネルがある。いずれも弾丸列車を通すためのトンネルである。昨十九年八月から九月のあいだに完工したばかりのトンネルである。だが、弾丸列車の建設はすでに中止となっているのだから、それらのトンネルはいずれも必要がないはずである。

深尾は鉄道総局と折衝し、まず日本坂トンネルの貸与を求めた。鉄道側は反対した。セメントと人手の不足に悩みながら、すでに中止が決まっている弾丸列車のためのトンネルを遮二無二完成させたのは、理由があってのことだった。明治半ばにつくられた東海道本線のトンネルがあまりにも狭すぎた。大きな貨物は中央線にまわさねばならないようになっていた。人手不足から工事はずるずる遅れていたが、線路をつけ替え、日本坂トンネルを使おうというのが、鉄道側の計画だった。日本坂トンネルではなく、そのすぐ南側にある東海道本線の不要になるトンネルを貸そうということになった。

今日、二月二十一日、服部高尚は静岡の用宗《もちむね》駅にいる。かれが大曾根工場の工場長だったことは前に述べた。かれは昨十九年十二月に大曾根工場の疎開を指揮した。東海飛行機の挙母《ころも》工場への疎開だった。

四台ある同じ機械のうちの二台、二台ある同じ機械のうちの一台をといった具合に、すべての工作機械を二分して、挙母工場にその半分を運ぶことにした。工作機械は陸軍輜重《しちょう》隊が運んでくれたので、面倒なことはなにひとつなかった。毎日四十台の機械を運び、一週間で輸送は終わった。

機械の据え付けと配線が終わり、女子従業員が引っ越しをして、挙母工場の操業がはじまって、服部は常務の深尾のところへ報告に行った。「どこの疎開も計画どおりに進んでおらぬ。予定どおりに疎開したのはお前のところだけだ」と褒めてくれた。深尾にねぎらいの言葉をかけられたのは、服部にとって三菱に入社してからはじめてのことだった。

それから二週間あと、服部は深尾に呼ばれ、静岡発動機製作所への転任を命じられ、用宗に地下工場を建設するようにと指示された。服部にとって、はじめて聞く地名だった。かれが大曾根工場の女子従業員の万歳の声に送られて名古屋を出発し、静発に着任したのが昨日のことである。

そして今日、二月二十一日、かれは自転車のペダルを踏み、安倍川橋を渡り、用宗駅まで来たのだった。線路沿いの道を行くとトンネルが見えてきた。かれの横を列車が追い抜き、車窓がつづいて、いっぱいの人が見え、列車は古色蒼然としたトンネル内に滑りこんでいった。地下工場をつくる予定地がまだ使われているトンネルだと知って、かれはびっくりした。昨日、地下工場になる予定のそのトンネルを通って、静岡に来たのだと気がつき、かれは自分の迂闊さに苦笑したのだった。

トンネルには二つの口があり、上下線がべつべつの単線のトンネルである。図面をひろげてみた。石部トンネルという名称だ。九百メートルの長さがある。そのトンネルを抜け、五百メートルほど行くとまたトンネルがある。これが一キロの長さの磯浜トンネルだ。磯浜トンネルをでたところが焼津駅である。

服部高尚は考えこんだ。航空機発動機工場は航空写真で一目瞭然なのだという話を聞いたことがある。真四角な形になっているからだ。名発がそうなら、静発もそうだ。中島の多摩製作所、武蔵野製作所、アメリカのプラット・アンド・ホイットニー社の工場、いずれも同じである。工場が正方形になるのは、発動機工場では製造する部品の数が多く、それと比べて、組立てラインが短いからである。ところが、ここにあるのは、間口四メートル、奥行き一千メートルの工場である。前代未聞の細長い地下工場を、四つ建設しなければならない。

この鰻の寝床に機械をどのように配置するか。ボルトやナットの小物をつくる大曽根工場の工作機械とちがって、発動機工場の工作機械は大型、大重量のものが多く、馬車に載せるのでさえ、五人、六人の人手が必要である。静岡の本工場から用宗までの輸送が大変なら、トンネル内への搬入はさらに面倒をきわめる。その順序を慎重に決めておかねば、あとになって変えることはできない。

それにしても、こんなトンネルのなかで、人は一日働きつづけることができるのだろうか。トンネルの出口から近いところに食堂をつくらねばならず、林間工場を建設しなければならない。用地の買収もはじめねばならない。明日から、毎朝、ここへ通ってこなければならないと服部は思った[16]。

じつは、今日、二月二十一日、東京では最高戦争指導会議が開かれ、航空機工場の疎開がやっと本決まりとなった。首相の小磯国昭は、「航空機生産確保のため、地下転移は軍隊でやれ」と指示していた。そして、工場緊急疎開要綱は明日二月二十二日の閣議で決まる手筈である。深尾淳二にとってみれば、なにをいまごろといった取り決めである。

ところで、アメリカ軍は爆撃目標とその方法を変えようとしている。航空機工業に対する昼間の精密爆撃が謳い文句ほどにうまくいっていないことで、ワシントンでは批判と非難の声が大きくなっている。この二月までにB29は七十機以上が失われた。昼間爆撃と特定工場を目標とした精密爆撃をつづけるかぎり、損害はさらに大きくなるだろう。昼間爆撃をやめて夜間爆撃をおこなえ、そうすれば犠牲は少なくなる。精密爆撃はやめにして、都市そのものを爆撃せよという主張が強くなっている。無差別爆撃をおこなえということだ。都市地域爆撃というもっともらしい名前がついている。

だが、これまでの爆撃方法が誤っていたから、それを変えよう、武蔵と名発に対する爆撃がさっぱりうまくいかないから、町全体を焼き払うことにしようという考えに変わったのだといってしまっては、ほんとうは正しくないのであろう。

昨十九年十一月末からこの二カ月のあいだの空襲は、感覚を慣らすための、いうなれば対応能力を向上させるために必要な時間だった。航空機工場を狙いながら、住宅密集地を盲爆するといったことを繰り返しているあいだには、指揮官から搭乗員までが一般市民を殺戮《さつりく》することに慣れていく。そんなことは当たり前のことだと思うようになる。そこで無差別爆撃となるわけなのである。残忍さに親しむことで、残忍になっていくのは、戦っているどちらの側も同じなのである。

第9章

雪の二月（二月二十二日〜二十六日）

本土決戦——宮崎周一の計画

翌二月二十二日、東京は明け方から雪が降りはじめている。東京では今年になって三度目の雪だ。細かいさらさらとした雪は、乾き、冷えきった大地に灰をまくように積もっていく。

市谷台では、陸軍省と参謀本部の次官、次長、部課長が集まり、合同会議を開いている。参謀本部次長の秦《はた》彦三郎が立った。硫黄島の組織的抵抗は二週間と判断しなければならぬと言った。敵軍が攻撃してくる。こちらの守備隊は全滅する。このような戦いを繰り返してきた揚句、いよいよ敵は本土の鼻先、硫黄島に攻撃をしかけてきた。そしてその島の守備隊も同じ運命をたどるほかはない。

二月十四日に海軍の索敵機が、サイパン島の西方で敵艦隊を発見したことは前に述べた。敵の攻撃目標が沖縄なのか、硫黄島なのかは、まだわからなかった。二月十六日の午前七時、硫黄島は、接近してきた敵戦艦と巡洋艦からの砲撃を受けはじめた。そして同じ時刻、関東地方の航空基地が敵空母部隊の艦載機に襲われた。敵の空母群は房総沖二百キロに接近していたのだが、こちらはなんの反撃もできなかった。硫黄島の沖合十数キロのところにいる敵戦艦に対しても、まったく手だしができないのは同じだった。

硫黄島に対する砲爆撃は、十七日、十八日とつづいた。そして十九日の早朝、硫黄島に二個師団のアメリカ軍が上陸した。それから三日がたつ。敵軍は上陸した砂浜を完全に制圧し、新たな兵員、戦車、大砲を陸揚げしている。昨日、二月二十一日の夕刻、海軍の七機の特攻機が硫黄島周辺水域の敵艦船を攻撃し、二隻の空母に体当たりした。だが、その一回で終わりである。二回、三回と航空攻撃をつづけることはできず、制空権の奪取はどだい無理である。補給をおこなうことは不可能だ。硫黄島は放棄したも同じである。そこの守備隊は孤立した戦いをつづけねばならない。

参謀次長の秦彦三郎は話をつづけ、米軍の本土攻撃は必至だが、本土の防衛態勢は旧態依然であり、急いで抜本的施策をとらねばならないと説いた。つづいて今日の会議の主題に入る。早ければ今年の八月に起こるかもしれない敵の本土攻撃に備え、新たに何個師団を動員するかを決めねばならない。

大々的な動員、文字どおり根こそぎ動員を望んできたのが参謀本部の側である。予算、資材、動員を握っているのは陸軍省の軍務局である。そこで今年一月のはじめから、作戦部長の宮崎周一は軍務局長の真田穣一郎に向かって、新規動員を再三にわたって申し入れていた。だが、軍務局長の真田穣一郎、軍事課長の二神力《ふたがみつとむ》は、統帥部のその要求に反対してきた。無茶だ、あまりに大規模すぎる、放漫にすぎると、かれらは統帥部の計画を批判した。「戦局に対する緊迫感が不足している」と宮崎が反駁した。

真田にはなにもわかっていないわけではなかった。二カ月前の昨十九年十二月上旬まで、作戦部長はかれだったのである。佐藤賢了《けんりよう》が軍務局長だったのだが、東条系の幹部を一掃するという暗黙の了解が首相と陸相とのあいだにあって、佐藤は南京へだされ、そのあとを真田が継いだのである。もっとも、真田が作戦部長から軍務局長へ横滑りしたのは、それはそれで理由があった。この十日ほど前のことになるが、衆議院書記官長の大木操は航空本部付の賀陽宮《かやのみや》から、「真田は作戦で失敗し、若手参謀より不信を買って、軍務局長へ転出した」といった話を聞いている。(1)

宮崎はといえば、かれは作戦部長になる以前、第六方面軍の参謀長だった。上京せよとの命令を受けとったときに、かれは湖南省衡山《こうざん》の山のなかの戦闘司令部にいた。ただちに漢口《かんこう》へ飛び、虱《しらみ》だらけの下着を取り替え、南京経由で、東京へ戻ってきたのだった。かれはアメリカ軍と戦った経験もある。ガダルカナルにおける二度の攻撃が失敗に終わったあと、かれは第十七軍の参謀長となって、ガダルカナルの前線へ行った。

自動小銃の銃声がごく近くで聞こえ、つづいて反対側からも聞こえてきた。かれは参謀肩章をはずし、内ポケットの手帳とともに地中に埋め、ピストルを手にしたのだった。いよいよガダルカナルを撤退するときにも、かれはピストルを握る数日がつづいたのである。

つけ加えるなら、ガダルカナルからの撤収を決意し、それを起案したのが真田穣一郎だった。作戦部長の田中新一と作戦課長の服部卓四郎のコンビが更迭となり、軍務課長だった真田が作戦課長となって、すぐにやったことだった。現在、真田は五十二歳、宮崎は五十歳、陸軍士官学校は宮崎が三期下である。

参謀本部と陸軍省とのあいだの議論が白熱するなかで、豆大臣がなにを言うかと作戦課員が怒れば、まるで総長きどりだ、豆総長めがと軍務局員が憤激した。そこで本物の大臣と総長だが、総長の梅津美治郎と大臣の杉山元は素知らぬ顔をしてきた。陸軍省と参謀本部が争うような問題では、大臣と総長はだんまりをきめこむのが普通である。まして戦いの見通しが暗い現在、大臣と総長はいよいよ慎重で、自分の考えを明かそうとしない。

合同会議を開くことになったのは、本土防衛のための新規動員はもはや一日も遅延できないと宮崎周一がいきまき、陸軍省側も反対とばかり言ってはいられないと考えたからである。

そこで、あまりにも遅れていると宮崎が説く本土防衛の準備だが、昨十九年の七月からはじまっている。既存の飛行場では飛行機の掩体をつくり、新しい飛行場の建設もすすめられてきている。沿岸では横坑を掘り、陣地の構築もおこなわれている。

鹿児島の志布志《しぶし》湾の一角では、要塞の建設も進捗している。志布志湾は敵軍が上陸すると予想されている場所である。敵が本土を攻撃するとなれば、それこそルソン島を攻略する前にレイテ島を攻撃したように、まず九州に上陸作戦をおこなうものと思われている。そして敵が九州に侵攻しようとするのであれば、南九州を攻略目標に選び、そうなれば志布志湾を上陸地点に定めることは間違いない。

志布志湾はその半円形の湾のいちばん奥にある志布志から東串良《くしら》まで砂浜の海岸が十六キロにわたってつづき、アメリカ軍が水陸両用作戦をおこなうにはもってこいの地形である。しかも、湾内は輸送船の錨泊が可能であり、南九州の海岸ではもっともすぐれた泊地である。

波打ち際の背後はゆるやかなカーブを描く砂丘がつらなり、黒松の林がつづき、そのさきはシラス台地の畑となり、敵軍が占領して、ただちに利用できる鹿屋《かのや》を中心とした笠野原、串良、志布志、岩川の航空基地群がある。

参謀本部は、志布志湾の入口に重砲を据えることを決めた。砲台を湾の入口にある内之浦の高崎に築くことにした。そこからなら、湾の奥へと向かう敵艦船を横から、背後から狙うことができる。十五サンチ加農《かのう》砲七門を据えることにした。陣地の構築は昨十九年の八月からはじまった。

山腹をくり抜き、砲床をコンクリートで固め、ほぼ完成にまでこぎつけている。まことに手回しがよい。だが、これは内之浦だけのことなのである。

昨十九年の七月、陸軍大臣兼摂の東条英機が軍需工場を地下に移せと命じ、ひとつでも、ふたつでもいいから具体案をたてよと指示したことは前に述べた。そして軍需工場の地下移転のために、鉄道の地方施設部内にトンネル掘りの技術者を集めた地下建設部隊をつくったことも前に記した。

あるいは同じときに、東条はべつの命令をだしていたのかもしれない。本土防衛の準備を急げ、ひとつでも、ふたつでもいいから具体案をたてよといった命令である。

陸軍が鉄道の地下建設部隊を使って、地下司令部の建設をはじめたことは前に述べた。南多摩の浅川、長野県の松代、福岡県の山家《やまえ》である。志布志湾の内之浦の地下砲台の建設も同じときにはじまった。関門トンネルを掘った下関地方施設部の二十数人が指導して、内之浦の崖に砲兵陣地をつくりはじめたのである。

もちろん、内之浦に地下砲台が完成しても、それひとつだけでは気休めにもならない。地下砲台は敵が上陸すると思えるすべての地区につくらねばならない。だが、そうはいかない。肝心の大砲がない。大砲を製造できる工場は、その生産をやめてしまっている。

大口径の火砲を生産できる工場はもともとわずかしかない。小口径火砲の製造能力をもつ工場も数社しかない。それらすべての工場が現在つくっているのは高射砲である。たとえば、大同製鋼と日本特殊鋼が火砲の素材をつくり、日立製作所と浅野重工業、理研工業がその仕上げと組立てをしている。生産しているのは口径八サンチの高射砲である。

大口径の火砲を製造できるのは、海軍では呉工廠、陸軍では大阪造兵廠の第一製造所である。民間工場では日本製鋼所があるだけだ。いずれも、八サンチと十二サンチの高射砲の製造にかかりっきりである。

もちろん、高射砲はそのまま海岸砲に転用できる。海軍は高射砲を高角砲と呼んでいるが、南太平洋の島嶼《とうしよ》戦で、海軍の守備隊は十二サンチ高角砲を海岸砲として使ってきた。だが、いま必要なのは、都市と工場を守り、B29を撃墜するための高射砲である。

そこで敵の上陸予想地点に砲台を建設するためには、壱岐《いき》や朝鮮の羅津《らしん》の要塞に戦前から据えてある大砲をはずして持ってくるか、東京、大阪の兵器補給廠の倉庫を探して、日露戦争で使った骨董品をひきだしてくるしかない。志布志湾の内之浦に運んできた十五サンチ加農砲は下関と対馬《つしま》の要塞にあったものである。

こうしたわけで、火砲の数は恐ろしいほどに不足している。しかも防衛する側は、敵の攻撃地点がわからないから、ここも、あそこも守らねばならず、戦力を分散することになる。少ない大砲を一箇所に集中することができない。犬吠埼から太東崎まで七十キロに近い九十九里の海岸に三十門たらずの火砲を据えつける予定である。下田から鎌倉までの九十キロの海岸に二十二門の火砲を配備する計画である。これら海岸砲のほかに、沿岸防禦師団が持ってくるであろう火砲を加えても、一キロ正面当たり二門の密度にはとてもならない。

昨十九年六月にアメリカ軍がサイパン島に上陸する以前、市谷台の幹部たちがサイパンは難攻不落と語り、過大な期待を抱いたのは、一キロ当たり五門の火砲があるという自信からだった。このことは第一巻で述べた。日本と外国では、桁が違った。アメリカ軍は、その十倍、一キロ当たり五十門の火砲を並べるのが普通なのである。

満洲と中国からできるかぎりの火砲を運んできたとしても、その数は知れている。沿岸防禦をしなければならない海岸は、薩摩半島の吹上浜、日向灘に面する宮崎海岸、関東の九十九里浜、鹿島灘、相模湾とある。一キロ正面当たり二門の火砲を配置するのが精いっぱいである。

もちろん、作戦部長の宮崎周一はこうしたことを承知している。だが、かれにとって最大の問題は、兵力が絶対的に不足していることなのである。

敵軍が本土に上陸作戦をおこなうとなれば、一度に六個師団から八個師団を揚陸させよう。戦場はサイパン島ではなく、レイテ島ではなく、本土の戦いである。迎え撃つ側にしてみれば、相手はたった八個師団か、一挙に殲滅《せんめつ》してやると舌なめずりしても、ほんとうはおかしくない。

実際には舌なめずりするどころではなかった。宮崎平野では一個師団が陣地を構築している。一個師団は十五キロを守るのがせいぜいだ。ところが、宮崎海岸の都農《つのう》から青島までの六十キロの防衛を一個師団が担任しているのである。

一個師団といいはしたものの、宮崎平野を防備しているのは留守第五十六師団である。

留守師団とは、常備師団の出征中にその師団所在地におかれた補充員の留守部隊のことであり、本来、野戦軍としての任務を担ってはいない。

防衛兵力が少ないのは関東地方も同じである。九十九里浜の全正面を防衛するのに、最低四個師団が必要である。現在、ここに置かれているのは、近衛第三師団だけだ。

しかも宮崎平野の留守第五十六師団と同様、近衛第三師団も訓練にはげむことができず、築城作業にかかりっきりである。それだけでも問題だが、その築城作業に専念するわけにもいかないというのが実状である。兵士たちの一部は炭焼きや畑仕事をやっているのだし、小さな鍛冶場で鶴嘴《つるはし》やシャベルをつくるといった有様である。

そしてかれらはほかの仕事にもひきだされている。この二月はじめに、立川と柏の航空廠、兵器補給廠の機械や材料を、甲府、八王子、北富士に分散疎開することになり、近衛第三師団の兵士が使われることになった。九十九里浜の陣地構築は四月まで中止となっている。

もう一度、南九州を見てみよう。二個の留守師団と一個の野戦師団をおいてあるだけだ。留守第五十六師団が宮崎平野沿岸で掩体をつくり、交通壕を掘っていることは前に述べた。ほかに、留守第六師団が薩摩半島の別府平地と指宿《いぶすき》で防衛陣地をつくっている。そしてただひとつの野戦師団である第八十六師団が都城《みやこのじょう》南部の丘陵地帯と志布志湾沿岸で、坑道、洞窟を掘っている。

志布志湾には四個師団を布陣させたい。薩摩半島には五個師団が必要である。相模湾沿岸には三個師団を配置したい。このさき三カ月から四カ月のあいだに、一般師団四十個、独立混成旅団二十二個、さらに他の部隊をも含めて、総計百五十万人の動員が必要である。兵站要員四十万も加えねばならない[2]。作戦部長の宮崎周一はこのように主張しているのである。

陸軍省の軍務局員は最初にその数字を聞いたとき、耳を疑った。百五十万人から二百万人の召集とは、どだい無茶苦茶だ。未曾有の大動員といわれた昭和十六年七月の関東軍特別演習、いわゆる関特演の動員が五十万人だ[3]。その三倍、四倍の人数をかき集めるというのである。区役所や村役場が保管する在郷軍人名簿を繰っていっても、召集されたことを示す赤付箋が貼られたものばかりである。それこそ落穂拾いのように拾っていかねばならない。部落から腰の曲がっていない最後の男を召集し、工場からはこれまた最後の熟練工を引き抜くことになる。食糧増産と航空機の生産はどうするのか。

そして肝心なことがある。四十個の一般師団と二十二個の混成師団に歩兵用の重火器を与え、小銃を持たせることができないということだ。

沿岸砲どころの話ではない。小銃がないのだ。大正十四年末から大正十五年十二月生まれまでの満十九歳になった若者の徴兵検査がこの二月にはじまっている。だが、これら四十万人の現役徴集兵に持たせる小銃もありはしない。

装備のうえからは、五個師団を新設するのが精いっぱいだと陸軍省の軍事課員が主張した。足りないのは装備だけではない、幹部要員もいないではないかと軍務課員が指摘した。昨昭和十九年十一月の段階で、将校の在郷者は三万人であり、そのうちで士官学校の卒業生は数えるほどしかいない。四十個を超す師団をつくるとなれば、連隊長以外に士官学校出の将校はひとりもいない連隊ができることになる。

素質が劣り、紀律にも欠ける、練度の低い幹部のもとに、竹でつくった鞘の銃剣を持たせ、孟宗竹の筒を水筒がわりにぶらさげた未教育の老兵を並べ、これがいったいなんの役に立つというのか。

とはいっても、陸軍次官や軍務局長も、新規動員にまるっきり反対なのではない。本土沿岸の防衛陣地が手薄であることはかれらもよく知っている。動員をしたい。そして、陸軍省側が大規模動員に心ひかれるもうひとつべつの理由がある。このさき起きるかもしれないことを、かれらは恐れているからだ。それは、こういうことだ。

硫黄島を失ってしまい、そこがP51戦闘機の基地になってしまえば、B29の大編隊の空襲にはP51の護衛がつくようになり、空襲はいっそう激化するにちがいない。そんなときになって、ソ連は中立条約の延長と引き替えに、日本に過重な要求を突きつけてくる恐れがある。その要求を呑むことになれば、国内にどのようにはねかえるのか、見当がつかない。ソ連の要求を断れば、それはそれで、国内に深刻な影響を与えよう。

すべてのものががらがらと崩れ落ち、とてつもない混乱が起きるかもしれない。そのような混乱が起きるのを防ぐためには、軍政を布かねばならず、戒厳令を宣告しなければならない。軍務局の軍務課長と軍事課長、双方の課員たちはこの問題の論議を繰り返してきた。

かれらはそのような議論を通じて、大臣、総長、次官、次長といった幹部たちが軍政を布く勇気をもたないとみたにちがいない。ほんとうのことをいえば、かれら自身も軍政を布くのに消極的である。

軍政を布き、陸軍が行政に首を突っ込み、中尉や伍長がよろず屋になり、市民や町民の毎日の生活にかかりあうようになって、いいことはなにもない。国民の鬱積した不満と怒りの矛先が陸軍に向けられるようになるのが関の山だ。

こうして市谷台にいる者は、いずれも戒厳令を布くことに気乗り薄である。では、混乱を予防するには、どうしたらよいのか。大規模動員をすることだ。町や村に残っている男たちを召集し、兵営に入れてしまうことだ。町に血気盛んな男たちを残さないようにすれば、まず心配はない。そして、全国各軍管区に憲兵隊司令部を新設し、憲兵を大幅に増員すればよい。

そうすれば、混乱が起きることは予防できる。工場に人手が足りなければ、兵士を派遣し、工場の疎開も兵士にやらせ、松の根を掘らせ、田植えを手伝わせればよいのである。

こうして陸軍省側も大動員は必要だと考えている。だが、参謀本部の要求はあまりにも大きすぎる。認めるわけにはいかないもうひとつの理由がある。簡単にうんと言ってしまったら大変なことになるからだ。このさき参謀本部から矢の催促を受ける羽目となる。爆薬がまだ着いていない、約束のロケット砲はどうなったのかと連日文句を浴びせられ、こんなことでは戦うことができないと、陸軍省整備局、兵器行政本部の責任者たちは毎日怒鳴られることになる。

そこで、作戦部長の宮崎周一が新動員計画を説明し、二月下旬、四月上旬、五月下旬の三回に分けて兵備をおこないたい、第一回には十六個師団を動員したいと主張すれば、そう言われても困る、年末までかかっても、最初の十六個師団を装備することもできないのだと軍務局長ががんばり、整備局長と兵器行政本部総務部長が深刻な実状を説明し、精根のかぎりをつくして努力をしても、どうにもならないのだと語ることになる。

宮崎周一は一歩もひかなかった。「生まれさえすれば、襁褓《むつき》や産衣《うぶぎ》はどうにでもなる」(4)と言い張った。「精鋭武力」と「大衆武力」の二本立てでいくのだと主張した。だが、精鋭武力とはなんであり、大衆武力とはなんのことなのかは、なにも説明をしなかったにちがいない。陸軍省側も尋ねなかったのであろう。

参謀本部側がつづけて言ったのは、満洲から軍需資材を送り戻したいということであった。だが、満洲に豊富な兵器や資材があるわけではない。中部太平洋の島々をはじめ、フィリピン、沖縄に向け、兵員とともに、戦車、大砲を送りだしてしまっていた。しかも、満洲をからっぽにしてしまうわけにはいかない。

作戦部長の宮崎周一は、もうひとつのことを言った。海軍が持っている余剰軍需資材の提供を求め、あわせて海軍の軍需工場を利用するという案である。そのためには、陸海軍は合同しなければならない。すでに海軍に連合艦隊はない。合同して当然だ。本土決戦をおこなうにあたって、陸海軍がばらばらであってはならない。陸海軍は統合しなければならない。こうした主張である。

満洲から戦争資材を送り戻すこと、海軍の戦争資材と海軍の工場を利用することは、すでに参謀本部と陸軍省とのあいだで討議されてきた問題である。そして陸海軍の合同問題は、今日の正式議題ではなかったが、重大な課題である。軍務局長の真田穣一郎もこれには賛成だ。ぜひとも合同せねばならぬと考えている。国民のあいだで、陸海軍合同への支持はかつてないほどに高まっているとかれは述べ、ただちに海軍と協議をはじめ、三月中にはすべてを解決しなければならぬと言った。

すべてはうまくいきそうな雰囲気になった。というよりは、議論をしている人びとの注意は遠くに移ってしまい、散漫になったのである。陸軍次官、軍務局長は、参謀本部の動員案を認めた。作戦部長の宮崎周一が深々と頭をさげた。四十個師団と十六個の旅団の新兵備を実施することが決まった。

参謀本部の幹部と陸軍省の幹部、双方それぞれの意図や狙いがあることはみてきたとおりだが、もうひとつほんとうの話をすれば、かれらが求めているのは安心感なのだから、このように決まって当然なのである。

安心感とはなにか。かれらにとって、師団の数こそが安心感の支えになる。軍の尺度の基本単位は師団である。士官学校を卒業してから今日まで、かれらはつねに師団の単位でものを考え、計画をたててきた。軍の質を測る単位はない。無形戦力を強調するのは、陸軍の得意とするところだが、戦力の指標はあくまで師団の数なのである。壁に掲げられている大縮尺の大地図の上に師団をあらわすピンの数が増えていくのを見れば、会議の出席者はほっとすることになる。

だが、かれらの胸中にある不安の澱《よど》みが消えてしまったわけではない。十個師団分の装備はとうてい無理としても、五個師団、せめて三個師団のロケット砲の装備ができるほどの資材をほんとうに海軍は持っているのだろうか。宮崎平野か、薩摩半島に敵が上陸するのは、八月か、九月と予想されているが、そのときまであと半年しかない。新師団の装備は六カ月でできるのか。そんなことよりもなによりも、海軍は陸軍に軍需資材をほんとうに譲ってくれるのか。長い話し合いの揚句、もったいをつけられ、平射砲として使えばよいということで、八サンチの高角砲を二十門か、三十門、貸与してくれることでおしまいとなるのではないのか。そこでもっとも肝心なこと、海軍との合同はほんとうにできるのか。

そんなことを考える人びとのなかには、一年前にまったく逆のことがあったのを思いだす人がいるにちがいない。アルミニウム配分の比率を変えてくれないかと海軍が申し入れてきた。陸軍側はそれを拒否した。陸軍の幹部たちはそこまでしか知らなかったが、アルミニウム配分の変更を突破口にして、陸軍航空を海軍航空に合併吸収しようと望んでいたのが海軍の計画だった。敵の新空母部隊と戦うためには、陸海空軍をひとつにするしかないと海軍は考えたのだった。現在、海軍省と軍令部の幹部たちは、海軍の最後の希望を陸軍に打ち砕かれてしまった昨十九年二月のことを忘れてはいない。一年前に海軍側の要請があったことを思いだす陸軍軍人のなかには、霞が関の連中が陸軍に抱いている敵意と嫌悪の感情を知っている者もいよう。

陸軍省と参謀本部の合同会議は終わった。二月二十四日に第二回の会議が開かれ、満洲からの輸送問題を検討し、二月二十六日には、大臣と総長が出席しての最終会議が開かれ、「帝国ハ本年中期ヲ目途《もくと》トシ国土作戦準備ヲ完成ス」ではじまる本土決戦完遂基本要綱を決める予定である。今日の会議が無事に片づけば、あとはつけたりの会議にすぎない。執務室に戻ってきた人びとのなかには、終わったばかりの会議の決定を思い返し、一年前のことを思い浮かべ、じっと考え込んでいる人がいるのではないか。

陸軍がうんと言いさえすれば、勝利の態勢がつくれるのだと海軍側は虫のいい構想を描き、自分をごまかした。そして陸軍が拒否すれば、陸軍がうんと言わないから、なにもうまくいかないのだとすべてを陸軍のせいにして、自己の慰めにした。意識してか、無意識でのことか、いま陸軍が同じごまかしの策略を使おうとしている。海軍がうんと言うはずのない計画を作成している。次長も、次官も、局部長たちも、この夏に起きるであろう九州の戦いに自信をもっていないからではないのか。上陸する敵軍に挑む態勢が整わないこと、そして決戦が失敗に終わることを承知し、すべてを海軍のせいにするつもりなのではないか。窓の外の降りしきる雪を見ながら、こんな疑念を自分の胸に抱いている人がいるはずである。

本土決戦――黒島亀人の構想

同じ時刻、畑俊六が教育総監部の自分の執務室へ戻ってきた。午前中、宮内省の会議室で、元帥が集まっての会議があった。月に二、三度開かれる元帥会議は、陸海軍の局長クラスを呼んで、話を聞くことにしている。元帥の勉強会にすぎない。

それでも元帥たちが顔を揃えて、豪華な勉強会といいたいが、陸相の杉山と教育総監の畑を除いて、ほかの五人の元帥は、いまは政策、人事、戦略に対してなんの影響力ももっていない。元帥のひとりである永野修身は昨年二月まで軍令部総長だったが、すでに過去の人となっている。サイゴンにいる寺内寿一も、いまはなんの力ももたない。南方軍総司令官の肩書きは虚名にすぎない。

残りの三人の元帥は、いずれも皇族である。七十九歳の閑院宮《かんいんのみや》は小田原に引き籠もり、七十歳の伏見宮は熱海にいる。この二人も過去の人であり、会議にでてくることもなかった。六十九歳の梨本宮は青山の邸にいるが、会議にでてくるのは、ごくたまである。

そこで会議にいつも出席するのは、永野と杉山、そして畑だった。今日もこの三人の集まりとなった。

今日、話をしたのは軍令部第二部長の黒島亀人《かめと》だった。頬骨が張り、髪の毛が薄い、五十一歳になる海軍少将である。この男こそが、昭和十六年十二月にはじまってすでに三年余になるこの戦争の主役である。この戦争を実際に指導してきたのはかれなのである。

もちろん、三人の元帥からみれば、その話し手は軍令部の一部長にしかすぎない。主役などといったら、畑俊六と杉山元は笑いだし、永野修身は不快な顔をするにちがいない。だが、これが事実なのである。

なぜなのか。この戦争の主役と呼べる者は太平洋で戦ってきた軍人でなければならない。なんといったところで、主戦場は太平洋である。もっとも、陸軍の軍人たちはそれを認めようとしない。大陸の戦場と、太平洋の戦場といった言い方をして、二つの戦場の重要性は甲乙つけがたいのだと言いたがった。

サイパンが失陥したとき、参謀総長を兼任していた東条英機が局長会議でつぎのように述べたのは、その典型例である。

「局部の戦況にとらわれることなく、全戦局を見て、対策を講ぜよ。今の戦局は二刀流の戦いだ。右手の長剣で重慶に斬《き》り込み有利、左手の短剣は米軍の長剣と鍔《つば》競《ぜ》り合い、左手の短剣がよくきかぬ。左腹に気をつけよ。……(5)」

陸軍軍人がたいそう気に入った話だった。陸軍は順調に戦いに勝利を収めてはいるものの、海軍がだらしがないために思うようにいっていないのだと説き、だれもが愛読している吉川英治の「宮本武蔵」を譬えにしていたからである。だが、かれらがそこここでその宮本武蔵の話を喋ってまわれば、それは海軍軍人の耳にも入って、今度はかれらを悔しがらせることになった。

海軍の軍人にとってみれば、主敵はアメリカ、主戦場は太平洋である。長剣も、短剣もない。物的資源のすべてを太平洋の戦いに投入しなければならないのだ。陸軍の戦略思想が間違っているから、こんなことになっているのだと怒った。

たしかに、中国の戦場は支戦場である。そこの司令官だった畑俊六は脇役のひとりであり、とても主役に数えることはできない。

南方軍総司令官の寺内寿一も決して戦いの主役ではない。東条英機はどうか。陸相を兼任していたばかりでなく、参謀総長を兼任したこともあったが、かれもこの戦争の主役とはいえない。しかも、かれはすでに過去の人である。

一年前に軍令部総長の椅子を去った永野修身も、この戦争の主役ということはできない。かりに永野が今日までその地位にとどまっていたとしても、軍令部総長は所詮、留守居役であり、戦いの指導を自分の肩にのせていたわけではない。

この戦争を指導してきた主役と呼べるのは、太平洋正面の戦いを担ってきた連合艦隊司令長官である。だが、二年前に戦死してしまった山本五十六《いそろく》も、この戦いの主役ということはできない。つづいての古賀峯一《みねいち》の在任は短かすぎた。そして昨十九年五月に連合艦隊司令長官となった豊田副武《そえむ》も、主役とはいいがたい。

そこで黒島亀人だが、これといって大きな指揮権ももたず、高い地位にもいないかれが、どうしてこの戦争の主役なのか。

かれは軍令部第二部長となる以前に、連合艦隊司令部の先任参謀だった。かれがその地位に就いたとき、海軍省と軍令部の部局員はびっくりした。砲術、水雷、航空、戦務、航海、通信、機関の各参謀の上に立つのが先任参謀である。そして、連合艦隊司令部の先任参謀といった椅子は、海軍内でもっとも重要な部署であり、そのポストに坐ると思われる候補者の顔ぶれはおのずと決まっているからである。

海軍兵学校を一、二番で卒業し、赤煉瓦内の作戦課の勤務と指揮官業務の双方を習い覚えさせられ、そのあいだにはアメリカあるいはヨーロッパへ派遣される。そうしたエリート士官が赤煉瓦内の最重要ポストである作戦課長となる。つづいては、作戦計画書を鞄に収め、連合艦隊の先任参謀となる。

ところが、黒島は三十代までは地味な下級士官であり、海軍の出世双六とは無縁だった。作戦課はおろか、軍令部に籍をおいたこともなかった。一部の上官から、その論理の徹底性をかわれたことはあったが、まずは無名といってよい士官だった。かれを首席参謀に指名したのは、連合艦隊司令長官の山本五十六だった。昭和十四年十月のことで、山本が長官になったすぐあとのことである。

山本が黒島の名を心に刻みつけたのはいつのことであったのかはわからないが、かれが黒島を見込んだ一点は、作戦課の出身ではないということだった。というのは、対米戦となったとき、邀撃《ようげき》作戦をとることはすまいと山本は考えていたからである。

邀撃作戦とは、敵艦隊が西太平洋に進攻してくるのを待って、全力決戦にうってでるという戦略である。海軍首脳は、アメリカと戦争になったときには、この作戦をおこなうこととし、未来の提督たちにその戦略を叩き込み、その戦略に沿って、軍備計画をたて、訓練をつづけ、演習をおこなっていた。

ところが、山本は邀撃作戦に疑問を抱いた。劣勢な者が優勢な者と戦うにあたって、受けて立って戦っていたのでは、長期戦とならざるをえず、こちらが決定的に不利だと考えたのである。「桶狭間《おけはざま》と鵯越《ひよどりごえ》と川中島を合わせた」攻勢を繰り返し、敵の戦意を喪失させるようにしなければならないとかれは考えた。

そこで山本は、開戦第一日におこなうハワイ奇襲の構想を思い描くようになった。司令長官となるや、かれは首席幕僚を選ぶにあたって、伝統の邀撃作戦にこり固まっている作戦課の出身者を避けた。

軍令部とかかわりをもたない黒島亀人を先任参謀に抜擢したのは、こうしたわけからだった。そして山本は、ハワイ奇襲作戦のアイデアを黒島に明かした。こうしてハワイ奇襲の作戦計画を作成したのが黒島である。つづくミッドウェー作戦も、攻勢を反復しなければならないと考える山本の構想だった。その作戦の大筋も黒島がつくりあげた。だが、ミッドウェー作戦は奇襲が奇襲とならず、無残な失敗に終わった。

それでも山本は黒島を重用しつづけた。かれは、黒島の独創的な考えと大胆な発想を高くかった。「優秀な参謀は数多くいるが、なにを質問してもみな同じ答えをする。黒島だけは違う」と語るのが山本の口癖だった。黒島はどのように違ったのか。

じつをいえば、いまでは、黒島亀人とほかの提督や参謀たちとのあいだに、なんの違いもない。軍令部総長は、特攻兵器を中心に、戦いの指導方針をたてている。黒島が説くのと同じだ。そして及川は、特攻兵器による戦いを展開することによって、マリアナ諸島を奪回してみせると語っている。

だが、昨十九年二月に及川古志郎に向かって、必死必殺の兵器を研究、開発したいと主張したら、さて、どんなものかと言葉を濁したであろう。二年前、昭和十八年二月であったら、みなまで言わせず、かすかにいらだちの表情を見せ、読みかけている漢籍に目を落としたにちがいない。黒島は違った。一年前、二年前に、かれは必死必殺兵器による軍事戦略と戦術を検討し、それ以外に勝ち目がない、それがただひとつの戦法だと考えていたのである。

この戦争の主役は東条英機や杉本元ではなく、豊田副武や及川古志郎でもなく、戦死してしまった山本五十六でもなく、黒島亀人だと前に述べたのは、こうしたわけからなのである。

ここで、第一巻で触れたことをもういちど述べよう。ミッドウェーの負け戦のあと、柱島の泊地に戻った山本五十六が呉海軍工廠の水雷部長の朝熊利英に向かい、「一千隻の甲標的を半年以内につくることができるか」と問い、「魚雷は要らん。頭部爆装でいい」と言った。大々的な必死必殺兵器の生産とそれを使っての作戦は、早くも昭和十七年七月に連合艦隊司令長官の山本五十六が考えたのである。

それは山本ひとりの着想ではなかったのであろう。黒島がともに考えたにちがいない。ミッドウェーの海域から撤退して、柱島へ戻るあいだ、二人はそれぞれの部屋に閉じ籠もり、ずっと考えつづけたのであろう。悔んでも悔みきれなかった。敵側に残っている最後の航空母艦をやっつけてしまうつもりが、まったく想像もしていなかった結果に終わってしまった。最悪の負け戦だった。最強力の空母四隻、航空機二百五十機、最精鋭の乗員二千五百人を失ってしまった。そして、太平洋を支配することになるはずだった強大な打撃部隊は、再建できる見込みがなかった。

そして、一年から一年半あとには大変なことになる。向こう一年半のあいだ、こちらは南太平洋の消耗戦にひきずり込まれることになろう。ところが、同じ一年半のあいだに、敵は最新鋭の空母を中心とする巨大な艦隊をつくりあげ、訓練をおこない、作戦計画を作成し、攻撃開始の準備を整えることになる。そのあとにはじまる攻勢を連合艦隊は押しかえすことができるのか。

「尋常一様の作戦では見込みがたたない」と山本が言ったのは開戦前のことであった。いよいよ「尋常一様の作戦では見込みがたたない」とかれは考え、黒島と協議をして、半年のあいだに一千隻の甲標的を建造する計画をたてたのである。だが、その計画は立ち消えとなった。黒島は無念に思ったことであろう。

必死隊をつくらねばならないと言ったら、戦いは負けていないと赤煉瓦の部課長たちが反駁しよう。必死隊を編成したりすれば、国民は不安を抱き、動揺する。海軍には決死隊はあっても、必死隊はない、海軍の伝統を傷つけることはできない。こんな具合に反論することを、黒島は承知していたのであろう。所詮、言い訳にすぎない。この難しい仕事をやる勇気をもっていないからだ。一年さき、二年さきに戦局はどのようになるか、その敗北の大きさと形を予測する勇気をもたないためだ。黒島はこう思ったのであろう。

赤煉瓦組の反対を抑え、軍令部総長と海軍大臣を説得し、一千隻の甲標的の建造を命じ、二千人の搭乗員にその特別の任務を説き、一大部隊を創設することができるのは、山本五十六の高い信頼度のある権威と指導力があってこそなのである。黒島はそう考えたのであろう。永野修身や嶋田繁太郎にはとてもできはしない。永野にできるのは、海軍兵学校の生徒に向かって、「古今東西、第一等の人物たれ」と説くぐらいのことで、嶋田にできるのは、「至誠通神」と書くことしかない。黒島はこんな具合に思っていたにちがいない。

だが、山本にそれをする決断力がないのなら、ほかにだれもできないのだから、諦めるほかはない。かれはそう考えたのであろう。それから一年半あと、昭和十九年一月のことになる。山本五十六はすでに十カ月前に戦死してしまっていた。黒島亀人は軍令部第二部長となっていた。黒島は艦政本部の第二部長に向かって、乗員一名が操縦する魚雷の試作を命じた。第一巻で述べたとおり、頭部爆装の甲標的をアイデアとしたものだった。

必死、そして必殺が期待される兵器の開発がはじまったのはそのときだった。だが、海軍首脳部はまだ及び腰だった。海軍大臣の嶋田繁太郎がその試作を承認したのは、その魚雷に脱出装置がつけられることになっていたからだった。嶋田がその必死必殺兵器の試作を認めた理由は、もうひとつあった。その案を提出したのが、黒島やほかの中央の幹部ではなく、自分自身が乗り込むと主張する二十歳を超えたばかりの二人の青年士官、黒木博司と仁科関夫だったからである。

では、軍令部や海軍省の幹部はこの一年半のあいだになにをしたのか。第一航空艦隊、いわゆる一航艦をつくろうとした。第一巻で述べたとおり、一千六百機の基地航空部隊を建設する計画だった。だが、すべてが揃う前に、小刻みに使い、喪失と損失をつづけ、賽《さい》の河原《かわら》の石積みとなり、一千六百機の一航艦ができる見込みは永遠になかった。そこでつぎの手を考えた。すでに繰り返し述べたことだが、陸軍と均等に分けあっている航空機用資材を海軍側が多く取ろうとした。つづいて陸軍航空を海軍航空に合併し、ひとつの空軍にしてしまい、海軍がその指揮をとろうという計画をたてた。

その夢が潰れてしまったことも、前に述べた。そのあいだにはアメリカ海軍の反攻は予想どおりに開始された。敵の力は圧倒的であり、その戦略は完璧だった。マーシャル群島の航空部隊が潰滅し、守備隊も全滅してしまった。つづいてトラック島の基地が破壊され、マリアナ諸島の航空部隊が叩かれ、昭和十九年三月三十日と三十一日には、パラオ島が爆撃された。そして三十一日の夜遅く、パラオからフィリピンのダバオへ移ろうとした連合艦隊司令長官古賀峯一と、司令部全員が乗り込んだ二機の大型飛行艇が行方不明となった。連合艦隊が敵艦隊との対決を避け、トラック島からパラオ島へ遁走し、パラオからダバオへ逃げようとしての揚句のはての長官の遭難事故だった。

司令長官機の捜索は必死につづけられたが、なんの手がかりもなく、軍令部と海軍省の幹部たちは心身ともに疲れはて、だれもが暗澹たる気持ちでいた四月四日のことだった。黒島亀人は一刻の猶予もできないと考えた。もはや反対をする者はいまいと思ったのでもある。必死必殺の兵器を早急に開発しなければならぬと部長会議で説いた。

作戦部長の中沢佑《たすく》は黒島が挙げた必死必殺兵器をノートに書きとめた。

「作戦上急速実現を要望する兵器
(イ)　体当り戦闘機
(ロ)　小型にして飛行機における戦闘機の如き潜水艦
(ハ)　装甲爆破艇　艇首に一屯以内の爆薬
(ニ)　自走できる大爆雷
(ホ)　大威力の魚雷　一名が搭乗する」[6]

だれも反対しなかった。それしかないと思った。遅すぎたと思いもしたのである。設計と開発、実験、生産、訓練に、はたしてどれだけの日時がかかるか。急がねばならなかった。ただちに必死必殺兵器、いわゆる○《まる》兵器の開発と生産がはじまった。昭和十九年五月には、トヨタ自動車と日産自動車が自動車エンジンの増産を開始した。そのエンジンはベニア板の舟艇にとりつけられ、船首には炸薬が詰められることになった。これが震洋《しんよう》と名づけられた体当たり舟艇である。

六月には連合艦隊が出撃した。サイパン島に敵軍が上陸する事態となっては、決戦を回避できなかった。だが、艦船数は敵の半分、航空機の数も敵の半分、搭乗員の練度も低かった。はじめてのその邀撃は一方的な敗北に終わった。いよいよ必死必殺兵器に頼るしかなかった。テストをおこなっていた一人乗りの魚雷は、八月から本格的な生産を開始した。回天と名づけられた。九月には、人間が操縦するロケット推進の体当たり機の一号機ができた。これが桜花である。

十月には、第一航空艦隊の司令長官の大西滝治郎が体当たり攻撃を作戦としておこなうことを決意した。フィリピンに赴任する大西は、総長及川古志郎、次長伊藤整一、作戦部長の中沢佑に会い、体当たり攻撃を敢行するほかに良策がない、了解してもらいたいと言った。

もちろん、一航艦は一千六百機などでありはしなかった。レイテ島に敵軍が上陸したとき、かつての壮大な夢のひとかけら、寄せ集めの五十機が残るだけだった。十月二十五日、関行男が率いる零戦の一隊がルソン島の水域で敵の補助空母一隻を沈め、二隻を大破した。体当たり攻撃だった。大西滝治郎がフィリピンに着任して、特別攻撃隊、いわゆる特攻隊を編成して、はじめての戦果だった。
同じときに起きた比島沖海戦では、こちらが決定的、そして致命的な損害を蒙った。戦艦三隻、空母四隻、巡洋艦十隻、そして数万人の将兵を失いながら、敵に与えた損害はわずかに軽空母一隻と駆逐艦数隻だけだった。関行男の一隊が体当たりで仕止めた敵艦船の数とたいした違いはなかったのである。
体当たり攻撃は当たり前の作戦となった。フィリピンの戦いでは、陸海軍機あわせて三百機が体当たりをした。回天も昨十九年十一月と今年一月に出撃した。そして前にも見たように、軍令部総長の及川古志郎が特攻作戦に大きな希望をつなぎ、戦局を変えることができるかもしれないと説くようにもなった。海軍はいまや、黒島亀人が唱えてきた戦略に全面的に依存するようになっている。そして今日、黒島は三人の元帥に向かって、必死隊による作戦計画を語ったのである。
畑俊六は机に向かい、手帳をとりだし、戦備部長黒島亀人の話の要点をノートに記しはじめた。
「定例元帥会報（梨本宮御欠席）
海軍軍令部部長の海軍兵備計画の説明
兵備の方針

(1)　機動部隊の撃滅
(2)　進攻水上部隊の撃滅
(3)　空中兵力の撃破（来攻兵力の三分の一を撃摧《げきさい》するを目標とす）
(4)　海軍兵力の兵備化
(5)　船舶の建造（目下、船舶の損害は七万屯程度なり）
　なお、之が減少を企図す
(6)　敵輸送船団の撃破（毎月三百万屯を目標とす）
之等はすべて特攻（橋水、回天、標的等の特攻兵器に依る）兵器を以てし、練習機三千はすべて之を特攻化し、別に特攻兵器輸送のため四発大飛行機を製作す」


　橋水と畑が書いたのは、菊水のことだったのであろう。菊水作戦であり、海軍航空の特攻のことである。畑はつづけて書いた。

「練習機の特攻変換のため、余剰人員五十万、軍人軍属等百万、計百五十万を以て十八師団分に応ずる陸上兵力を編成す(7)」

　畑は写し終え、大きく息をついた。一カ月に三百万トンの敵輸送船団を撃破するというのは、ほんとうなのか。一桁、間違えたのではないのか。三十万トンではないのか。それでも多すぎる。白菊を体当たり機にするといったところで、その足の遅い練習機がものの役に立つはずがない。

ドイツの潜水艦が撃沈した輸送船の月間最高量が七十万トンだった。日本の輸送船が沈められた最高の数字が、昨十九年十月の五十万トンだった。いったい、三百万トンを撃破するという目標はどこから割りだしたのか。

そして、海軍が百五十万人の陸上部隊をつくるとは、あまりにも威勢がよすぎる。これはまったくの法螺話《ほらばなし》だと畑は思った。

ところで、畑は、同じ午前中、陸軍省と参謀本部の合同会議が開かれ、百五十万人の大動員をすると決めていたことを知っているのか。そのために海軍手持ちの資材を使う計画をたて、陸海軍合同をおこなうと決めたことを承知しているのか。それを知っているのであれば、軍令部の第二部長が述べたところの海軍のこのさきの戦いの構想は、すべてが真実の計画ではなく、そのうちの半分は誇張と嘘っぱちであり、とりわけ百五十万の地上軍を建設するといった話は、陸軍側が合同論をもちだしてくるのに備え、それをはねつけるための切り札だとみてとったにちがいない。

畑はそのことを知っているのか、知らなかったのか、それには触れないまま、日記に書き加えた。

「以上の如く誠に夢の如き計画なり。海軍正気なりや」

窓の外では、いぜんとして雪が舞い狂っている。

豪雪下の石炭輸送

今日、二月二十二日、雪が降っているのは関東地方だけではない。青森もまた昨夜から豪雪だという話を聞いて、軍需省、そして運輸通信省で、人びとは大きな溜息をついた。

昨十九年末から雪に痛めつけられ、東北本線と奥羽本線、さらに羽越本線は気息奄々《きそくえんえん》の状態である。北海道からの石炭の輸送がとだえ、工場の石炭がなくなってしまい、操業ができないところがでるようになっていた。一月二十六日から二月四日までの一週間を石炭増送期間と閣議で定め、京浜、阪神に向けての石炭の輸送を優先させることにした。だが、今日のこの雪がまたも北海道からの石炭の輸送をとめてしまうことになる。

もちろん、石炭が船で輸送できれば、問題はなにもない。もともと石炭は船で輸送されていた。華北、樺太、朝鮮から運ばれてくる年間一千万トンの石炭が海上輸送となるのは当たり前のことながら、九州、北海道から、京浜、阪神、名古屋に輸送されてくる年間二千万トンの石炭もほとんどが船積みだった。大量輸送ができ、運賃が安いのだから、これまた船で運ぶのは当然だった。北海道の室蘭や小樽から川崎、尼崎へ船で運ばれ、九州の高島や崎戸から新居浜、大阪へ船で輸送されていた。たとえば、横浜鶴見や川崎にある火力発電所、都市ガス製造工場、鋼管工場で使う石炭についていえば、それらは室蘭、小樽、三池、若松、博多、大連の港から船で運ばれてきていた。鉄道で輸送されていた石炭は、せいぜい五十万トンにすぎなかったのである。

アメリカとの戦争がはじまって、輸送船が足りなくなり、石炭の輸送はたちまち深刻な問題になった。北海道、九州の石炭への依存を減らそうとして、本州の石炭を増産しようとした。本州にある炭田は常磐炭田と宇部炭田である。増産しても、双方あわせて二百万トンたらずだから、九州と北海道からの石炭の輸送をやめるわけにはいかない。

石炭以外のものを船で運ぶのをやめにした。九州の鋼材とセメントは海上輸送に頼っていたのを、鉄道輸送に切り替えた。北海道の種馬《たね》鈴薯と木材も海上輸送をやめ、貨物輸送とした。それだけでは済まなかった。石炭も鉄道輸送としなければならなくなった。九州炭と北海道炭の本州への輸送量の二千万トンのうち、三分の一、できれば二分の一を鉄道輸送に切り替えようとした。

このために、石炭列車を増発した。関門トンネルが昭和十七年に開通したから、九州炭はそのまま阪神、名古屋まで汽車輸送ができるようになった。十五トン積みの無蓋車に代えて、昭和十七年には十七トン積みの貨車を新造した。翌十八年には、この貨車の側板を七十センチほど高くして、三十トン積みとした。さらに最強の力をもつ貨物用の蒸気機関車Ｄ51が昭和十八年に登場した。

こうして、昭和十六年に鉄道で輸送した九州産出の石炭はとるに足らなかったのが、昭和十七年には百万トン、昭和十八年には四百万トン、昨十九年には五百五十万トンまでになった。

面倒なのが北海道炭だった。鉄道輸送に切り替えて最大の隘路となったのが津軽海峡である。函館と青森のあいだを結ぶ貨車航送船は三隻あるだけだった。昭和十七年、十八年に、第四、第五青函丸を就航させた。それぞれ貨車四十四輛を積み込むことができる。

昨昭和十九年には第六、第七、第八青函丸を建造した。いずれも同じ型の列車渡船である。今日、二月二十二日には、浦賀ドックで昨十九年末に進水した第九青函丸が最後の仕上げに大わらわである。二、三日中には函館へ回航の予定である。

連絡船の数が増えていけば、つぎの隘路となったのが、函館と青森両港の港湾施設である。二つの港には二つの岸壁があったが、昭和十八年と十九年にそれぞれ第三、第四岸壁をつくった。また、石炭を運搬する機帆船のために、青森港外の堤川の河口に石炭荷揚げ場を新設し、臨港線を敷設して、昨十九年七月から使用できるようにしている。

そして、鉄道そのものが隘路となった。東北本線だけでなく、奥羽本線、羽越本線を使って、石炭を運ぶことにした。日本海回りの石炭列車は新潟、長岡、大宮を通って、京浜地帯へ入ってくるようになっている。

石炭列車の本数を増やしもした。これらの鉄道はいずれも単線だから、二つの駅のあいだには一本の列車しか入らない。そこで駅と駅とのあいだに信号所を設け、待避線をつくり、列車をもう一本つめ込むことにした。また仙台の北の岩切《いわきり》から品井沼《しないぬま》までの在来線のほかに、もう一本海岸線を建設した。昭和十八年に着工した二十一キロのこの新路線は、昨十九年末に完成したばかりだった。

函館と青森の港の負担を軽減しようともした。昭和十八年からは、室蘭、小樽から機帆船で石炭を運び、本州太平洋岸の八戸、宮古、釜石、塩釜の中継港に陸揚げするようにしている。また、東北本線までの臨港線に臨時の石炭列車を運行させるようにした。昨十九年からは日本海側の船川、酒田、新潟の港にも機帆船で石炭を運ぶことにした。

こうしたさまざまな努力によって、昭和十六年にはたった一万トンの石炭を運搬しただけの青函連絡船が、昭和十八年に六十万トン、昨十九年は百四十万トンを運ぶようになった。べつに、機帆船が太平洋と日本海の中継港にそれぞれ二百万トンを輸送している。

だが、どれだけ努力をしても、この戦争下の努力はすべてが空しい。華北、樺太、朝鮮から年間一千万トンの石炭を入れていると前に述べたが、その石炭の輸送が減りはじめた。貨物船がつぎつぎと沈められたからである。船が足りなくなれば、鉄鉱石、ボーキサイトの輸送を優先させることになり、石炭の輸送をやめざるをえなくなる。

まず、インドシナのホンゲー炭と台湾の石炭の輸送が昭和十八年に完全にとまった。

樺太西海岸の塔路《とうろ》炭の輸送も減少をつづけた。塔路には三つの炭鉱があって、良質な無煙炭を産出している。戦争前には年間二百万トンから三百万トンを本州へ送っていたのが、昨十九年十月に塔路炭の輸送を断念した。

一万人ほどの炭坑夫は常磐炭田と筑豊炭田に移ってしまい、塔路の町の炭鉱住宅街には、女と子供、老人が残るだけとなっている。

華北産出の製鉄用原料炭の輸送量も減りつづけた。対米戦の前には年間三百万トンを輸入していたのが、昨十九年はその半分となった。天津《てんしん》、連雲《れんうん》港にまわす貨物船がなくなり、釜山まで鉄道で輸送し、釜山から機帆船で西八幡の日本製鉄の貯鉱場に運んでいる。華北炭と樺太炭に頼ってきた日本鋼管の川崎製鉄所と鶴見製鉄所は、北海道炭と満洲炭に切り替えざるをえなくなっている。日本製鉄の釜石製鉄所では、もっぱら北海道炭を使うようになっている。

こうして、夕張、美唄《びばい》、砂川の石狩炭田の石炭と北九州の石炭に対する比重は、いよいよ増大してきている。待ち望まれていた関門トンネルの複線工事は昨十九年九月に完成した。早速、十月はじめに鉄道の時刻改正をおこない、九州からの石炭列車をさらに増やすことにした。二五パーセントの増量を見込み、年間七百五十万トンの九州炭を本州へ輸送する計画である。

だが、その努力と無理も限界にきている。そう思ったひとりに今村一郎がいる。四十七歳になる今村は、大阪鉄道局列車部の車務課長である。小学校をでて、機関庫に勤め、やけどと火ぶくれの指で、痛さをこらえながら、蒸気機関車の二百本に近いチューブの清掃作業をすることからはじめた叩きあげのプロである。かれがこれは容易ならぬ事態だと思ったのは、大阪鉄道局内の機関車事故を調べてのことだった。

昨十九年九月までの機関車の事故数は毎月三、四件だった。時刻改正のあとの昨十九年十月の事故数は四十件と激増した。十一月に六十四件となった。これは大変だと思っているうちに、十二月は百一件とはねあがった。[8] そして今年一月は、百二十一件となった。広島鉄道局、名古屋鉄道局、どこでも同じように事故が激増するようになっていた。

機関車で焚く石炭の質が落ち、半分は泥となって、これが事故につながった。機関士と助手、機関車の整備要員の腕が未熟になっていたことも、事故の原因となった。それだけではない。D51やEF13といった戦時型の機関車は耐久性がなく、その部品が代用品に代わっていたことが事故の多発の原因となっている。

要するに、機関車と線路の酷使がひどすぎる。それこそ、荷が重すぎるのである。そこへ追い打ちをかけたのが天災である。昨十九年十二月七日午後一時半、愛知、三重、静岡の三県が大地震に襲われたことは前に述べた。東海道本線は不通になった。静岡県と愛知県では、いたるところで線路の築堤が沈下し、レールが宙に浮いてしまった。天竜川の鉄道の被害がいちばん大きかった。下り線のひとつの橋脚と上り線の三つの橋脚に大きな亀裂が入り、上下線のレールはよじれ、曲がってしまった。

東京と名古屋のあいだの鉄道輸送は、中央線回りとなった。五十輌編成の貨物列車は韮崎《にらさき》から小淵沢のあいだの急な勾配をあがることができなかった。機関車を二輌連結としなければならなくなり、各地の機関区からD50とD51の機関車を一輌、二輌とかき集めることになった。

天竜川鉄道の復旧工事は、下り線の仮復旧に二日かかり、上り線の復旧に十日かかった。橋脚の修理はこの二月に入ってもまだつづいていた。列車は鉄橋を渡るときには、時速五キロに速度を落としていた。

東南海地震につづいての天災が大雪である。この冬の寒さは、それこそ数十年ぶりである。降雪量も記録的である。日本海側の雪は、平年の二倍の量である。とりわけ、例年より積雪量の多いのが津軽海峡地域である。

雪がなくても、北海道からの石炭の輸送は冬にはきまって下落する。十二月下旬から二月末まで、津軽海峡は十日をあけず大時化《しけ》に襲われる。西風が吹き荒れれば、連絡船は休航となり、雪をかぶった機帆船は船だまり場で揺れ、索具を鳴らせることになる。

大雪が降りはじめたのは昨十九年の十二月四日だった。中旬に入って雪は毎日降りつづいた。年末には雪は軒まで積もり、交通は馬に曳かれた橇《そり》だけとなった。

だが、東北本線と奥羽本線を雪に埋めてしまうわけにはいかない。ラッセル、ロータリーを動員して、線路の雪を吹き飛ばす。つづいては線路脇の雪を階段状に削りとらねばならない。陸奥湾に面する青森から野辺地までの四十キロの線路と、青森から弘前までの線路は、雪が深いために、四、五メートル幅や六メートル幅の除雪では済まない。七メートル幅の除雪線区となっている。

雪かきは、保線区のわずかな職員だけではとても足りない。弘前の陸軍部隊が応援にでて、シャベルを握った。勤労奉仕の人びとが雪を橇で運び、籠に背負って捨てにいった。

毎日三千人から四千人の人びとが雪かきをして、線路の除雪をつづけてきた。だが、広い青森操車場はどうにもならなかった。弘前から臨時列車をだして兵士たちが除雪に出動したが、つぎの日の朝には、操車場はふたたび吹雪で真っ白におおわれてしまった。貨車の連結器が鳴り響く音が消え、操車場内の四百輛の貨車は雪のなかに埋まってしまった。

青森だけではない。どこも大変な雪だった。直江津と長岡の操車場も雪のなかに埋めつくされてしまった。東北本線と奥羽本線の石炭列車は運休が相継ぐことになった。

雪はこの一月に入っても降りつづいた。いよいよ大豪雪だった。青森測候所の所員は、開設以来の降雪量を記録することになるだろうと語った。青森の最深積雪が百九十三センチ、雪の少ない函館でも五十五センチというかつてない積雪となった。

線路の除雪作業はつづけられた。毎日五千人の勤労奉仕隊がでて、雪捨て列車が一日に何回も運転された。そして石炭列車は半分以下に減ってしまった。

二月に入って、青森操車場の一部がわずかながら使えるようになった。だれもがほっとした。ところが、二月九日から十日にかけて、またも猛吹雪となった。除雪作業はいちからの出直しとなった。

それから十日おいて、ふたたび昨日からの吹雪である。今日、二月二十二日も雪はやむ気配はない。石炭列車はとまってしまっている。東北本線と奥羽本線には、一千輛を超す貨車が雪に埋もれたままになっている。吹き荒れる西風の唸り声を聞きながら、人びとは暗い気持ちである。

鉄道は四千人を動員した。弘前の陸軍部隊からは一千人が出動している。それに五千人の勤労奉仕の人びとが加わっている。中学生、県庁の職員、婦人会の人びとである。総計一万の人びとが鉄道沿線の雪かきをし、駅構内の雪を貨車に積み込む(9)。

貨車の雪は野内川、堤川に捨て、臨港線で運び、海へ捨てる。風にあおられる雪片は刃のように真正面から顔に吹きつけ、人びとの体力と体温を奪う。シャベルから手をはなし、そのままうずくまった人の耳に、吹雪のなかを難渋しながら近づいてくる連絡船の苦しげな汽笛が聞こえてくる。

ジグマリンゲンの三谷隆信

東京では、夜明け前からの粉雪がずっと降りつづき、夕方になってもまだやまない。野田宇太郎は日本橋にある河出書房の社屋にいる。かれは月刊誌「文藝」の編集長である。人手がなく、かれひとりですべてをやってきた。四月号の原稿を集めるために、鎌倉に川端康成を訪ね、三鷹の太宰治の家へ行き、木下杢太郎《もくたろう》、網野菊に会う毎日である。

今日の午後は平岡公威《きみたけ》という作家志望の東京帝大の学生が来た。金ボタンのついた制服を着込み、制帽を手にしていた。その小柄な学生は前にも二、三度訪ねてきたことがある。赤い表紙のフランス綴じの「花ざかりの森」という小説を持ってきたのが最初だった。

自費出版などよくできるなと思ったら、かれの父親が製紙会社の重役だと聞いて、そうか、そういうことなのかと野田は思ったのだった。そのあと「中世」という題の原稿を持ってきた。野田は気に入らなかった。そして今日持ってきたのは、「サーカス」と「エスガイの狩」という題の二篇だった。毎回感じることであったが、今日もまた、野田はその青年の自信たっぷりな喋り方がかんに触った。

たしかに、その青年は野田をあなどっていたのであろう。野田はなにも知らなかったが、その青年はちょっとしたことをしたばかりだった。なかなかのことをやったというべきなのであろう。じつはその学生は、まことに巧みに徴兵を逃れたばかりだったのである。

その青年は、だれにもそのことを言っていない。週一回、葉書をだす相手の三谷《みたに》信にも、その秘密を洩らしていない。

三谷は平岡と学習院で同級だった。現在、三谷は前橋陸軍予備士官学校にいる。かれは三谷隆信の長男である。寄り道になるが、ここで三谷隆信について述べよう。

三谷隆信は五十二歳、フランス駐在大使である。かれは数人の館員、陸軍武官とともにジグマリンゲンにいる。ドイツの南の端にある人口一万たらずの小さな町である。じつは、フランス政府の国家主席ペタンと首相ラヴァル、他の閣僚たちがジグマリンゲンにいる。かれらがそこに逃れてきたのは、昨十九年の八月のことだ。ジグマリンゲンの町を流れるドナウ川の河岸に聳える城砦が、亡命政府の所在地である。

五年前、フランス政府がヴィシーに本拠をおいたばかりのときには、アメリカ、ソ連、法王庁がヴィシーに大使を駐在させていた。英国を除いて、世界各国に承認されていたその政権も、いまはドイツのほかに、日本が承認するだけとなっている。

ジグマリンゲンでも、毎日のように空襲警報がでる。警報がでないあいだ、三谷はその小さな古い町にある中世紀のカトリック教会堂に足を運ぶことがある。そして川の向こうの切りたった崖の上にある城壁と塔を仰げば、四年の寿命であったヴィシー政権と英雄ペタンがたどった運命について考えることにもなった。

三谷隆信がはじめてペタンに会ったのは、昭和十七年の三月だった。加藤外松《そとまつ》がパリの官邸のバルコニーから落ちて死に、スイス駐在公使だった三谷がそのあとを継ぐことになった。三谷は信任状を呈出するために、フランス国家主席の前にでたのだった。

かれが驚いたのは、ヴェルダンの英雄がいささかも年老いていないことだった。八十代の半ばになりながら、立派な風貌だった。元帥は眼鏡もかけずにかれの信任状に目を通した。そして皇太子時代の天皇をヴェルダンに迎えた思い出をかれに向かって話した。

大正十年、皇太子がヨーロッパを訪問したときのことだった。ペタンはヴェルダン郡ドゥオモン村の納骨堂に皇太子を案内し、そこで繰りひろげられた戦いを説明したのである。

わずか八キロの戦線で、独仏両軍は死闘をつづけた。四カ月の戦いのあいだに両軍あわせて六十万人が死傷した。その悲惨な戦いは、独仏双方の二人の将軍の胸中に大きな傷となって残った。

ひとりはドイツ側の参謀総長のファルケンハインだった。フランスを戦争から脱落させようとしてその作戦を計画したかれは、その戦いが失敗に終わったあと、戦争の終結を考えるようになった。そのことは第一巻で述べた。

ヴェルダンで防衛戦の指揮をとり、そこを守り抜いたのがフィリップ・ペタンだった。その戦いのあと、かれは無用な犠牲を避けることを第一義に考えるようになった。こうしてかれは陸軍将兵の信望を集めることになった。

そのかれが政治の中央舞台に登場したのは、一九四〇年（昭和十五）の五月だった。八十四歳になるペタンはポール・レノー内閣に入閣した。つづいて六月半ば、かれは内閣首班に任命された。かれはただちにスペインを介して、ドイツに休戦条件を打診するという手を打った。そしてその回答を待つことなく、翌日、フランスは「戦闘行為を即座に停止すべきである」と放送したのだった。

アンドレ・ジードは「感激の一語につきる」と日記に記し、その何日かあとには、「ドイツの支配が豊かさを保証するならば、フランス人十人のうち九人までがそれを受け入れるだろう」と書くことになった。

フランソワ・モーリアックは「われわれに話しかけているのは人間ではなく、われわれの歴史の深い底から現われたなにものかだった。この老人はヴェルダンの死者によってわれわれに差し遣わされたものだ」と新聞に書いた。

それから一年あとのことになるが、ポール・ヴァレリーはペタン元帥の頌文を発表した。

「……われわれは元帥と共にその後の歴史を歩んできたのであります。

まさに偉大なる人生であります。フランスにも、もし、わが国の英雄たちの生涯を描くプリュタルコスの如き史家が現われるとすれば、元帥の人生こそまたとない素晴しい題材を提供するものでありましょう。それは、極度の混乱とあらゆるものが解体するただ中にあって、一国の秩序と名誉と士気を救うということの上なく重大な、不安の多い、危険な、困難で苦痛な任務を、この上ない高齢に至って、最も難かしい、苦しい条件のもとで一身に引受けたということであります。何という軍歴でありましょう!⑩」

ペタンを称えたのは、アカデミー・フランセーズの会員だけではなかった。国民の多くが「われらの元帥」とかれのことを呼んだ。ペタンの像は町のいたるところに飾られ、毎日、元帥のところには国民からの手紙が寄せられた。

だが、なんといったところで、戦争はつづいており、フランスはその半分をドイツ軍に占領されているために、なにごともうまくはいかなかった。フランスはドイツ軍の占領費を負担させられた。農民は食糧を安く徴収され、労働者は徴用されて、ドイツに送り込まれた。ヴィシー政権の人気は落ちはじめた。ドイツ側の旗色が悪くなっていけば、人びとの考えはしだいに変わっていった。それでもペタン元帥が国内を視察すれば、かれは人びとの熱烈な歓迎に囲まれることになった。

すべてを決したのは、米英軍のノルマンディー上陸だった。ペタンに代わって新しい英雄は自由フランス軍の指導者であるド・ゴールとなった。ペタンは、自分の権力をド・ゴールに委譲するかたちで、問題を政治的に解決し、自分の経歴を守ろうとした。首相のピエール・ラヴァルは自分がだれからも憎まれていることを知っていた。べつの手だてを考えた。アメリカがド・ゴールを嫌っているのにつけこみ、アメリカの支持を得ようとして、工作をはじめた。どちらもうまくいかなかった。ペタンとラヴァルはドイツへ逃げることになった。

三谷隆信がこんな具合に過去を振りかえり、このさきペタン元帥とラヴァル首相はどうなるのだろうかと思えば、つづいてはドイツの運命、そして日本の運命を考えることになったにちがいない。

三谷はジグマリンゲンの町を通過するメルセデスやホルヒといった大型乗用車を見るようになっている。樅《もみ》の木々のあいだの道路を走る車には銀色の逆卍《まんじ》がついている。ナチ党の公用車である。車に乗っているのは女性と子供たちである。ナチ高官の家族のベルリンからの避難の途中であることは明白である。

疎開はすでにはじまっている。ベルリンの日本大使館の婦女子たちは、一月下旬にゲシュタイン温泉に疎開している。ザルツブルクの南にあるオーストリアの小さな温泉地である。ドイツ外務省が、そこを同盟国と中立国の外交官たちの避難地と決めていた。

そして前線では、恐るべき事態がつづいている。はじまりはこの一月十二日だった。東部戦線で七十個師団のソ連軍が大攻勢の火蓋をきった。ソ連軍はたちまちのうちにポーランド平原を席捲した。一月二十日には、ソ連軍はドイツ領内に侵入した。北方で東プロイセンの国境を越え、南ではシュレージエンの国境を突破した。そして中央部を進撃するソ連軍は、一月末にオーデル河畔に到達した。

大攻勢がはじまって三週目、ソ連軍の先鋒部隊はオーデル川の渡河に成功し、左岸にとりついた。ソ連軍の攻撃はそこまでだった。ドイツ軍は防衛に成功した。ベルリンの大使館員や商社員は、いずれもほっとした。だが、ドイツ軍がオーデル川の防衛線をいつまでも持ちこたえることができるとは、だれも思ってはいない。つぎにソ連軍の大攻勢がはじまれば、ベルリンが戦場になるだろう。

ベルリン郊外から七十キロのところにソ連軍が迫って、ベルリンの様相は大きく変わってしまっている。空襲の破壊の跡が増えているだけではない。駅の構内は、東部からの避難民とかれらの荷物でごったがえしている。汽車が着けば、かれらは列車の乗降口に殺到する。ベルリン郊外の道路には、四輪の荷馬車、二輪の荷馬車、手押し車に荷物を積んだみじめな避難民の行列がつづき、家財道具を載せた牛車の列がつながっている。

市内の十字路や橋にはバリケードがつくられている。市電のレールのところだけを残して、壊れたトラックや電車、トレーラーバンがひっくり返され、積み重ねられている。

ベルリン市内でホテル住まいをしていた日本人は、いずれも郊外へ住まいを移してしまっている。空襲を恐れてのことだったが、いまはそれだけではない。ベルリンが戦場となるのを恐れてのことだ。在留日本人はベルリンを中心に三百六十人にのぼる。ベルリン郊外に大きな邸をいくつか借り、居留民は何組かに分かれて、集団生活をはじめている。

かれらだけではない。三谷とともにフランスからドイツへ逃げてきた商社員や留学生たち、さらにベルギー、オランダ、イタリアからドイツへ逃げてきた者があわせて百五十人ほどいる。かれらはすでにいくつかのグループに分かれ、共同生活をつづけてきている。

かれらの話題は、つぎにはどこへ逃げたらよいのかということだ。大島大使はザルツブルクへ避難することになっているようだという話になれば、それは危険だという意見がでて、アルプス要塞の話になる。北はベルヒテスガーデン、ザルツブルクから南はインスブルック、ブレンネル峠までの山岳地帯に複郭陣地が建設されていて、親衛隊と山岳師団が立て籠もるといった話である。

アルプス要塞でドイツの首脳陣はがんばりつづけるといった話を語る人がいれば、べつの噂を披露する者もいる。巨人機がつくられていて、総統以下主要幹部は日本へ逃げることになっているという話である。ドイツ人のあいだで語られている話だ。それがほんとうのことなら、大島大使はその巨人機に同乗することになるのだろう、と人びとは考える。

日本へ逃げるのなら、巨人機より、潜水艦のほうが安全だろうと語る人もいる。日本の潜水艦がバルト海へ入り、キール軍港に入港するのではないかという話にもなる。海軍武官事務所で、日本の士官や水兵たちを見たことのある人びとは多い。日本からきた潜水艦の乗組員である。ベルリンには新顔の武官補佐官がいるが、かれらもそれらの潜水艦に便乗してきたのだった。だが、それも一年前までのことである。

そしていちどは話題にでるのが、スイスか、スウェーデンへ入ることはできないのかということだ。そんな具合に話し合っていれば、陸続きのスイスに入国するのは、わけはないことのように思えもしてくる。

昨十九年の末、同盟、朝日、毎日、読売のベルリン支局長が連名で大使館に向かって、ベルリンに何人かを残すだけにして、全員をスイスへ行かせたいと申し出たことがある。英米、ソ連の動きを監視し、グローバルな情勢見通しを日本に告げることがこのさきいよいよ必要となるが、そのためにはドイツが敗北する以前に、スイスへ移ったほうがよいと説いたのである。

外務省からベルリンの大使館に訓電が届いたのは、この一月のはじめだった。「在独記者ガ集団的ニスイスニ疎開スルヨウナ印象ヲ与エルコトハ、ドイツ側ノ思惑モアリ、且ツハ敵側ノ宣伝ニ利用サレ、面白カラズ」と述べ、新聞特派員のスイス移動を認めなかった。そして、スイス側もこれを歓迎しないだろうとつけ加えていた。

たしかに、スイス政府は日本人の入国にいい顔をしなくなっている。米英両国に気兼ねをしてのことであったが、それだけではなかった。日本軍はジャワやマレーでスイス人をスパイ容疑で逮捕し、拘禁していた。そのなかにはボルネオに住むスイス人夫妻を昭和十八年末に死刑にしていながら、言を左右にしてスイス政府に告げていないという例もあって、スイス政府は日本に対する怒りを強めているのである。

では、トルコを経由して、ソ連領のコーカサスへ入ることはできないのか。以前にはこのルートを通って、外交官と商社員がドイツまで来た。潜水艦を除いて、日本とドイツとを結ぶただひとつのか細い道だった。だが、このルートも塞がってしまった。昨十九年八月にトルコはドイツとの外交関係を断ち、この一月三日には日本とも断交してしまっていた。

ドイツから逃げるすべはない。ソ連軍の侵攻を待ち、ソ連軍に保護を求め、ソ連の手を借りて、日本へ帰国するしかない。それがベルリンの大使館の方針である。その方法がありながら、それがいちばん後回しになり、それしかないのかと人びとが思うのは、恐ろしい話がひろがっているからである。

東プロイセンでは、ソ連軍が無差別に市民を殺しているのだといわれた。ソ連軍の戦車は避難民の行列を追い、機銃掃射を浴びせ、押し潰したのだという。そしてソ連軍に占領された地域では、ソ連軍が住民を殺し、略奪し、女を暴行しているのだという。しかもソ連軍の司令官が命令して、それを許しているのだという噂だ。窓に厚紙を貼り、昼でも薄暗い部屋のなかでそうした話を聞き、地下室の蠟燭の下でそれを話せば、だれもが重苦しい気分になった。はたしてソ連軍は、日本人の面倒をみてくれるのだろうか。

居留民が集団で生活する宿舎は、ソ連軍が占領すると思える地域にある。だれもがロシア語で書かれた身分証明書を持つようになっている。二月十二日付発行の総領事館の証明書には、ソ連軍に保護依頼を求めるロシア文字が書き加えられてある。

三谷隆信は、ジグマリンゲンにとどまっているかぎり、米英軍の手に捕らえられることになると思っている。やむをえない。だが、いよいよとなれば、ペタン元帥とラヴァル首相はスイスへ亡命を図るにちがいないと三谷はみている。かれはペタンとラヴァルがしてきたこと、かれらが考えていることを承知している。

ペタンとラヴァルはジグマリンゲンに来てから、なにひとつ政治活動をしようとしない。このさき、ドイツの囚人だったと主張するつもりで、そうした態度をとっているのにちがいない。だが、ペタンは国家主席の座からおりようとせず、ラヴァルは首相をやめようとしない。その地位にいてこそ、身の安全を保つことができると知っているからであろう。そして、ドイツ側はヴィシー政権がそれらしい見せかけを維持することを望んでいるから、かれらをその地位から逐おうとはしない。

こうしたわけで、その亡命政府内で実際に力をもつようになっているのは、政府委員会議長のフェルナン・ド・ブリノンである。徹底した対独協力者のひとりである。かれは、フランス義勇軍団の団長だったことがある。モスクワの前面で戦ったのが義勇軍団の最初の戦いだった。それから三年のあいだに、義勇兵たちは死に、傷つき、ちりぢりになってしまっている。

亡命政権の幹部のひとりにジョセフ・ダルナンがいる。昨年はじめに治安担当長官となったときには、かれは一万五千人の民兵団の司令官だった。かれの部下三千人もドイツへ逃れてきている。

かれらも帰るところがない。フランスでは血の復讐がおこなわれている。反逆者を殺せ、敵を利した者を殺せ、民兵を殺せ、元義勇兵を殺せ、とわめきたてているのは共産党である。ヴィシー政府の支配が瓦解してしまったあと、四万人を超すフランス人が裁判なしに殺されていた。

ドイツに逃れてきた民兵隊、フランス義勇軍の残存部隊、フランスSS突撃旅団の生き残りを集めた七千人は、現在、オーデル川下流の防衛陣地にいる。その戦いに生きのびることがあれば、つぎの戦場はベルリンであり、そこが自分たちの最後の戦場になることをかれらはおぼろげながら承知している。降伏するつもりはないのだから、そこがかれらの墓場となる。

亡命政権の幹部にはもうひとり、マルセル・デアがいる。労働大臣のかれは、ドイツにいる二百万人のフランス人徴用者と捕虜に責任をもっている。もっとも、いまはなんの口出しもできなくなっている。

そしてもうひとり、ペタン政府の閣僚になったことはなかったが、ドイツにいるフランス人のなかで、いつか最大の実力者となっているジャック・ドリオがいる。かつては共産党の幹部だった。つづいては自分の党である人民党をつくり、反資本主義とナショナリズム、そして反共主義を唱えた。だが、かれの党が大きな政治勢力となることはなかった。

現在、人民党首脳であるかれは、ドイツに亡命している名や地位のある者のすべてを集め、かれに反対してきた人びと、かれと争いつづけてきた者を引き入れ、ペタンやラヴァルをも傘下に加え、フランス解放委員会をつくろうとしている。

ドリオはジグマリンゲンの城内にはいない。かれはマイナウ島にいる。マイナウ島は、ボーデン湖のなかにある島である。その島には人民党の幹部と二、三百人のドリオの部下たちがいる。フランスに潜入するための要員を養成する学校もある。その島は土手道で湖岸につながり、そのさきにあるのが湖岸最大の町、コンスタンである。ドリオの人民党の機関紙は、その町で印刷している。

ドリオとかれの部下たちは、どうしてそこにいるのか。光りさざめく湖の景観と温暖な気候は、かれらをしてドイツにいることを忘れさせ、南フランス地中海沿岸のプロバンスにいるような思いにさせるからであろう。もちろん、それだけではない。ボーデン湖は国境の湖だからである。湖の向こう岸はスイス領なのである。

　三谷隆信は、ジグマリンゲンから五十キロ南にあるその湖を訪ねたことがある。琵琶湖ほどもある大きな湖であり、ヘルマン・ヘッセをはじめ、多くの芸術家を魅了した美しい湖である。三谷は優美なメールスブルクの町を訪れ、町の中心にあるドイツ最古といわれる城を見学した。旅館から見える対岸の灯はスイスの町だとばかり思ったのが、ドイツの町だと知って、かれは驚いた。

　それがコンスタンの町だった。窓に厚いカーテンをおろさなくても平気だったのは、すぐ隣のクロイツリンゲンの町がスイス領で、街燈がともり、家々の窓は明るかったからである。コンスタンの住民は、空から二つの町の区別はつくまいとたかをくっていたのである。

　現在、コンスタンのホテルは、休暇をとったナチ党の大物とその家族たちであふれている。いよいよというときには、スイスへ逃げ込めるかもしれないという期待があってのことだ。そしてここにいるかぎり、ソ連軍の手に捕らえられるという恐れがない。ドリオの一党がボーデン湖内のマイナウ島にいるのも、同じ理由からである。

　そこでドリオのフランス解放委員会のことに戻れば、かれのその構想はド・ゴールがやったことの再版である。

フランスがドイツに降伏する直前のことだった。ロンドンにいるフランス大使とその仲間が、ひとつの案をつくった。そのとき英国に渡っていた陸軍次官のド・ゴールがその案に共鳴し、英国首相のチャーチルもそれに賛成した。ド・ゴールはロンドンから首相レイノーに電話をかけ、その案を告げた。レイノーをはじめ、フランス政府の主要幹部がほうほうのていで、パリからボルドーにたどりついたばかりのときだった。

ド・ゴールが説いた案とは、英国とフランスが恒久的に統合し、共通の市民権と単一の議会と内閣をもつひとつの国家にしようというものだった。大胆で、壮大な計画のようであった。だが、見方を変えれば、それはちょっとした思いつきにすぎなかった。フランスはドイツに降伏しない、英国とひとつになって戦いつづけるといった決意のほどを示し、どうにかしてアメリカをヨーロッパの戦争に引きずり込もうとする願いがあったのである。

レイノー内閣の閣員は、フランスが英国の属国になるようなその案になんの興味も示さなかった。英国は火事場泥棒よろしく、フランスの植民地を併呑《へいどん》するつもりなのだと怒った。ドイツに降伏するしか道はなかった。レイノーは辞任し、あとをペタンに任せることにした。その翌日、ド・ゴールが英国の飛行機でボルドーへ戻ってきた。かれは逮捕されるのではないかと恐れて、一夜をすごした。つぎの朝、かれは英国機で英国へ逃れた。

そしてその翌日、かれはロンドンの放送局で放送した。かれは抽象的な言い回しをし、自分が語ったことがさまざまに異なって受け取られるような言い方を好んだ。だが、さすがにそのときはそんな余裕はなかった。かれは自分の考えていることを正直に語った。「すべての希望は消え失せたのであろうか。否。フランスは英国と同じく、アメリカの巨大な工業力を無制限に利用できる」

そしてかれは賭けに勝った。それから四年ののち、ただの一回も戦いの指揮をとったことのないその宣伝家は、ナポレオンの再来よろしく、フランスへ戻ることになったのだった。

では、ド・ゴールをまねて、フランス解放委員会をつくろうとするドリオはどのような構想を描いているのか。フランスでは、共産党がかつてないような大きな力をもつようになっている。共産党はド・ゴール政権に正面攻撃をしかけ、権力奪取を図るにちがいないとかれは予測してきた。

フランスで内乱が起きれば、アメリカはドイツと和平交渉をせざるをえなくなると、ドリオはドイツ人に語った。そしてかれ自身もそれに備えての準備をすすめてきている。フランス解放委員会を創設し、ドイツに逃れてきているすべてのフランス人亡命者、ペタンとラヴァルの亡命政府も自分の解放委員会に加える計画である。

アメリカはドイツと和平交渉をしないかもしれない。それはたいしたことではない。

フランスで内乱が起こったときに、フランスで権力をつかむことができるのは自分だとドリオは考えている。けっしてかれと仲好くないフランス人亡命者たちもかれのもとに集まろうとしている。

今日、二月二十二日、ジグマリンゲンの日本大使館に届けられた人民党の機関紙は、政府委員会の解散がいよいよ近いと告げ、解放委員会に加わる要人の顔ぶれを発表していた。同じ今日の午後のことである。メンゲン近くの道路を走る自動車が、超低空で飛ぶ飛行機に襲われた。乗っていた男が致命傷を負った。部下たちに大ジャックと呼ばれていたジャック・ドリオは死んだ。

ガルドーネの日高信六郎

三谷隆信のことを述べたのだから、三谷と同じ境遇にあるもうひとりの大使についても触れておこう。イタリア駐在大使の日高信六郎である。日高は三谷より一歳年下の五十一歳である。かれはイタリア北部にあるガルドーネの町にいる。アルプス南麓に並ぶ氷河湖のひとつ、ガルダ湖の西岸にある小さな町である。

日高は、いきあたりばったりの不思議な旅をずっとつづけているような気持ちである。それも二年間にわたってである。出発からして奇妙な旅行になった。ローマに赴任するために東京を出発したのが、昭和十八年の三月だった。客車一輛、貨車一輛がソ連側から提供され、ヨーロッパへ向かう十八人の日本人の借切り車輛となった。

かれらの車輛は駅で切り離され、ほかの列車につながれるといったことを何回となく繰り返した。シベリア本線から分かれ、南へ下り、列車は砂漠のあいだを何日も走った。アルマアタ駅の広いプラットホームで、天山山脈の中央峰をはるか遠くに望んだときには、信六郎の胸は高鳴った。世界最高峰のひとつ、ハンテンリ山にちがいなかった。

日高は山好きである。カスピ海を渡り、コーカサスからトルコに入った。かれは国境のアララト山を仰ぎ見た。ノアの方舟が着いたという山であり、チグリス、ユーフラテス川の水源である。ブルガリア、ウィーンと汽車の旅をつづけ、ローマに着いたのが出発の日から数えて五十二日目だった。

それから四カ月あとの昭和十八年九月九日には、日高はローマから脱出する冒険旅行をすることになった。バドリオ政権が休戦協定締結を発表した翌日だった。十数台の車をつらね、四十数人の同勢がイタリア半島を北上する旅を開始した。アペニノ山脈を越え、イタリア半島を横断した。つづいてアドリア海に沿って北にのぼった。ドイツ軍が支配しているベネチアまでの、不安だが、楽しい三日間の旅だった。

日高の落着き先は、ドイツの守備領となり、イタリア側が行政権をもっていないコルチナだった。ブレンネル峠に近い避暑地である。アルプス山中にあるその峠を越えれば、インスブルックがあり、ミュンヘンにつながる幹線道路がつづいている。コルチナのホテルはいずれもドイツ軍に接収され、軍の病院となっていた。日高は小さな二階建ての山荘を借りた。

さながら亡命者の生活となったのだが、日高にとってはまことに幸せな長期休暇となった。前に触れたように、かれは山好きである。一高時代には旅行部をつくった。パリに勤務した大正十年には、日本人としてはじめてモンブランに登った。南京の勤務から帰国した昭和九年に、旅行部の仲間だった守島伍郎と五輪《ごりん》峠を訪ね、奥利根の山々を眺めたことがあった。それっきり山とは縁がきれ、退官までは山に登る機会はないと思っていたのが、思いもかけず、アルプスの山に囲まれ、牧歌的な山村で生活する日々となった。

夜明けから太陽がのぼるまで、二階の寝室から見る山々は、はっとする美しさだった。満足感に全身を浸される毎朝だった。目の前の山の落葉松《からまつ》や白樺の林が色づきはじめ、黄に変わり、赤となり、層をなして山頂から村まで降りてくる見事な色彩の変化に感嘆する毎日だった。氷河の冷気のなかのドロミチ山群の山峡を歩き、雪が降りはじめてからは、村の子供たちとスキーを楽しんだのだった。

コルチナからガルドーネに住まいを移したのは、昨十九年の春になってである。ガルダ湖とその周辺の景色もすばらしく、夕暮れどきの美しさは格別である。湖で獲れる鱒や鯉の郷土料理もおいしい。そしてかれは町の背後にあるトゥレマルツォをはじめ、二千メートル級の山々をつぎつぎと登り、その数は二十三座にも達している(11)。

もちろん、日高の毎日が楽しいことばかりであるはずはない。なんといったところで、かれはイタリア駐在大使であることに変わりはない。かれが住んでいるガルドーネのすぐ南にあるサロという町が、イタリア社会共和国の首都なのである。

米英軍の前進をドイツ軍は阻み、イタリア半島は二つに分断され、イタリアには二つの政権が存在している。南に米英両国とソ連が承認している政権があり、北にドイツの保護下にあるベニート・ムッソリーニのイタリアがある。これがサロに首都をおくイタリア社会共和国である。

日高信六郎は湖を眺めていて、白波を蹴立てて進む高速船を見ることがある。湖内のガルダ島から南の端の入江の奥にあるサロまでを往復するムッソリーニの船である。ムッソリーニはその島を好み、そこにいることが多い。その島にいるムッソリーニが語ったというつかの話を、日高は聞いたことがあるにちがいない。

「歴史に占める私の地位はシーザーと並ぶだろうか」とムッソリーニは問いかけたのだという。シーザーも、かれも、部下に裏切られたのだと言いたかったのである。かれは、かれを裏切った国王、参謀本部、財界の連中を憎んでいる。

「私の地位はナポレオンと並ぶのだろうか」とムッソリーニは語りもしたのだという。かれの社会共和国のこのさきの運命を知らないわけではないと言い、ナポレオンもエルべ島脱出のあとは百日天下で終わったではないかと語ったのである。

そして、かれは気が滅入っているときには、国王の宮殿で逮捕されたときから、ドイツ軍に救出され、共和国をつくった今日まで、じつはずっと囚われの身なのだと洩らすこともあるのだという。

だが、ムッソリーニは完全に打ちひしがれてしまったわけではない。かれはひとつの構想を抱いている。まもなく、アメリカとソ連は喧嘩をはじめるにちがいない。そのときにスターリンと交渉できる、とかれは考えている。それというのも、ソ連がバドリオを利用し、バドリオもまたソ連を利用するということをやったばかりだったからである。

ソ連とバドリオはどのような取り引きをしたのか。昨十九年の三月、モスクワはバドリオ政権を承認し、イタリアを代表するただひとつの合法政権として認めた。だれもがびっくり仰天した。日高信六郎もそのニュースに慌てた。コルチナの山小屋ふうの別荘をひき払い、ガルダ湖畔へ移ることになったのは、そのあとのことである。

ワシントンとロンドンも愕然とし、イタリアの共産党と左派勢力の幹部たちは、それこそ跳びあがった。かれらはバドリオ政権に断固反対し、打倒しようとしていたからである。

それはこういうわけだった。休戦協定の締結を発表したあと、バドリオ政権の大臣たちと国王一族はドイツ軍の手が届かないイタリア南部へと逃れた。アメリカ政府と英国政府はバドリオ政権を一応保護はしたものの、冷たくあしらい、承認しようとしなかった。ムッソリーニのサロ共和国がドイツの保護領というのなら、バドリオ政権はこれまた名前だけの存在にすぎなかった。そのような情勢に乗じ、イタリアの共産党と左派勢力が国王の退陣を要求し、バドリオ政権の否認を叫んでいた。

クレムリンがやったことは、四面楚歌のバドリオ政権に手をさしのべ、助けてやることだった。そしてそれから二週間あと、イタリア共産党の指導者がナポリに上陸した。二十年のあいだモスクワに亡命していたパルミーロ・トリアッティの帰還である。かれは演説し、バドリオ政権に参加の用意があると説いた。もういちどだれもが唖然とし、戸惑い、つづいてそうだったのかとうなずいた。ソ連はバドリオ政権を助けてやるのと引き替えに、共産党をバドリオ内閣に入閣させた。共産主義者をしだいに権力機構内に滲透させていこうとする計画なのである。

現在、ムッソリーニは、ソ連の外務次官のヴィシンスキーとバドリオとのあいだの取り引きはやがて御破算にならざるをえないとみている。アメリカとソ連とのあいだの争いが激化すれば、バドリオ内閣のあとのパルリ内閣は米英の側につき、共産党を弾圧することになるからだ。

そこでモスクワは私と取り引きをしなければならなくなる、とムッソリーニは考える。昨十九年十一月にかれは社会主義的政策を打ちだした。基幹産業を国営化し、地主に重税を課すことにした。かれの社会共和国はソ連と提携できるのだと、かれは考えている。だが、アメリカとソ連はいつ衝突するのか。そのときまでかれは、自分の支配地域を確保できるのか。米英軍の進出を食いとめているのは、四十万人のドイツ軍ではないのか。かれの軍隊とかれに直属する特別隊の力はとるに足りない。

ソ連と単独講和をするといったかれの構想は、空想にしかすぎない。いよいよとなれば、ドイツ領へ逃げるしかない。ムッソリーニのもとにいる人びとは、ジグマリンゲンとマイナウ島にいる亡命フランス人と同様、捕らえられれば、銃殺隊の前に引きだされることを承知している。だが、かれらが自動車をつらね、ブレンネル峠を越えるときになって、ドイツはまだ残っているのだろうか。

ムッソリーニはスイスへ入国しようとするだろう、と日高信六郎は思っている。そしてそのときには、かれも館員を伴い、アルプスの山峡を登り、スイス国境へ向かわねばならない。はたして、スイスへ入れるのだろうか。かれは、自分の旅がどのように終わるのか見当がつかない。

バギオの村田省蔵

同盟国の政府首脳と避難地にいる大使がもうひとりいる。フィリピン駐在大使の村田省蔵である。フィリピン大統領のラウレルとその閣僚たちとともに、村田はルソン島のバギオにいる。

バギオは、ルソン島のどこにあるのか。リンガエン湾を新潟の海岸とすれば、マニラは東京の位置にあたる。そしてバギオは、米沢盆地の方向となる。もっとも、リンガエン湾からバギオまでの距離は、その半分しかない。直線で五十キロである。

大統領ラウレルをはじめとする政府首脳陣がマニラからバギオへ移ったのは、昨十九年十二月二十二日だった。護衛部隊を乗せたトラックと、大統領の親衛隊のトラック、あわせて四台が先頭を進み、大統領の車、村田省蔵の車がそのあとを走り、二班、三班とつづく総勢四百人の行列だった。途中、敵戦闘機が襲来した。黄色の稲田がどこまでもひろがる大平野のなかの一本の舗道である。急いで自動車を降り、村田は大統領とその家族とともに道路を離れた。農家の脇にあるマンゴ樹の大木に身を寄せた。頭上で十数機の敵機と友軍機の戦闘がはじまった。一機が落ち、落下傘が開いた。まもなく、敵機はマニラの方向へ飛び去った。村田は後醍醐天皇の笠置《かさぎ》落ちを思いだし、大統領の胸中を考えたのだった。

バギオは、海抜一千五百メートルのところにある松林のつづく盆地のなかの町である。アメリカ人の避暑地としてつくられ、戦前には夏のあいだそこへ政府機関が移ったこともあった。政府首脳の官邸をはじめ、フィリピン経済を支配してきた大金持ちの別荘があり、電気と水道が完備している。

バギオにのぼる九十九折《つづらお》りの自動車道路はベンゲット道路と呼ばれ、今世紀のはじめに、千五百人の日本人の契約労働者が建設した。朝七時半に出発した大統領、村田の車が、バギオに着いたのは午後六時半だった。

西の山を越えて、はるか遠方に雷の響きを聞いたのは、それから半月ほどあと、今年一月八日の午前八時半だった。敵軍艦の艦砲射撃だった。そして敵艦載機がバギオに襲来した。翌一月九日に敵軍はリンガエン湾に上陸した。

ルソン島の地上戦はこうしてはじまった。二月はじめには早くも敵軍はマニラ市に突入した。戦いはあまりにも一方的だった。バギオに移ってから今日までのこの二カ月は、村田にとって落胆と失望の毎日だった。

村田省蔵は六十六歳、実業家である。大阪商船に四十年勤め、昭和九年からは社長だった。かれが政界に入ったのは昭和十五年である。第二次近衛内閣に入閣し、逓信大臣兼鉄道大臣となった。

昭和十七年二月には比島派遣軍の最高顧問となり、翌昭和十八年九月にはフィリピン駐在大使となった。かれは、フィリピンの建設を助けようという熱意をもっていた。村田のもとで数カ月のあいだ仕事をしたことのある東京帝大教授の東畑《とうはた》精一は、村田が新しい建設にともなう清新さを愛し、それを求める若々しさをもっていると思ったのである。(12)

村田がフィリピンに三年いるあいだに驚いたことのひとつは、マニラに勤務する軍幹部の任期があまりにも短いことであった。着任の挨拶にきたかと思えば、またたくまに離任の挨拶にきた。わずか半年ほどフィリピンにいるだけでは、なにもわかるはずがなく、なにもできようはずがなかった。

この一月二十日、村田のところに南西方面艦隊参謀長の有馬馨が訪ねてきたことがある。有馬はガナップ党の党首のラモスに肩入れし、村田のかれに対する認識は間違っていると説いてまわっていた。

ラモスは、マニラ市の乱暴者やごろつきを集めた組織のボスである。陸軍ははじめラモスを重用したが、あまりにも問題が多いので、かれと縁を切った。だが、ラモスは平気だった。新しくやってくる参謀と親しくすればよかった。そして新顔はすぐに来た。それでも陸軍に嫌われるようだったら、海軍の幹部に取り入ればよかった。陸軍と喧嘩をしていることが勲章になった。功名心に燃える連中を相手に熱弁をふるえば、かれを支持する者はいくらでもでてきた。

昨十九年十一月にマニラに赴任したばかりの有馬馨は、ラモスにひっかかったひとりだった。役立たずのラウレルに代え、活動的で、親日的なラモスを大統領にすべきだと有馬は説いていたのだった。そこで村田は有馬に向かって、ラモスの問題には触れなかったが、軍幹部の在任があまりに短いことをとりあげた。任地に数カ月いるだけでは、情勢判断は不正確となり、することは場当たり的になると言った。村田は、有馬に語ったことを日記に書きとめた。

「……大東亜戦争及びその建設に向け今日の如き日本のやり方では希望するが如き成果挙がらずと断じ、戦争について云えば、その衝に当る軍人が敵も知らず、味方についても知らずという状態なり。……その一例としてごく手近かな例に取るも比島に於ては陸軍の軍司令官を代うること五人（四人なれど、その間総軍来れり）、海軍に在りては四人、参謀長の交代また三、四に及び、参謀に至りてはその数を記憶せざる程なり。之が僅々三年内に行われたる事にて此等の人々は土地の地理、風俗、人情一切の事情に通ぜず、而もマクアーサーの如きかつて比島の陸軍建設のため此地に在りてあらゆる事情に通ずるものを敵として戦うこと我等にはあまりにも大胆不敵と見ゆるなり(13)」

村田は「大胆不敵」と言った。もちろん、かれは陸海軍のこの目まぐるしい人事異動が大胆不敵からははるかに遠いことを知っている。ほんとうは因循姑息なのだ。肝心の高級軍人がこの頻繁な人事異動に不満をもっていない。人事異動をひっきりなしにおこなえば、まずいこと、うまくいかないことすべての失敗は、前任者のせいにでき、だれの責任でもなくなってしまうからだ。

しかも、大本営が決めた決定を勝手に変えてしまい、明文化した命令を無視してしまい、政府が唱えた公約を放り捨ててしまって、平気の平左、なんの痛痒も感じないということにもなる。それだけではない。人事異動がひっきりなしにおこなわれれば、やがて戦場となる恐れのある前線へだされるかもしれないが、いい籤を引き、安全なポストへの転任となるかもしれない。運、不運はいたしかたがない。だが、籤を引くチャンスは何回もあってほしい。

こうしたわけで高級軍人は人事異動が激しいことを望んでいる。そしてフィリピンがその典型例である。フィリピンに敵軍が来攻してくるとはだれもが予測していたことであった。フィリピンで「捷一号」の決戦をおこなうことも早くから決まっていた。ところが、敵軍の侵攻が目前に迫って、市谷台はフィリピンの軍司令部のメンバーを一新した。司令官を筆頭に、参謀長、参謀たちを入れ替えた。

新司令官の山下奉文が、マニラに着任したのは昨十九年の十月六日だった。かれを補佐する新任の参謀たちが、かれと前後してマニラに着いた。かれらが挨拶まわりを終え、作戦図を前にして、兵員と装備の実態、その配置の状況を知ろうとし、フィリピンの地名を覚えはじめようとしていたとき、敵はフィリピンへの攻撃を開始した。

敵空母部隊が、十月十日に沖縄を襲った。十一日にはルソン島、そして十二日には台湾を空襲した。上陸作戦に先立ち、兵站《へいたん》線を切断し、航空基地を叩き、できるだけ多くの飛行機と船舶を破壊しようとするのは、前にも述べたとおり、敵のきまっての戦法である。

敵空母機部隊が、フィリピンとその後方基地を攻撃しているさなか、地上戦闘部隊を乗せた輸送船の大集団が、マヌス島とホーランディアの二つの基地を出航していた。マヌス島は、トラック諸島とニューギニアの中間にある島だ。昨十九年二月に敵の手に陥ちた。ホーランディアは、亀の形をしたニューギニアの背の真ん中あたりにある。昨十九年四月に奪われていた。十月十七日に敵輸送船団はレイテ島に接近し、十月二十日までにレイテ湾内に十四万人の部隊を揚陸させた。司令官の山下奉文に遅れ、参謀長の武藤章がマニラに着任したのがその日だった。

レイテ島の守備部隊は少なかった。はじめから勝負にはならなかった。遅滞作戦をやるしかなかった。ところが、海軍は台湾沖で敵空母部隊に大損害を与えたものと思い込んだ。参謀本部がそれを信じた。敵はやぶれかぶれなのだ、それならレイテに増援部隊を送り込み、一挙に討ち取ってしまおう。大本営は、レイテ島での決戦を第十四方面軍に命じることになった。

ところが、敵の空母部隊は健在だった。台湾の航空基地を攻撃したあと、レイテ沖にとどまり、上陸部隊を擁護した。こうして敵に制空権を握られてしまっていては、増援部隊の海上輸送はうまくいかなかった。海軍は、大和、武蔵、長門をはじめとする戦艦と巡洋艦の艦隊をレイテ湾に突入させ、湾内の敵艦船を攻撃する作戦計画をたてた。基地航空部隊と空母機部隊の支援なしの自殺的な攻撃であり、伸《の》るか反《そ》るかの大勝負だった。だが、指揮官の栗田健男は土壇場でその攻撃を断念してしまった。

海軍の戦いが失敗に終わって、レイテ島の戦いは陸上の戦いだけとなった。はるかに強力な火力を持つ敵を相手にして、この遭遇戦は一方的な負け戦で終わった。

すべてが大失敗だった。レイテの戦いについての責任追及の声があがって当然のはずであった。昨十九年二月にトラック島が叩かれたときには、参謀総長の杉山元と軍令部総長の永野修身がその責任を問われ、辞任することになった。つづいて七月にサイパン、グアム、テニアンの三島を失ったときには、参謀総長の東条英機と軍令部総長の嶋田繁太郎が辞めざるをえなくなった。そこで市谷台の部課員たちは、フィリピンの戦いがはじまる前から、その戦いの結果しだいでは、統帥部首脳更迭といった事態にもなりかねないと予測していたはずであった。

そしてほんとうのことをいえば、かれらははじめからフィリピンの戦いに自信をもっていなかったのだから、その責任問題について考えたこともあったはずであった。わずか一年のあいだに、統帥部の総長をもういちど変えるわけにはいかなかった。だが、なにもしないわけにはいかなかった。

前もって負け戦の責任者をつくっておくことで、責任のなすりあいがもとのごたごたが起きないようにしようとした。もちろん、こうした微妙な問題が長々と論議されることはけっしてなく、以心伝心であっさり片づけられるものである。第十四方面軍司令官の黒田重徳を解任することにした。妾をおき、毎日をゴルフで過ごし、口が達者なだけの利口者である。

ところで、黒田を辞めさせたのは、前にも見たとおり、敵軍がフィリピンに侵攻する直前だった。じつはここが芸の細かいところだった。レイテの戦いが失敗に終わったところで、黒田の後任の山下奉文にはなんの責任もないことになった。

すべては前司令官の責任となった。もちろん、責任を負わなければならないのは、黒田のような男を司令官としておき、捷号決戦を説き、覚え書きをつくり、指令をだし、戦いの準備に力を入れているように見せかけていた市谷台の連中だった。そして、海軍も責任を分けあわねばならなかった。だが、そうしたことは言ってはならなかった。お膳立てどおりに、前司令官の黒田ひとりの責任にするのが万事をまるく収める方法だった。

山下奉文はこれらすべてのことを呑み込んだうえで、黒田のことにも触れようとせず、大将軍の堂々たる度量を示すことになった。十二月二十二日、かれは東京からきた作戦部長の宮崎周一に向かって、「この作戦の不首尾はまったく不徳のいたすところ」と繰り返したのだった。

それですべては片づいた。いや、終わったわけではなかった。山下は作戦部長に向かって、第十四方面軍は北部ルソンに重点をおく三つの拠点で持久戦をおこなうと述べた。

宮崎はびっくりした。レイテ島の決戦はすでに打ち切られていた。だが、ルソン島で決戦をすることははっきりと決まっていた。これより五日前の十二月十七日、参謀総長以下の作戦関係の部課長が集まっての作戦会議で、ルソン決戦をおこなうことを再確認していた。

方面軍が勝手に作戦を変えることなど、許されるはずはなかった。だが、宮崎が驚いたことはもうひとつあった。そして、その驚きのほうがずっと大きかった。

それはどういうことだったのか。前にも述べたとおり、湖南省の前線にいた宮崎が、上京するようにとの電報を受け取ったのは、昨十九年の十二月六日だった。衡山から東京へ戻り、十二月十四日にかれは第一部長、すなわち作戦部長になった。その三日あとの十二月十七日の作戦会議に、かれは出席した。前に述べたとおり、ルソン島で決戦をおこなうとの既定路線が確認された。その作戦指導要領を現地軍に伝達し、あわせて前線の実状を知るために、かれはマニラへ行くことになった。

当然のことながら、宮崎は第一部長に就任するまで、太平洋正面の戦況についてなにも詳しいことは知らなかった。かれはガダルカナル島で戦ったあと、陸軍大学校の幹事となった。そして昨十九年九月に、第六方面軍の参謀長となった。湖南省の前線にいたかれが知る太平洋の戦いの状況は、ラジオのニュースだけだった。

台湾沖航空戦の大戦果を知ったときには、かれは嬉しかった。「敵空母四十隻以上を屠《ほふ》るという。戦勢挽回の望みあり」と日誌に記した。撃沈破した空母の数は十隻だと知ったのは、それからしばらくあとのことだった。繰り返される戦果の発表を片はしから足してしまい、四十隻と思い違いしたのだった。だが、十隻という数字もこれまた誤りだと知ったのは、かれが東京に帰ってからのことだった。

そのような情けない話を聞き、朗報ひとつない電報の山を読むのは、気の重いことだった。だが、かれがなによりも深刻な衝撃を受けたのは、マニラ出張の途中で見てきたいくつかの光景だった。

那覇市の上空に近づき、市内と埠頭の広い焼け跡を見た。台湾の屏東《へいとう》飛行場に降りた。ここも破壊の跡がひどかった。屏東を飛び立ち、バシー海峡にさしかかった。戦闘機の編隊を追い抜いた。故障しているのか、操縦士の腕が未熟なのか、落伍していく飛行機を何機も見た。そしてマニラに着いて、湾内に沈んでいる船のマストと、街路を歩くだらしのない兵士たちを車の窓から見た。

宮崎が山下から持久戦をおこなうと聞いたとき、それらの光景を思い浮かべた。決戦はできはしないのだと思った。かれはうなずき、参謀本部の作戦指導要領を山下に伝えることを断念した。

作戦部長が新任であり、現地の司令官がそのポストに坐ったばかりであれば、大本営が決めた命令をくつがえし、上級統帥部が署名した覚え書きやら、指令を葬ってしまうことも可能となる。負け戦では、頻繁な軍幹部の異動はどうしても必要なのである。

村田、ロハス、そしてラウレルが考えていること

村田省蔵も、軍中央がひっきりなしに幹部の更迭をおこなっているのは、戦いに自信をもたず、負け戦だからなのだと承知している。ところで、村田がいま考えているのは、辞めることのできない、替えることのできない人物をどうしたらいいかということである。大統領の問題である。

二十日前の二月二日、村田はバヨンボンにいる公使の田尻愛義《あきよし》に宛てて、手紙を書いた。バヨンボンはバギオの真東にある。山の尾根をいくつも越え、谷底を歩いて、十一日かかる。小さな盆地の中心にある小さな町だ。日本人一千六百人がそこに疎開している。男たちはいずれも現地召集されて、大部分は女子供である。

田尻はバヨンボンにいて、台湾行きの飛行機を待っている。台湾経由で東京へ帰るつもりである。かれを東京へ戻させるようにしたのは大使の村田である。北部ルソンにたて籠もることになって、大使館の機構を縮小しなければならず、公使をおいておく必要がなくなった。

村田は、中国が専門の田尻が重慶との外交工作に取り組むことを望んでいる。それというのも、村田は大阪商船勤務の振り出しが漢口、上海支店であったことから、中国に

深い関心をもち、重慶と外交折衝はできないものかと考えつづけているのである。

　村田は田尻に宛てた手紙で、バギオの状況を告げた。

「……扨《さて》　其後の情勢テンポの急速なる意想外なるものあり　之は確かに敵に我方内《うち》冑《かぶと》を見透されたる結果なるべく　彼の大胆至極の行動に徴しても明瞭なるもの有之候　軍司令官は既に一月三日此地にあり　海軍まで山に上り　長官等亦《また》元日に姿を顕わすという有様　而《しか》もバギオとしても　陸海両軍の最高首脳部の所在地として　殆んど何等の用意出来居らず　最も大事な電気通信すら完全ならず　海軍は以前より施設ありしも敵に感付かれて爆撃さるる有様　又発電所を匪賊《ひぞく》に襲われ　燈火なきこと数夜　水道も亦とまり　昨日より久しぶりにて昼間だけ出水あり　二万の容積の所へ急激に五万の人口となり　家屋問題で又々一揉め　其処へ空襲　政府軍の移駐で　罹災民数百家族は住むに家なく　公園や教会内に起臥する有様　生必需物資は橋梁破壊で　空襲　匪賊のため山麓との交通杜絶　価格は一時間毎に跳ね上り　今では米一ガンタ五千比《ペソ》　卵一ケ一千比　山で出来る甘藷ですら一キロ一千比と一応は相場立ち居れども　売るとなると紙幣を拒絶　全然物々交換と相成申候　従て目下軍は食糧問題で行詰り　更に北サンフェルナンドの物資集積所も艦砲射撃で兵の装備も大分やられ　又十日頃に期待したガソリンも　相当量の外米も皆手遅れとなる　それ所か船も飛行機も殆んど皆無　昨今のバギオも敵側が二機や三機でも悠々と爆弾投下の練習でもして居るかの如く　定めて御地も

同様ならん」

つづいて村田は、「而して茲《ここ》に最も大切なる問題は最悪の場合を予想し　大統領を如《い》何《か》にすべきにか有之」と書いた。

「今日の処　彼は空襲をも意とせず　余暇等畑を耕し　時々ゴルフを楽しみ　天文学などの書物に読み耽り居り　未だ相談すらすべき時期ならねどYとは既に一応談じずみにて愈々最後の幕となれば　彼を内地に引揚げしむる要あり　其時には何人を伴い行くべきか　無論彼の指名に待つべきも　バギオ落ちの試煉にて　要人達の素質もより判然し来り　其結果より判断すれば　アラスは動かぬ所　而してロは敵に渡すべからず　彼はオスメニアよりもラウレルと死生を共にせんとするが如く　アは駄目　却《かえつ》てユの悠然たる態度が光り来り候　数が限られたら　パを加えて此四人位にアべでもついて行けば立派なものと存じ　問題は家族なるが　出来れば残したきも……此点に付ては小生未だ結論に達せず　以上御帰朝の折は要路へ予め御内申置き下され度……」(14)

Yとは山下奉文のことであり、ロはロハス、アはアキノ、ユはユーロー、パはパレデス、アベはアベリヨを指し、いずれもフィリピン政府の幹部である。

田尻にその手紙を書いてから二週間あとの二月十五日、村田は大統領と話し合った。最悪の場合を考えておかねばならない、とラウレルが言いだした。村田はいまが切りだすチャンスだと思った。閣下に日本本土へ移っていただく案をたてていると言った。ラウレルはさきを促した。そのときには、だれに同行してもらうかを考えているのだと村田は語り、東京の意見を尋ねているところだとつづけた。

そして、人数は四、五人になろうと村田は言った。だれを想定しているのかと、大統領が尋ねた。率直に私見を申し上げると村田は言って、ロハス、ユーロー、パレデス、アラスと四人の名前を挙げた。

ラウレルはうなずきながらも、村田がアキノの名を口にしなかったことが気がかりな様子であった。ラウレルはアキノを信頼し、アキノもまたラウレルと過ごす時間が長く、ラウレルに忠実である。アキノはどうか、かれはアメリカ軍にもっとも憎まれていると思うが、とラウレルは言った。

ベニガー・アキノは議会議長である。カリバピの総裁でもあり、かれ自身先頭に立って組織の拡大に努めたこともある。カリバピは、いうなれば満洲の協和会のフィリピン版である。行をともにすると言うのなら、もちろん、妨げるものではないと村田は答えた。

そこで話題は、家族をどうするかということになった。村田は、オスメーニアの家族に対して、わが方が寛大な処置をとっていることを挙げて、アメリカ側が要人の家族に危害を加えることはないのではないかと言い、家族を同伴することに消極的な態度を示した。ラウレルは無言だった。亡命の話は、ひとまずそこでうち切った。

村田は大統領に向かって、同行者を挙げたとき、ロハスの名前を最初に口にした。また田尻愛義宛ての手紙のなかで、村田は「ロハスは敵に渡すべからず」と書き、「ロハスはオスメニアよりもラウレルと死生を共にせんとするが如く」と記した。ロハスをオスメーニアの陣営に投じさせてはならないと、村田は考えている。

これはどういうことか。ロハスはフィリピン国民のあいだで人気が高い。そこでオスメーニアは、自分の政権にロハスを招くのではないかと、村田は思っている。

昨十九年十月末、アメリカ軍がレイテ島に上陸したのにつづいて、セルヒオ・オスメーニアがその島に戻り、そこを政府の臨時所在地とした。オスメーニアはもともと副大統領だった。マッカーサー、大統領のケソンとともに、かれもコレヒドール島から魚雷艇に乗り込んで脱出したのだが、ケソンが客死したあと、大統領に昇格している。ところが、オスメーニアはフィリピン国内でさほど人気がない。ロハスとは比べものにならない。ロハスは、なぜ評判がいいのか。その理由は、村田も知っている。

ロハスは、政府の重要ポストに就かなかったからである。かれは大臣になろうとしなかった。昨十九年の四月に、米買付け機関の長官になったのは、無理矢理押しつけられ、断ることができなかったからである。要するに、ロハスはそのきれいな経歴によって評判がいい。

そして、もうひとつ肝心な理由がある。ロハスがアメリカに高くかわれているといった話を、だれもが信じているからだ。ロハスがアメリカで評価が高いという話はほんとうである。アメリカといっては正確ではない。マッカーサーがかれの有能さを愛しているのだ。マッカーサーだけではない。マッカーサーの顧問弁護士のホイットニーや、副官のウイロビーもまたかれと親しかった。

このさきで述べる機会もあろうが、ダグラス・マッカーサーは戦争がはじまる前にフィリピンの軍事顧問だった。かれは軍事顧問だけではなく、高等弁務官を兼任しようとした。高等弁務官は、フィリピンの行政、立法に監督権をもっていた。その望みはかなえられなかったが、それでもかれはフィリピンの総督然とふるまった。半独立のフィリピンの政府から元帥の称号と高額の給与をださせ、元帥帽と元帥杖を自分でつくり、それをケソン夫人から贈らせるといった芝居がかったこともやった。

マヌエル・ロハスはパナイ島の出身、五十二歳である。下院議員、下院議長をやり、ケソン大統領のもとで財務長官を務めたこともあった。日米戦争がはじまろうとする年に、かれは上院議員となった。戦争がはじまってから、かれはマッカーサーの副官となり、マッカーサーの陸軍司令部とフィリピン政府とのあいだの連絡将校となった。

そして、マッカーサーと大統領のケソンがマニラ湾の入口にあるコレヒドール島の要塞に移るときに、ロハスは大統領官房長官に任命された。官房長官だったヴァルガスが大マニラ市長になって、そのあとをロハスが継いだのである。昭和十七年二月、ミンダナオ島の捕虜収容所のフィリピン兵士たちのなかに潜んでいるかれが見つけだされた。処刑されるところだったのが、危うく助かった。

ロハスはマニラへ戻ったが、病気を口実に日本軍に協力せず、政府の閣僚とはならなかった。いよいよ断りきれなくなって、一、二の機関の長官になったことは前に述べた。昨十九年の九月、議長、院長、全閣僚、すべての参議院議員が召集され、アメリカに宣戦を布告した。ただひとり欠席したのがロハスだった。日本側を怒らせないために、かれはちょっとした細工をした。かれはその会議がはじまる前に大統領に会い、参戦に賛成すると言明したということにしたのである。

ラウレル以下政府幹部がバギオに疎開したとき、ロハスとかれの家族も同行した。バギオで小さな事件が起きた。憲兵隊が外務大臣のクラロ・レクトの女婿を捕らえた。ロハスがゲリラとの連絡はいつでもつけてやると言ったとその男が自供して、憲兵隊がいろめきたった。やっとしっぽをだした、今度は逃さないぞといきりたった。

村田は軍司令官に伝言し、ロハスに手出しをしないようにと求めた。つづいて村田はラウレルに会い、ロハスに注意してもらいたいと語った。ラウレルはロハスに対して、軽率にすぎると小言を言ったはずであった。そのあと、ラウレルが村田に語ったところのロハスの弁明は、たしかにゲリラからの誘惑があったが、逆に意見をして、ラウレル大統領のもとに結集せよと説教したのだというものだった。

ロハスがゲリラ部隊とつながりをもつというのは事実である。かれだけではない。政府の幹部たちはだれもが、自分の出身地にいるゲリラ部隊の隊長のひとりやふたりと密接な関係をもち、戦後のための保険としてきた。アメリカ軍がレイテ島に上陸するまで、マッカーサーはゲリラ隊に対し、戦うなと命じていた。ゲリラ隊の仕事は、隊員の募集と情報の収集、そしてなによりもゲリラ隊同士の縄張り争いだった。そこで、ゲリラの隊長と政府幹部とのあいだで、面倒なことはなにも起きなかった。

ロハスとゲリラ隊とのつながりは、そんないい加減なものではなかった。各地のゲリラ隊の指揮官は、共産系のゲリラを除いての話だが、以前にあったユサフエの将校である。戦争がはじまる直前のことになるが、フィリピン駐在のアメリカ軍とフィリピン軍を統合しての軍隊ができた。その略称がユサフエである。そこで、ゲリラ部隊はマッカーサーの指揮下にあり、隊内ではユサフエ時代の上下の序列がものをいっている。ユサフエの准将だったロハスは、ゲリラ部隊の指揮官たちの上官である。ロハスこそ明日の大統領だとみているのは、これらゲリラ隊の隊長なのである。

こうしたわけで、ラウレル政府の幹部たちのなかで、このさきの計画をしっかりともっているのはロハスひとりである。山を下り、マッカーサーの司令部に行くことができさえすれば、とかれは考えている。だが、憲兵に見張られていて、バギオから脱出することは不可能である。明日の大統領といった話は幻想にすぎない。バギオにアメリカ軍が迫り、重砲弾とロケット砲弾の轟音がつづくようになれば、自分は殺されるのではないかとロハスは恐れている。

村田省蔵は、ロハスがなにを考えているか見当がついているのであろう。ラウレルが考えていることもわかっているのであろうか。

ロハスが黙って不安をかみしめているとき、ラウレルもまた気が重い。かれの前にはいくつもの困難がある。かれが恐れているのは、フィリピンに戻ってきて、レイテ島のタクロバンにいるオスメーニアが、このさきなにをするかということだ。私と私の部下たちを対日協力者として葬ろうとするのではないか。どう対応したらよいのか。そして日本行きの問題が重なる。日本へ行ったほうがよいのか、それとも行かないほうがよいのか。

ラウレルは思案を重ねてきた。私は反逆者として法廷にひきだされるのか。対日協力者として血祭りにあげられるのか。とんでもない。フィリピン国民を保護するために、日本軍に協力してきただけだ。私はマッカーサーとケソンの指示どおりに行動してきたのだ。ラウレルは、こんな具合に自問自答しているはずである。

たしかに、マッカーサーはそのような命令をだした。それはマニラが日本軍の手に陥ちる一週間前のことだ。コレヒドール島へ出発する前、大統領のケソンは最後の閣僚会議を開き、マニラに残していく閣僚たちに向かって、内政面で中立的な役割を果たすようにと言った。

ケソンは、マッカーサーの言葉をそのまま伝えたのだが、その説明では簡単すぎ、なにをしていいのか、してはいけないのか、わかりかねた。官房長官のヴァルガスがさらに詳しい説明を聞こうとして、マッカーサーのところへ赴いた。日本軍が命じたとおりに行動せよ、だが、日本に同盟を誓ってはならぬとフィリピンの総督は命じた。

それから三年たったいま、ヴァルガスがもって帰ってきたマッカーサーの言葉を、ラウレルは忘れてはいないのであろう。私は日本軍に命じられたとおりに行動しただけだ、日本に同盟を誓ったことはいちどもない。かれはこのように言うはずである。

もういちど、三年前を振りかえってみよう。日本軍がマニラ市に入城する前日、大統領のケソンはヴァルガスを大マニラ市長に任命した。そして、日本軍と交渉するようにとヴァルガスに命じた。

命令されたとおりに、ヴァルガスは日本軍と交渉した。フィリピンの最有力者三十人が日本軍に協力を誓った。いずれも旧政府の重要部署に坐っていた人びとである。行政委員会がつくられ、かれらのあらかたがそれに参加した。そして日本軍は委員長にヴァルガスを据えた。軽量のヴァルガスをもってきたのは、ケソンがマニラに戻ってくるまでのつなぎだと日本側は考えていたからである。バターン半島とコレヒドール島では戦いがつづき、ケソンがまだコレヒドール島にいたときだった。

昭和十八年十月に独立政府が発足し、大統領となったのがラウレルだった。ラウレルはルソン島の出身、現在五十三歳である。三十二歳の若さで内務大臣となったことがあったが、総督と争い、そのポストを捨て、民族主義者と称賛されたものだ。かれは弁護士として、戦前から日本企業と関係が深く、日本人とも親しくしてきた。かれが新政権の首班におさまって、だれも不思議と思わず、反対もなかった。つけ加えるなら、ケソン時代の官房長官、そして行政委員会の委員長となっていたヴァルガスは駐日大使となった。

大統領になったとき、ラウレルは戦いがこのさき五年から六年はつづくとみていた。そして、最終的には交渉による講和になるだろうと予測した。そのときまでには、かれは自分の地位を揺るぎないものにすることができ、フィリピンを日本、アメリカの干渉を受けることのない、完全に独立した国にすることができると考えたのである。

ところが、そうはいかなかった。ラウレルが大統領となって一年たらずののちに、早くもフィリピンはふたたび戦場になる気配となり、日本軍は防衛準備を急ごしらえながらはじめるようになった。そして犠牲を強いられるフィリピン国民の不平不満はいよいよ大きくなった。

その頃のことだが、村田は大腸カタルで二、三日引き籠もったことがある。敵軍がレイテ島に上陸する四十日前、山下奉文がマニラに着任する一カ月ほど前、マニラ大空襲の十日ほど前の九月上旬のことだった。かれは感傷的になっていた。かれは、自分が考えていることを日記に記した。

「読書の合間にヴェランダを散歩す、雨は上り海は穏かに、草木は緑に、警戒警報中とも思えず、唯海岸通り平和ブルバードを瞰《なが》むれば、日曜の夕方とて以前なれば瀟洒な白とか赤とか黄とか青とかの単色の衣服を纏い、老若男女の散歩に談笑に群をなす絵の如き美しさも全然消え、時に疾駆するトラック、偶々《たまたま》走る軍の乗用車、扨《さ》てはカーキ服の将兵の行進のみとなる。昨今のマニラ人の心理を解剖すれば、彼等は毎日の夕方、殊に日曜日を楽しみにしたる海岸通りの出入を禁ぜられ、名物の教会の鐘も鳴らず、ダンスは許されず、食事は一品、夜の八時以後はそれさえ摂《と》れず、自動車に乗るものは殆んど日本人のみ。比島政府の大臣連すら役所に通う以外は燃料が足らぬとこぼす位。カレテラは数が少くなり、賃銀は嘗《かつ》て十仙《セント》、二十仙の所が今は三比《ペソ》四比、電車は女子供の如き弱いものは乗れない程鈴なり。道路は修繕せざるため歩み悪く塵埃さえ立つ。米は一袋六比七比であったものが百倍二百倍、卵が一個四比五比とうその様な値は前に書いた通り。其他の副食物や衣類凡《すべ》てがそれに副《そ》うて高くなったのは云うを要せず。之に対し新聞はとり上げられ言論の自由は圧迫せられ、少しく不穏の言語は愚か不満の辞を発するものはすぐ日本の憲兵に引張られ、なぐられる、運の悪いものは拷問にかけられる。更にマニラが総軍や南西艦隊の基地となり、又海陸共に飛行隊初め其他諸部隊の増強ありたるため、将兵の宿舎として海岸通りは無論、市内相当の家は殆んど無理矢理に貸与を命令さる。運動場遊戯場は勿論学校教会堂の如きは殆んど全部兵の宿舎となる。又マニラ市の凡ての会合の唯一の広場たるルネタ公園の如きは之れ亦《また》強制的に垣を囲らして陣地を構築す。市内到る処塹壕や待避壕のために掘り返される。初年兵の訓練が木製の銃半裸体で道路に面せる城外の凹地で行われる。三十四十の老兵がドラ声挙げて街を行進する、水平や船員がぞろぞろ道を歩く。欧米人の桎梏《しっこく》より東洋を解放するため日本が戦って居るのだ、比島共和国は日本の同盟国として共同防衛の立場より主として其任に当る日本に協力をしているのだと云っても、多くの比島人には呑み込めない。又呑み込めても余計なことをしてくれなくてもよい、こんなに兵隊が沢山来たからこそ物が高くなるのだ、生活が窮屈になるのだ、飢餓に瀕するのだ。属国でも何でもアメリカ時代の方がどんなによかったかと、これは単に無智な民衆許《ばか》りではあるまい、相当の収入ある官公吏ですら子供の教育や家庭内の娯楽などを考えるどころか、どうして悪いことをせずに其日其日を喰って行こうと悩んでおる其内心は察するに余りある。これはマニラのみではない、程度の差こそあれ田舎でも同じだ。戦争だから仕方がないと軍の人は云うが、日本人に対してならそれですむかも知れないが、一般の比島人に向っては通用しない。殊に我慢しろと云う軍人が最前線に居るものと異り、たいして苦しんでは居ない、否《いな》其高級将校の生活如きは平和の時では彼等は到底夢想だもせぬ豪華な暮しをして居るのを見ると、果して之でよいのかと人ごとならず反省させらるる。……」⑮

村田が軍のしてきたことをこのように見ていたのであれば、ラウレルにとっては、それ以上に堪えがたい苦悩の毎日だった。そしてレイテ島、つづいてルソン島にアメリカ軍が上陸して、いよいよ最悪の事態となった。日本陸海軍の幹部たちとともにバギオに逃れることになって、ラウレルとかれの政権は亡びゆく惨めな姿をさらけだすことになった。

ラウレルは大統領を辞任することを考えたこともあったにちがいない。だが、かれは辞めなかった。かれは自分が重大な責任を果たしてきたと思っているからだ。フィリピンの政治、社会の秩序を守ってきたのは私だという自負がある。

フィリピンには、いくつかの有力家族がある。権力と富と名声をもつ家族である。かれらは互いに知り合い、交際し、利益を分かちあい、ひとつの緊密なグループを形成してきた。スペイン統治の時代からアメリカ統治の時代まで、かれらはずっとひとつの上層階級であり、ひとつの財産階級だった。そして、これら家族集団の代表たちが知事になり、議員となり、政府閣僚となってきた。日本軍に占領されても、だれかがこの長くつづいてきた政治と経済のシステムを守らねばならなかった。それを守ってきたのが私だと、ラウレルは考えているのである。

だが、かれには不安がある。オスメーニアがかれを裏切るかもしれないということだ。

オスメーニアは六十六歳、セブ島の出身であり、華僑《かきよう》の血が混じる。かつてフィリピンの政治指導者だったこともあったが、ケソンが力をもつようになって、この二十年は影がうすかった。ラウレルが恐れるのはアメリカ政府のだれかがオスメーニアの野心に火をつける可能性があるということだ。アメリカ政府の高官が対日協力者を処罰せよと叫び、オスメーニアの後押しをするかもしれない。

ラウレルは、オスメーニアとマッカーサーの仲が悪いという噂を聞き知っていたにちがいない。そこにつけこまなければならない。だからといって、マッカーサーがこちらに手をさしのべてくると考えるのは早計だ。マッカーサーはゲリラ部隊の指揮官たちを登用し、かれらに内政を任せようとするのではないか。そこでオスメーニアもまた、ゲリラ隊の隊長たちを懐柔しようとするにちがいない。ラウレルは、このように予測している。

ラウレルは考えつづける。マニラ市の日本軍の最後の抵抗は、まもなく終わるだろう。オスメーニアはおそらく今月中には、レイテ島からマニラ市へ向かうにちがいない。だが、ド・ゴールのパリ帰還のように歓迎されることはないだろう。オスメーニアのもとに集まるのは、私が相手にしなかった二流、三流の小物ばかりとなるにちがいない。

勝負はこれからだが、オスメーニアにどう対抗したらいいのか。日本行きの問題とあわせて考えねばならない。オスメーニアと闘うことができるのはロハスしかいない。ロハスをマニラへ行かせねばならない。だが、村田はロハスの日本行きを望んでいる。ラウレルは考えつづける。

私が東京へ行く。家族すべてを連れて行く。嫁も、孫も、全部連れて行く。村田は不満であろう。だが、反対はすまい。これだけで十数人の大部隊になる。ダグラス、ロッキードの輸送機の乗客数は十人から十四人までだ。重爆撃機にしても同じ人数であろう。一機ではどうにもならない。同行を望む者は何人かいようし、村田と大使館員の何人かがいっしょに行くことになろうから、どうしても二機が必要となる。それもたちまちいっぱいになる。

これでロハスは日本に行かなくてすむ。家族をバギオに置き去りにすることができないと言い訳ができるからだ。私さえ行けば、日本側の面子《メンツ》はたつのだから、ほかの者に日本行きを無理強いはすまい。そして私が出発するとき、バギオに残る閣僚たちを解任してしまう。これでロハスは一市民になってしまうのだから、自由に行動することができるようになる。最大の問題はロハスの身の安全の保証だ。村田に頼み、山下にも依頼しよう。

ロハスはマニラへ戻ることができるだろう。マッカーサーのもとでしかるべき地位を占めることになろう。つぎには、ロハスが私を助けてくれる番となる。たしかに私が日本へ行って、なにも希望はない。だが、フィリピンの戦いが終わり、埃《ほこり》が収まるまでのあいだ、日本にとどまるのは、賢明な策なのかもしれない。ラウレルはこんな具合に考えているのである。

村田省蔵は昨夜から腹の具合が悪い。昨十九年九月にわずらったことのある大腸カタルである。今日は一日絶食し、横になっていた。それでも敵機がくれば、そのたびに起きねばならない。今日は午前に二回、午後に二回、松林のなかの壕に入った。

なにひとつ思うようにいかなかった。フィリピンに中産階級を育てる夢は、とうの昔に消えてしまった。マニラ市を無防備都市にして、戦火から守ろうとする願いも打ち砕かれた。すべてが総崩れとなるのを目で見、耳で聞く毎日である。そしていまは、同盟国の大統領を保護する最後の責任を果たすだけとなっている。

だが、日本へ行くことはいまは難しい。なんといったところで飛行機がない。体当たり攻撃と空中の戦いで失い、地上で破壊され、残るわずかな飛行機は引き揚げてしまい、制空権は完全に敵の手に渡ってしまっている。飛行機がないことは村田も承知している。バギオに移ってこの二カ月のあいだ、上空を飛ぶのは敵機の編隊ばかりである。日本の飛行機が飛ぶのを見たのは、一回、それも一機だけだった。

村田は知らなかったが、松の梢越しに低空を飛んだその飛行機にしたところで、台湾へ逃げようとする飛行機だった。それは一月十七日のことだった。その九八式偵察機は、バギオにある小さな滑走路に着陸した。操縦していたのは第四航空軍の作戦参謀だった。かれは方面軍司令部に赴き、自分のところの司令官が台湾へ飛んだことを報告した。

その日、第四航空軍司令官の富永恭次がツゲガラオの基地から台湾へ飛びたった。第四航空軍は第十四方面軍の指揮下にある。それが台湾軍に隷属替えになるとの命令がでて、かれは台湾へ向かったのだった。ほんとうはそんな電報はどこにもなかった。かれの配下の参謀たちがつくった嘘だった。デング熱がもとで、分裂症ぎみとなり、まったく無気力になっていた司令官を台湾へ送りだし、自分たちも残っている飛行機で台湾へ逃げようと意図してのことだった。司令官の富永がツゲガラオの基地から飛び去ったのを見とどけたあと、作戦参謀が第十四方面軍司令官に事後承認の命令をもらいにきたのだった。兵隊をおいて司令官がまっさきに逃げだすとはなにごとかと、司令官の山下は怒ったのである。

海軍航空は陸軍航空のように、もたもたしてはいなかった。一月七日、大本営海軍部は第一航空艦隊司令長官の大西滝治郎に向かって、残存機を率いて台湾に移動せよと命じた。一月九日の未明に撤収工作がはじまった。リンガエン湾に敵軍が上陸したその日のことである。フィリピンに残る海軍機三十数機を数日のあいだに台湾へ送り込み、クラーク基地の司令部人員と搭乗員、整備員、あわせて百数十人を輸送した。

だが、搭乗員と整備員はまだ一千人が残っていた。潜水艦による輸送はうまくいかなかった。三隻のうち、二隻が沈められ、一隻が四十人を運んだだけだった。横須賀と豊橋の航空隊から輸送機がわりの爆撃機、一式陸攻の応援がでた。四百人のパイロットと整備員を台湾へ運んだ。だが、その航空輸送作戦も二月はじめには打ち切られた。

月がなくなったからである。月とは空に浮かぶ月のことだ。敵機は飛行場の上空にたえずいるから、台湾からの飛行機は夜のあいだにこなければならない。満月の夜でなければ、滑走路を見つけだすことができず、操縦桿を引いて着陸することができない。そこで飛行機が飛ぶのは、満月の夜を挟んでの数夜だけとなる。

満月路線が開かれるのは、屏東とツゲガラオとのあいだである。ツゲガラオはルソン島の北端近くにあり、台湾からいちばん近いところにある飛行場である。富永恭次がそこから台湾へ脱出したことは前に述べた。

ツゲガラオには、搭乗命令書、帰国許可証をもつ数百人の人びとがいる。爆撃を恐れ、飛行場から数キロ離れた林のなかで壕住まいをしている。十二夜、十三夜になるまで、あと三日、四日の辛抱である。はたして飛行機はくるのだろうか、そして自分が乗れるのだろうかと、人びとの不安は大きくなっている。

村田はといえば、二月二十八日の満月の夜までに、すべての用意が整うことはとてもありえないと思っている。つぎの満月は三月二十九日だ。それを逃してしまえば、そのつぎの満月は四月二十七日である。四月末にバギオはまだもちこたえているだろうか。

バギオがまだ安全であったとしても、そのときにはツゲガラオまで行くことができなくなるのではないか。

三月二十九日、あるいは三十日が最終期限になると村田は考えている。

平岡公威入営のてんまつ

ジグマリンゲンにいる三谷隆信、ガルドーネにいる日高信六郎、そしてバギオにいる村田省蔵、それぞれの疎開地にいて、さらに脱出先を考えている三人の大使について述べた。ここで、三谷隆信の長男の信と、かれの友人の平岡公威《きみたけ》のことに戻る。

三谷信と平岡公威は手紙をやりとりしてきている。今年に入って三谷は平岡から九通の葉書を受け取っている。元旦の便りは、つぎのような内容だった。

「新年お芽出度うございます。

軍隊ではじめて迎える新春は如何。東京では昨夜除夜の鐘ならぬ除夜のサイレンが鳴響き昭和廿年は空襲に明けました。今年は僕も軍隊生活に入るめでたい年。お互いに元気でやりましょう。では又[16]」

つづいて一月六日に、平岡はつぎのように書いた。

「御葉書二通確かに拝承。大へんお恥しいことですが『遅くも一月はじめに入営』などとあんなに吹聴した僕に、まだ赤紙がまいりません。歩兵という兵科はわかりましたが、期日は一向不明。それに君からは御たずねをいただき、御宅からもお電話をいただき赤面しました。それはそれとして、君がこの正月外出できなかったのは残念でした。……」

一月十三日付の葉書は、こんな内容だった。

「工場よりの第一信。君も吹かるる赤城颪に、僕も朝夕吹かれ居り候。朝夕とは、これなん、常套句にて、実際は朝と夕方は嘘のように凪ぎ申候。昼すぎから紅塵を巻き上げ目もあてられず候。扨ても聞きしにまさるものに有之候。

君は小泉を訪れたまいしことの候や。遠望する冬の連峰はうすづきかけし日を浴びて、赤紫色の大理石のごとくみえ申候。すぐる夏に君と見し、志賀高原の遠山とは趣きもことなりて、凜烈の気、悽愴の美に溢れ申候。茲に春は弥生のつごもり迄逗留致す予定に有之候も、却々近頃の戦局にては、延期もなしとは不レ被レ申候。はじめ休電日は帰京できるものと、安心致し居り候が、一切帰京はゆるされぬことと相成、月二回の休電日も近頃は一回にて、ますます繁忙を極め候。折角前橋へ面会にとの心組みも、交通の困難、不便のため、崩れ果て申し候。君とは戦地にてお逢い申す外、折とてあらじと断念致候。……」

一月二十日付の葉書の冒頭でいった。

「土曜通信を工場より御送り申上候。幸い事務にまわされ、日がな一日何ということなく過ぎ申候得共、起き伏しに肌なれぬ赤城颪に身をふるわせ、朝は霜白き野道を工員の群にまじりて曙の横雲におう東を指して歩み候。……」

　土曜通信と名づけたとおり、平岡公威は毎土曜日に三谷に便りを書いた。つぎは一月二十七日に書いた。そしてそのつぎは二月三日のはずだったが、一日遅れて二月四日になった。

「………

　こちらへ来てからタバコの吸い方をおぼえました。少しオトナになった気持。

　ベルリンにソ連接近。ヒットラー氏の男の上げどころ。彼氏果たしていかなる手を打つか。どうも容易ならぬ一局面が展開されそうです。人間万事塞翁が馬、どこからか光がさしましょう。

　銀座空襲も一寸ショック。浅茅ケ原とぞなりにけるの趣に、冬の月は光冴けく、昔星月の思をわすれ、人工の赤光に天を焦がしたその優雅な復讐が行われるでしょう。やがてさびれた銀座に幽霊の噂も立ちましょう。

草々」

　そして公威は二月六日の便りを書いた。

「又々土曜通信の番外。

　これで土曜通信当分打切り。

待ちに待ったる入営通知、四日に参り、十日に郷里、兵庫県、加西郡、富合、クリス《???》

部隊へ入隊故、本六日にもう出立、そのうち又隊から便りいたしましょう。今までカーキ色と黒サージで少し気持の喰いちがいもあったでしょうが、これからは同じ色、同じ心、御便りの上でも一入しっくりと気分が合いましょう。

いずれ春永まで。お体お大事に」

三谷信を驚かせたのは、そのつぎの平岡からの葉書だった。二月十一日と記してあった。

「（土曜通信）又妙なことから土曜通信をつづけることになりました。きょうは実は日曜日。場所は東海道本線上り列車の車中です。——恐らくその危険を考慮に入れなかったのは僕一人で、他の人はだれも肚の中では、『どうせかえってくる』と思っていたらしいのがセン《（ママ）》をなして、遺憾千万即日帰郷になりました。理由は、右肺浸潤というのです。富合村というのは大そうヘンピな山の中、神戸まで東京から十三時間、神戸から加古川まで一時間、加古川から私鉄で一時間、そこからバスで三十分、——高岡廠舎という本当のバラックです。そこで二、三時間ばかり『自分は』『……であります』という言葉を使いました。明治学院を出ておととしの十二月にとられた一等兵から、銀座空襲の様子を根掘り葉掘り聞かれました。『日劇は閉めてんのか』という時代遅れの質問もありました。では又御葉書しましょう。お体お大事に」

三谷信は運のいい奴だと思った。遺憾千万もないものだ、平岡は笑いを隠しきれないでいるだろう。それにしても、よかった。妙なヒロイズムにかられて兵隊になったりして、あとで後悔するだけのことだったのだ。三谷はそう思った。

平岡公威は渋谷区大山町の自宅にいる。かれは小泉製作所へ戻る考えはない。前に触れたとおり、小泉製作所は中島飛行機の群馬県太田町にある太田製作所の分工場である。太田製作所から六キロ南にあり、海軍機の製造工場である。公威はしばらくは東京にいるつもりである。できれば三月末まで、このまま家にいたい。

上手な言い訳を考えておかねばならない。はるかに難しいことをわけもなくやりおおせたばかりだった。そんな言い訳をひねくりだすのは造作もないことである。

平岡が兵庫県加西《かさい》郡の富合《とみあい》村に行ったのは二月十日だった。その村には青野ヶ原と呼ばれる演習場がある。八百ヘクタールのひろさがあり、以前には何台もの戦車が横にひろがって走っていたものだった。いまは、その一角で兵士たちが走っている。爆薬を抱え、戦車を攻撃する訓練である。平岡はそうしたことをなにも知らなかった。かれは建物のひとつにいただけだった。

顎をひき、緊張した顔の若者たちに向かって、軍医が「このなかで肺[17]の既往症のある者は手をあげろ」と言った。この機会を平岡は待っていた。手をあげた。軍医がかれの顔を見て、うなずいた。

平岡が手をあげる前から、軍医をはじめ、だれもが平岡を見て、けげんに思っていた。

なにか落ち着かない気持ちだった。それはこの連隊に新たに大隊長が着任すると聞き、五十すぎの召集の役立たずの士官がくるものときめてかかっていたのが、士官学校出のパリパリ、それもあろうことか陸大出のエリート士官がきたようなものであった。そんなことがあるはずはなかった。

もちろん、平岡の側も、東京帝大の制帽をかぶり、金ボタンの制服姿のかれを見る将校や下士官たちがどのように考えているのか、はっきりわかっていた。東京帝大の法学部の学生ともあろう者が、どうして士官になる道を選ばないのか、なぜ海軍士官になろうとしないのか、なにを好き好んで二等兵になるのかとかれらは考え、その疑問にどんな答えをだしているのかを、かれは承知していた。

そこで青白い顔の瘦せた、小柄なかれが、いささか内気そうに手をあげれば、軍医はうなずいたのである。すべては台本どおりにいったと公威は思った。かれは脚本家であり、演出家であり、その劇の主役だった。

特別甲種幹部候補生、いわゆる特甲幹を志願する機会が昨年秋にはあった。将校の不足を補うために、甲種幹部候補生、いわゆる幹候の制度がある。軍隊に入隊したあと、幹候の試験を受け、合格者は軍関係の学校へ行くことができた。将校の数はいよいよ不足していた。そこで昨十九年九月にできたのが特甲幹の制度だった。学校から直接、軍の学校へ入学できるようになった。

三谷信が昨十九年十月に前橋陸軍予備士官学校に入校し、候補生となっていたのも、特甲幹を志願してのことだった。陸軍がいやなら、海軍の学校へ行く道もあった。海軍予備学生の試験を受けることができた。

平岡公威はそのどちらへも行こうとしなかった。学習院の同級生のなかで、特甲幹も予備学生の試験も受けなかったのは、かれひとりだった。兵隊になる、一兵卒になる、近いうちに入営する、赤紙を待っているのだとかれは吹聴した。心にもないことを語って、かれはひそかに楽しんでいただけだったのであろう。そして、あわてることなく、台本どおりにことを運び、かれは入営しなくて済んだのである。なるほど、瘦せて、骨袋といった体格のかれは病弱に見えた。即日帰郷となって、だれもが不思議に思わなかった。だが、かれは時たま腹痛をおこす以外、病気などしたことはなかったのである。もちろん、結核とは縁がなかった。

かれは得意である。ラディゲは「ドルジェル伯の舞踏会」のなかで、一貴族の家庭を舞台にして、登場人物をあやつり、心理の実験を試みた。かれは兵営を舞台にして、士官たちの心理を分析し、推理をした。そして肝心な違いがある。主人公は私自身なのだ。作品のなかでのことではない。私が実際にやったのだ。かれはそう思ったのであろう。

二月十九日、平岡は三谷につぎのように書いた。

「『シンから悪運強し』という講評を賜わりたる御葉書今日拝見。例の波状攻撃の千数百機の艦載機空襲でポーッとして了い、十八日の日曜はえもいわれぬ早春の佳日、これまたウットリとすごして了い、今日は目白の学習院へゆき、警戒警報にあい、かえり代々木駅で省線から下ろされ、明日入営する倉サンに偶然逢い、二人で防空壕にとびこみ、相当なるスリルを味わい、家へかえって来て、お葉書したため居る処。生活が賑やかで負け惜しみでなく嬉しくあります。只今、『文藝』四月号に出す小説『サーカス』執筆中。エロティクな個所が多いが、そういう処をなるたけ濃厚に、しかもペダンティックに、荘重に、勿体振って、お上品に、図々しく書かんとする努力に精神を集中させています。銀座の焼跡へも行ってみました。山野《ヤマノ》のあとには焼けた楽譜がヒラヒラ風に舞い、焼あと毎に立札が立って山野や御木本旧蹟の地の存在を主張し、名刺受まで設けられて、多摩墓地のようです。あたりの塀に白墨で『――一家無事。……方に避難中』などと大書してあり、それはともかく、いつもの通りあるいてみて、空っぽになった服部と教文館ビルの間がいやに近いのでおどろきました。銀座が丸焼けになっても、これなら大した感慨も湧きそうにありません。郷里の隊で明治学院出の一等兵君から、心配そうに銀座の安否をきかれたことを思い出しました。東京の人にとって恋人であるこの街。自分ひとり知っていた筈の小さな一ト隈が、焼跡になったときいておどろく悲しみは、所謂銀座通《つう》には大きいことでしょう。では又。何卒御身御大切に。僕は頗る元気」

雪のなかの帰宅

そこで今日、二月二十二日のことになるが、「文藝」編集長の野田宇太郎が、平岡公威から「サーカス」と「エスガイの狩」の二篇の小説を受け取ったことは前に述べた。三島由紀夫の筆名をもつその青年が、巧みに召集を逃れ、勤労動員をもさぼって、これらの小説を書いていたのだとは、野田が知らないことであった。

野田は今夜は宿直だったが、人に代わってもらって、帰ることにした。雪は降りつづいている。東京駅まで行った。中央線と山手線の外回りは停電のために不通だった。かれの家は吉祥寺である。地下鉄で渋谷まで行くことにした。雪のなかを日本橋まで引き返した。地下鉄の階段は人であふれ、プラットホームまで降りていくことができなかった。とてもすぐには乗れそうになかった。

東京駅へ逆戻りした。六時になって中央線の電車が動きだした。途中、何回もとまって、中野駅近くまで来た。今度はなかなか動かない。七時になった。じっと待つことにはだれもが慣れている。同じようにこのあたりで電車に閉じ込められたことがあるのを野田は思いだした。

昨十九年十二月十日の午後八時すぎだった。電車は中野の手前でとまり、明かりが消えた。空襲だった。車掌は乗客を電車の外へ出さなかった。乗客もべつに不思議と思わなかった。空襲警報が解除になるまで四十分ものあいだ、勤め帰りの人びとは暗闇の車中にいた。

今夜も同じ具合である。一時間がたち、一時間半になった。車内は息苦しくなった。怒鳴り声がして、急に車内が騒々しくなった。窓を開けて、人びとは飛び降りた。やがてドアが開いた。人びとは雪のなかを歩きはじめた。たちまち長い行列になった。

野田はうしろについてくる二人の娘のことが気になった。どこへ帰るのかと尋ねた。ひとりは杉並の大宮前、もうひとりは久我山である。大雪と夜遅くなったことで二人は心細げだった。彼女たちを送ってやろうとかれは決意した。体の具合が悪いと思っていたのが、そんなことはいつか忘れてしまい、寒さと空腹も気にならなくなった。

高円寺まで歩いてきたとき、電車がきた。やっとの思いでそれに乗った。野田は二人の娘と西荻窪で降りた。舞い狂っていた雪はやみ、空は晴れわたり、月が中天にある。欠けた月だ。

中央線の線路伝いに歩いているひとりに、宮沢まちがいる。日本女子大学の家政学科の学生である。昨十九年七月から蒲田製作所へ通っている。工場は、目蒲線の矢口の渡しにある。毎朝の目蒲線の電車はぎゅうぎゅう詰めだが、下丸子で電車は嘘のようにがらがらになる。三菱の東京機器製作所で働く人たちがそこで降りてしまうからだ。乗換え駅の多摩川園前のプラットホームで、見つけることのできなかった同級生の上気した顔が座席に坐っている。

彼女たちはだれもが、目の粗い毛糸のネットで髪を包み、頭上で結んでいる。彼女たちはそれをターバンと呼んでいる。彼女たちのささやかなステータス・シンボルである。ネットの色は黒にするようにと学校からのお達しがあったが、黒の染料はいつか薄れてしまい、もとの紺や茶色に戻ってしまっている。

彼女たちが工場でつくっているのは、爆弾の起爆装置である。鋳物でつくられた部品の鑢《やすり》がけ、部品の検査、それらを組み立てるのが彼女らの仕事である。この工場には家政学部の三年生もきていたが、昨十九年九月に彼女たちが卒業したあと、英文科の二年生がそのあとを埋めた。

英文科の学生たちの職場には若い女性の助手が二人きていた。彼女たちは学生といっしょに働き、休み時間には仲好く談笑していた。家政学部の学生には、それがうらやましかった。彼女たちはまったく放りっぱなしにされていたのである。

やがて彼女たちは、英文科の学生たちがこの工場を引き揚げるらしいという噂を聞き込んだ。新しい職場は参謀本部だと聞き、学校当局に配置換えを認めさせたのは二人の助手だとも聞いて、家政学部の者たちはねたみと羨望の入りまじった気持ちを抱いた。

やがて、英文科の学生たちは工場を去っていった。彼女たちの誇らしげな、嬉しそうな笑い顔を見て、家政学部の学生たちは夕闇の山道に取り残されたような気持ちになったのだった。

宮沢まちは痩せているから、力仕事には向かないとされ、ただひとり、事務所にまわされた。彼女の仕事はタイムカードの就労時間の計算である。町工場の事務所の雰囲気は彼女には馴染めない。目に入ること、耳に入ることは、すべていかがわしく、不潔なことばかりである。現場でみなといっしょに働きたいと彼女は思いつづけてきた。

ただひとつ、まちの楽しみは本を読むことである。トルストイを読み、いまはドストエフスキーを読んでいる。三笠書房刊行のそのドストエフスキー全集は美しい装幀だ。表紙は紅色で、背に金文字が入り、扉に一九三四の数字がしゃれた字体で入っている。昭和九年の刊行である。彼女が手にしているもののなかでいちばん美しい。いずれも、前に姉が読んだ本である。まちは、昼の休み、工場の帰り、そして家に帰ってからも、それを読みつづけている。級友にもそれを貸した。

今夜、宮沢まちの乗った電車は東中野でとまってしまった。雪はすでにやんでいる。まっすぐつづく線路の左手の空に銀色の月がでている。嘘のように空は晴れわたり、まばゆい月の光を受けて、雪はきらきらと輝き、夢の世界である。

宮沢まちは級友と連れだって、人びとの列のなかを歩いた。前の人の足跡をたどる。それでも雪に靴をとられ、靴のなかは濡れ、足の指さきがずきずきと痛んだ。まちの家は荻窪にある。何回かころび、やっと家に着いた。午後十時近くだった。ほっとすると同時に、まだ雪のなかをひとりぼっちで歩いているであろう友のことが心配になった。そしてもうひとつ気にかかることがあった。雪のなかを歩いていたとき、列のなかのひとりの少年が「おなかが痛い」とあえぐように言って、深い雪のなかにしゃがみこんでしまったことだった。知らない夜道に取り残されるのが恐ろしく、声をかけることも、立ちどまる余裕もなかった。いまそのことが、まちの心をとがめている。

今夜、星野喜与子も雪のなかを歩いて帰ってきた。彼女も宮沢まちと同じく、日本女子大の家政学部の学生である。寮生の彼女は三鷹の日本無線に配属されている。二千人が働き、航空機の送信機と受信機を製造している。彼女の仕事は設計部での図面引きだ。

朝八時までに三鷹の工場に入るためには、目白の寮を朝六時半にでなければならず、四時半に起床しなければならなかった。一日働いて、午後五時半に工場をでて、寮へ戻れば、食事をして、あとは眠るだけの毎日だった。ときに残業が午後十時までになり、会社の近くの女子工員寮に泊まることもあった。

こうして日本無線に通う女子大生は、西荻窪にある日本無線の寮に移った。昨十九年十一月一日にB29がはじめて東京上空に侵入してから、北海道や満洲出身の寮生たちは親から帰ってくるようにとの手紙を受け取るようになった。寮生は、二人、三人と減りはじめた。二十数人となってしまった。西荻窪の寮はひろすぎるようになって、引っ越しすることになった。中野に移った。建て込んだ家並みの袋小路の奥にある小さな家である。風呂がないから、風呂屋へいくのだが、ひどく混んでいて、諦めて帰ってくることが多かった。

今夜こそ、風呂に入りたいと星野喜与子は思った。すでに銭湯はしまっている時刻だった。寝る以外にない。日記をしたためた。

「ひどい吹雪だ。国分寺から荻窪まで、電車が不通で仕方なく雪中行軍となる。およそ二時間、吹雪の中を歩き続け、荻窪駅でなかなか来ない電車を待つ。来ても乗客が多すぎてなかなか乗れない。それでも四度目に来た電車に乗れた。午後八時、やっとの思いで中野の寮にたどり着いた。膝まで雪にうずもれながら五回も転げてしまった。身体の節々が痛い。早くポカポカした春が来ないかしら。この雪もまた、神の試練のように思われる。さまざまな困難があらゆる角度から私達日本国民にぶっつかってくる。だが必ず勝つことを確信してやまぬ[18]」

太田正雄は午後の講義を終え、五時半に駒込西片町の家へ帰った。

太田は東京帝大医学部の教授、五十九歳である。皮膚科学会の権威だが、かれの筆名の木下杢太《もくた》郎《ろう》の名を知る人のほうが多い。かれのエキゾチックな詩を愛好する人びとだ。

かれが詩を書いたのは大学時代である。若いときから、かれはなんにでも手をのばした。かれの戯曲を菊五郎と三津五郎が市村座で試演したことがあった。学校時代からの友人である颯田琴次は、桟敷に招待した森鷗外、黒田清輝、入沢《いりさわ》達吉らに挨拶する大学制服姿のかれの明るい声をいまなお記憶している。鷗外は杢太郎の師であり、黒田清輝はかれの高校時代からの油絵の師匠だった。入沢達吉は東大医学部の大御所だった。入沢の荻窪の邸が、いまは近衛文麿の住まいになっていることは第一巻で述べた。

大学をでて、奉天の南満医学堂の教授の時代から、そのあと欧州留学の時代にかけて、杢太郎は、南画、大同の石仏、書道、フランスの東洋学、孔子や老子の仏訳まで、目についたこと、気がついたことのすべてに関心をもった。東北大学の教授時代には、万葉集から、俳諧、連歌に親しみもした。かれには、ふつうの人が話題を変えるのと同じような気軽さで、細菌学の研究からキリシタン史の研究に切り換えることのできる才能があった。そして洛陽、長安を語り、長崎、天草を談じ、その合間には画筆をとり、本の装幀までした。私がもし画家になっていたら、たいしたものだったぜ、とかれは友人に自慢したものである。

昭和十二年に東大教授となってからは、時間の余裕がなくなった。それでもあいかわらず、多くの本を読んでいる。帝大病院の皮膚科のかれの研究室には漢籍が山と積まれている。現在は毎日、植物を写生している。日記を書くのと並んで、かれの日課になっている。もっとも、昨夜と今夜、かれは写生をしなかった。

今夜、かれは次女の和子の帰りが遅いのを心配した。和子は共立女学校の三年生である。勤労動員は芝浦にある沖電気である。通信機の部品の仕上げをしている。七時すぎにやっと和子が帰ってきて、かれはほっとした。雪で電車が遅れ、駅も、電車も、人でいっぱいだったと血の気の失せた顔で和子は語った。

太田和子、星野喜与子、宮沢まちだけではない。平岡公威も雪のなかを帰ってきた。河出書房で野田宇太郎に原稿を渡したあと、本屋をまわって歩いたのか、帰りが遅くなった。渋谷から家へ歩いていく途中、膝までもある雪のなかで中年婦人に呼びとめられ、省線は不通ですかと尋ねられた。子供がまだ帰ってこないのだと彼女は言った。家に帰ると、遭難したのではないかと心配していたと母が語りかけ、公威は笑ったのである。

夜十時、室内の温度は摂氏三度である。太田正雄は自分の考えをノートに記した。

「二月十六七日、延千六百機の敵艦載機の本土来襲が東京市民の上に沈痛な印象を与えたことは争うことが出来ない。食堂に行っても人々の顔には悲壮の相貌が現われている。わかい看護婦の群れる所以外に笑顔がしない。

自分としては、何か身のまわりが空虚であるような気がする。何かもっと確実な処に身をよりかけたい気がする。自分ももう年がよったから寄られこそすべく、たよる可きではないと反省する。政府も軍部もたよりにならないような気がする。

夕方くらくなると（きょうは大雪）早く家にかえりたくなる。家の方が安全なわけではない。家にかえってもたよりなく思う。

食事する。十分でない。それでも小さい炬燵に入ると心が落付いてくる。家で何か仕事を始めるとようよう心が落付いてくる。

誰が何と云って力をつけようが、今度の戦争にはもはや勝味等ない。やがて敵の本土上陸となって国が大敗するのではないかと思う。その時『朝聞道夕死可矣』と心にくりかえす。今の処この本をだすより外にたよるものがない。

やがて寝床に入ろうと考える。然し寝床が安全な場処でないことが直ぐ心のうえに浮んでくる。

大敗の後に生き長えるのはいやだと思う。然し性命の不安が本能的に、むしばの痛みのように時々ちらちらと湧き上る(19)」

田園調布に住む山口知明は隣組にまわす回覧板のガリ板を切ろうとして、かじかんだ指に息を吹きかけながら、鉄筆を握っている。田園調布会ができたときから、かれは町内の世話役である。隣組は八十四組ある。回報のための紙がなかった。町内から使用済みの紙の提供を求め、それを使ってきた。

「二月二十三日(第七号)

東京では珍らしい大雪が降りました。

隣組総動員で片付けましょう。人頼みの時ではありません。みんなで早く片付けましょう。消火栓が直ぐわかるように、道路の雪は南側へ。待避壕、防火用水の雪は早速除きましょう[20]」

麻布市兵衛町に住む永井荷風は、つぎのように記した。

「昭和十一年二月反乱ありしより丁度十年目なれば世の中再び変るべき前兆なるべし。夜半過厠の窓より見るに月光昼よりも明く積れる雪を照したり。塀の上など五寸ほど積りたり[21]」

野田宇太郎が二人の娘をそれぞれの家の近くまで送り、半身雪に埋まりながら家にたどりついたのは午後十時すぎである。頬と手足の指の感覚はなくなり、疲れはてているのだが、娘たちの騎士を務めたことで、満足感がある。

東条、上奏す

二月二十六日、雪は夜明け前にやみ、東京は雲ひとつない晴天である。宮内省の玄関では、警視庁の特別消防隊の隊員たちが雪かきをしている。四日前の二十二日に降った雪は四十年ぶりといわれたが、今朝の雪はそれ以上である。六十センチほど積もり、吹きだまりでは一メートルを超している。

朝から宮内省はあわただしい。それというのも、昨日、宮城内の建物がはじめて焼かれたからだ。昨日の午前七時ごろから敵艦載機が襲来した。正午に艦載機は去った。午後二時すぎ、B29の爆音が雪雲を圧して重く響いた。降りつづく粉雪はすでにそのとき六センチに達していた。B29の編隊は、宮城の上空を西から東へと抜けたようであった。

焼夷弾は本丸跡にある呉竹寮と楽部《がくぶ》と、紅葉山の下の窪地にある女官宿舎に落ちた。平屋木造の呉竹寮とその傍にある楽部の火は消しとめたが、お局《つぼね》と呼ばれる女官部屋のいくつかが焼けてしまった。蓮池濠からひきのばしておいた消火ホースはカチカチに凍ってしまっていて、いざというときにものの役に立たなかった。女官たちは柳行李や鏡台を抱えて、雪のなかを逃げまどった。

宮内省の役人たちは昨日の空襲の後始末に追われ、今日もまた狙われるのではないかと心配し、会議を開き、防空団長を兼任している次官の白根松介と警衛局長、その他の関係者が防火策を論じている。

宮内省だけではない。内務省でも、幹部たちが集まっている。警視総監の坂信彌と消防局長の青木大吾も出席している。昨日の空襲では二万戸以上が焼かれ、八万人近くが焼けだされた。それまでの二十八回の東京の焼失戸数の総計を大きく上回っている。ひとつの地域を徹底して焼き払おうとするつもりではないか、敵は戦法を変えたのではないかと、坂は語ったのであろう。

昨日の空襲で、神田は四回にわたって繰り返し焼夷弾を落とされた。日本橋、麹町、四谷、深川は三回やられた。こんなことは前にはないことだった。いかんせん、ポンプ車の数が少なすぎると坂信彌は言ったにちがいない。

昨日、出動したポンプ車は六百三十台だった。発生した火災の数のほうがずっと多かった。第一波の襲来で二百十三カ所に火災が起きた。第二波で五百四十三カ所に火災が発生した。第三波と第四波で二百二十カ所の火災となった。もちろん、これらの数字は正確ではなかった。雪が降りつづいていたから、消防望楼からの火災の確認はできず、火事の煙は低空を這い、発見が遅れた。

いずれにせよ、火災の数は一千に近かった。消防隊のポンプ車が六百三十台、それに警防団の手挽きガソリンポンプが二百三十台だった。それでも出動した六百三十台は東京のポンプ車の過半数だったのである。

東京には、全部で一千百台のポンプ車がある。それこそ、武蔵野の二十九台、立川の二十台を含めての数である。一千百台といっても、実動車はずっと少ない。故障車の絶え間がないからだ。二月二十四日に八十台、昨二十五日には百二十台が故障を起こした。長く放水をつづけるために、軸受部が痛む。修理のためには、品川鮫洲にある整備工場まで持っていかねばならない。横浜線の淵野辺駅の近くにある陸軍機甲整備学校の二十人ほどの学生が応援にきている。

とりわけ故障が多いのは、応召ポンプである。応召ポンプとは、埼玉、長野、あるいは東北各県から徴発した車のことだ。昨十九年の五月、警視庁の係官は東北各県をまわった。青森県まで足をのばし、青森市、野辺地町、三戸《さんのへ》町、弘前市、大鰐町を訪ね、ポンプ車や手挽きガソリンポンプを調べてまわった。それらの車は昨十九年の夏に東京へ送られてきた。

消防車を供出してしまった地方の町では、火事を起こせば大変なことになった。昨十九年七月一日、福島県の飯坂温泉で旅館、民家を含めて二百戸近くが焼けてしまった。飯坂町と隣町から四台の消防車を東京へ送りだした直後の大火だった。東京都の役人は飯坂へ火事見舞いに行ったのである。

徴発によって集められたポンプ車は三百十台である。東京各区の消防署へ配分され、九百台を超す手挽きガソリンポンプは、工場や警防団に分配された。これらのポンプ車がしょっちゅう故障を起こした。機種はさまざまで、古いものあり、新しいものあり、規格がすべて違っているから、部品の補充に難渋することになる。

消防士、そして鮫洲工場で働く陸軍機甲整備学校の学生たちが感心するのは、アメリカン・ラフランス社の消防車の性能がよいことである。ニューヨークの工場でつくられたその消防車のエンジンは、強力で、頑丈である。三十年前に輸入した大正時代のラフランス社の消防車のほうが、四年前につくられた国産車より信頼できる。

ところで、不足しているのは消防車だけではない。亜麻布でつくられている消火用のホースが足りない。木綿でつくってみたが、ざるに水を入れたのと同じだった。ホースの内側にゴムの原料のラテックスを塗って使っているが、具合はよくない。

むろんのこと、ガソリンも不足している。一回の出動で、ガソリンは一車に十八リットル罐、二罐の割り当てである。上手に使わねば、肝心なときにホースの水がとまってしまうことになる。アルコールや木炭を使って実験もしたが、うまくいかなかった。

水の問題もある。貯水池や川が近くになければ、消火栓が頼りだが、明治時代に敷かれた下町の水道本管は口径が細く、水量が不足している。ポンプ車を増やすことができたとして、それだけではどうにもなりはしないことは坂信彌も承知している。

六百台の消防車、四千五百人の消防隊員を動員したにもかかわらず、二万戸が焼かれた。消防活動だけではどうにもならない。破壊消防隊を編成する必要がある。だが、ブルドーザーもなければ、パワーショベルもない。大規模な防火帯をつくる以外にない。建物の強制疎開をさらに徹底的におこなわねばならない。しかし、その決断はだれにもつかない。

午前十時すぎ、天皇は謁見室へ向かった。すでに宮殿内の謁見室が使われることは滅多にない。天皇が赴いたのは宮内省庁舎内の謁見室である。

宮殿のなかにある天皇の謁見室は御学問所と呼び慣らわされている。木造の二階建てで、上下ともに二十畳ほどの広さである。一階が謁見室で、L字型に曲がって途中に踊り場のある階段を昇った二階に、政務室と書斎がある。

この建物を表御座所としていたのは明治天皇も同じであったが、その時代には政務室も一階にあった。明治天皇はその政務室から南に面した濡れ縁にでて、階《きざはし》を降り、庭を散策するのを好んだ。池のある庭園は丘につづいて、そのさきに伏見櫓がある。庭の木立のあいだには、献上された石燈籠がいくつも立ち、フリードリッヒ大王の小さな銅像とブロンズの唐獅子が置かれている。明治天皇の楽しみは、侍従に命じて、その唐獅子の置き場所をあちこちに移し変えることだった。

その政務室に緊張と不安が入りまじる鮮明な記憶をもっていたのが秩父宮である。淳宮《あつのみや》と呼ばれていた少年は、年に三回ほどそこを訪れた。北車寄せから入り、階段を上がり下がりして、右に折れ、左に曲がる廊下を歩いていくとき、少年はいいしれぬ不安におびえた。時間は定められていたが、廊下の端の衝立《ついたて》のかげで待たされるのは、いつものことだった。粗末な固い椅子にぎごちなく坐っていると、衝立の向こうを足早に歩く使いの者の足音がときどき聞こえる以外になにも聞こえず、ときには一時間ほども待たされたように少年は思ったのである。

やがて侍従が呼びにきて、淳宮は政務室に導かれた。軒が深く、縁座敷で囲まれた部屋のなかは薄暗い。大きな机の向こうに少年の祖父が立っていた。お辞儀をして、教えられたとおりの挨拶をした。謁見はわずか一、二分だった。肋骨のついた黒い軍服姿の明治天皇は一言も口をきかなかった。だが、濃い顎鬚と口髭のあいだの唇がかすかに動いたように淳宮は思ったのである。天皇にとっても、少年時代の政務室の記憶は、弟宮と同じであったにちがいない。

この由緒ある政務室と謁見室が使われなくなったのは、昨十九年の十一月からである。御学問所は東の表宮殿と西の奥宮殿のあいだに挟まれ、ごちゃごちゃと並ぶ建物のいちばん南にある。北の端の北車寄せから南の端の御学問所までのあいだには、宮殿内で働く職員たちの部屋が並んでいた。御学問所に近いところには、侍従長、侍従、侍従武官、内大臣、内大臣秘書官長の部屋があって、中庭がいくつも挟まり、縦横に廊下がつながっていた。少年だった秩父宮が不気味に思い、恐怖心を抱きながら歩いた迷路のような廊下である。

焼夷弾がこのあたりに落ちれば、消火は難しく、東側にある表宮殿、あるいは西側にある奥宮殿に延焼の恐れがあった。こうした理由から、御学問所、そして表と奥を結ぶ三本の渡り廊下を残し、昨年末に表宮殿と奥宮殿のあいだにあるすべての建物を取り壊してしまった。

政務室と謁見室は、より安全な宮内省新館二階の会議室に設けられることになった。内大臣や侍従長も宮内省庁舎に移ってきている。侍従たちは一階にある殺風景な職員宿直室に詰め込まれて、ぶつぶつ不平をこぼしている。

もっとも天皇は、宮内省第二期庁舎のその新しい政務室を利用することは滅多にない。

じつはそれ以前から御学問所を使うこともなかった。天皇は吹上御苑につくられた防空施設の御文庫《おぶんこ》を住まいとするようになってから、そこを離れたことがない。木戸や小磯、杉山が上奏するときには、御文庫を訪ねている。今朝、天皇が宮内省の第二期庁舎にある謁見室へ赴いたのは、東条英機の上奏があるからである。二月七日の平沼騏一郎の上奏にはじまって、重臣六人の上奏は東条がしんがりであり、今日で終わる。

宮内省の玄関で東条を出迎えたのは、陸軍侍従武官の吉橋戒三《かいぞう》である。かれは三十八歳だ。昨十九年十二月末にこの職についたばかりで、それ以前には陸軍大学校の教官だった。長靴に雪が凍りついていて、東条は何度か足を滑らせた。そのたびに吉橋に抱きとめられ、東条は「ありがとう」「ありがとう」と繰り返した。

東条が天皇の前へでるのは、昨十九年八月、辞任した閣僚たちとともに陪食に招かれて以来のことで、半年ぶりである。天皇は東条に椅子をすすめた。黒地に金色の模様が描かれた古びた椅子である。侍従長の藤田尚徳が侍立する。

東条は、前責任者として戦局の現状に責任を痛感していると頭をさげたあと、私見を申し上げると言って、威儀を正して語りはじめた。かれの上奏の主題は、ソ連の動きについてであり、それに日本がどう対応しなければならないかということである。

かれがなにを説こうとしているのか、なにを考えているのかを述べる前に、かれが首相だったときからの対ロシア政策を振りかえっておこう。

独ソ和平仲介の計画

アメリカとの戦争がはじまって三カ月のちのことだ。外相の東郷茂徳が独ソ間の和平を斡旋すべきだと主張しはじめた。昭和十七年三月のことである。だが、陸軍がこれに反対した。ソ連がドイツとの戦いをやめれば、満洲国境に大部隊を送ってくる恐れがあり、日本は背後から圧力を受けることになるからだった。東条も同じように考え、反対した。「今後採ルベキ戦争指導ノ大綱」に「現情勢ニオイテハ独ソ間ノ和平斡旋ハコレヲ行ワズ」と定めた。

それから一年ののち、十八年四月のことになる。外務省に勤務する曾野明が、外務大臣に宛てて意見書を提出した。曾野はそのとき二十八歳だった。モスクワに二年勤務したことがあり、専門はソ連である。かれが所属する政務局第三課はソ連をフォローしている。

曾野はその年の三月まで、総力戦研究所に研究生として派遣されていた。かれはそこで物資動員計画や生産力拡充計画の資料を見て、昭和十六年、十七年の工業生産のあらましを知り、暗い気持ちになった。懸命な努力をつづけているはずの鉄鋼生産量が、あがるどころか、わずかながらもさがっていることを知って、溜息をついたのである。

曾野はその意見書に、「帝国自体ニ於テハ生産拡充意ノ如クナラズ　寧《むし》ロ生産力ノ現状維持ニ汲々タルノミナラズ（例エバ製鉄業）……」と記し、抜本的な外交方策をとらねばならないと説いた。日本軍のガダルカナル島からの撤収と、スターリングラードにおけるドイツ軍の敗北が、同じ昭和十八年はじめに起きていた。一日も早く、手を打たねばならないとかれは主張した。

独ソ間の戦いをやめさせねばならないとかれは説き、日本が主導権をとらねばならないと述べた。かれは独ソ講和の条件として、ソ連との国境線を「一九三九年九月十六日現在ノ線ニ復元セラルベキモノトス」とした。ソ連とポーランドとの旧国境線まで、ドイツ軍を引き下げねばならないと主張したのである。そして、日独ソ三国の長期和親条約と、日満独ソ四国間の鉄道連絡輸送協定を結ばねばならないと説いていた[22]。

東郷茂徳はすでに外務大臣を辞めており、谷正之をあいだにはさみ、そのとき重光葵が大臣になったばかりのときだった。重光は、その意見書になにも言わなかったにちがいない。かれはそのような提案に心を動かされなかった。そうした問題についての助言を、省内の若僧から求めるつもりなどまったくなかった。ヒトラーが和平の呼びかけに応じることはありえないと、かれは思っていた。

曾野明がその意見書を提出してまもなくのことになるが、戦いをつづける独ソ両国の外相がひそかに会見した。真偽は判然としないながら、その会談がおこなわれたのは昭和十八年六月のことであり、ドイツ軍の夏季攻勢がこれからはじまろうというときだった。前年の夏季攻勢よりも、その開始は遅れていた。会談場所はキーロボグラードだった。ウクライナ第三の都市であり、そのときにはドイツ軍が占領していた。

両国外相は、和平とそのために相手方が支払う代償を探りあった。リッベントロープは和平の条件として、ソ連との国境線をドニエプル川沿いとすることを提議した。ウクライナの中央を流れる大河である。モロトフは戦前の国境でなければならぬとがんばった。双方が譲らず、討議は行き詰まった。二人が会っていることが西側に洩れたとの知らせが入って、その会談は物別れに終わった[23]。

そんな秘密会談が開かれたことを外相の重光は知らず、首相の東条も知らなかった。重光と陸軍が慌てたのは、その年の夏が終わろうとしたときだった。ドイツ軍の夏季攻勢は、その開始が遅すぎた。八月には、ソ連軍の攻勢がはじまった。そして九月はじめには、イタリアが降伏してしまった。モスクワの駐在大使の佐藤尚武は東京からの訓令にもとづき、特使派遣の申し入れをモロトフにおこなった。独ソ間の和平の斡旋を匂わせたのである。モロトフはこれを拒否した。

そして昨十九年四月、もういちど独ソ和平の仲介を試みようとした。外相重光は特使派遣の意向をふたたび呈示した。これもモロトフによって拒絶されることになった。

あとになって東条はそれらのことを振りかえり、独ソ和平斡旋を提唱する時機を誤ったと無念に思うことがしばしばあった。つい最近もそれを悔やんだばかりである。十日前の二月十六日、かれは参謀本部戦争指導班の種村佐孝に向かって、それを語った。かれは今日の上奏に備え、種村を家に呼んだのだった。硫黄島の防備、ソ連の動きを尋ねたあと、かれは首相在任中の話をはじめた。

開戦前に、海軍の実力と独ソ戦の推移について判断を誤ったことを反省していると東条は語った。そして、独ソ和平斡旋のチャンスがあったのに惜しいことをしたとかれは言った(24)。昭和十七年三月に、大本営・政府連絡会議で外相の東郷が独ソ和平の仲介をすべきだと説いたことを思いだし、あのときにとりかかるべきだった、イタリア、フランス、フィンランドの各国政府を説いてまわり、ソ連と折りあいをつけるようにとヒトラーに説き、勧めるべきだった、日独ソの同盟が構築できたかもしれなかったのだと、かれは死児の齢を数えたのである。

たしかに、和平の仲介は曾野明が大臣宛てに意見書をだした昭和十八年の四月がぎりぎり最終期限だった。その年の九月、そして昨十九年の春に不器用な誘いをかけても、もはや遅すぎた。ところが、昨十九年八月になって、ふたたび特使派遣の計画がたてられた。東条はしりぞき、小磯内閣が発足していた。新政府が開始する新外交政策の展開といったことで、人びとはどこか浮かれ調子だった。特使派遣の目的は変えられ、独ソ和平の斡旋はうしろにさげられ、日ソ関係の強化を前面に押すことにしていた。

日ソ関係の強化とは、中立条約の延長、不可侵条約、それとも安全保障条約を締結することだった。特使に東条英機を充てようとした。そのときには東条はなにも知らなかったが、のちにそれを知って、かれを特使に推した外相重光の肚《はら》、それに反対した参謀総長梅津美治郎の胸のうちを想像して、苦笑いをすることになったはずであった。

東条の名前がでたのは、昨十九年八月十六日と八月三十一日の最高戦争指導会議でのことであった。二度が二度、外相の重光はソ連に派遣する特使として東条を推薦した。重光と東条はずっと親密な関係にあった。そして前首相であれば、すべての情報に通じているばかりか、決断力もあり、スターリンと互角にわたりあうことができ、一気に問題を解決できるだろうと思われた。だが、重光が東条を推したほんとうの理由はまたべつにあった。特使を外務省からだすまいとしてのことだった。特使は是が非でも陸軍に押しつけねばならぬというのが、重光とかれの部下たちの考えだった。

どういうことだったのか。特使の使命は、ソ連の友誼を得ることであった。前に述べたとおり、現在、枢密顧問官、会社社長、哲学者、新聞記者とだれもが、ソ連にわたりをつけるべきだと言い、ソ連に接近できないのかと説くようになっているが、そのはじまりが昨十九年の八月だった。そしてそのときから、ソ連の友誼を得るための買い値をいくらとするかが頭を悩ます問題となっていたのである。

外務省と陸軍省はそれぞれソ連が提起するであろう要求をあげ、一覧表をつくっていた。内容は同じであったが、肝心なところが違っていた。外務省の案は、「機ヲ失セズ急速妥結ヲ図ル要コレアルニ付キ」、特使に全権を賦与することにしていた㉕。これに対して陸軍の案は、中立条約延長の場合にはなにを与える、不可侵条約締結の場合はなにをだす、独ソ和解の場合はどうすると並べ、給与と反対給与を細かく定めていた。

そして、外務省案と陸軍省案のいずれを採用するか、決めていなかった。陸軍省案は、つくった軍人自身が気恥ずかしく思うようなせせこましい代物だったが、ばかばかしいと笑いとばすわけにはいかないことを、外務省の次官や局長は承知していた。

ソ連との交渉を首尾よくまとめあげたとして、だれからも感謝されはしなかった。それどころか、たかが中立条約の延長の約束をもらうだけのことで、そんな大きな代償を支払うのかといった非難の声があがるのを覚悟しなければならなかった。たとえば、北満鉄道をソ連に譲渡することになって、関東軍が黙っているだろうか。満洲にソ連の進出を認めたりしたら、関東軍は憤激し、軍刀をがちゃつかせることになろう。市谷台はそれを抑えようとせず、譲歩のしすぎだと騒ぎだすにちがいない。もしも交渉がうまくいかなければどうか。これまた陸軍は、目の色を変えて怒りだすであろう。

そこで重光葵とかれの部下たちが恐れたのは、元外務大臣、元外交官を特使とすれば、特使が罵詈《ばり》雑言《ぞうごん》を浴びせられるだけではすまなかった。外務省が非難の矢面に立たされ、責任を問われよう。すべての責任は陸軍に負ってもらわねばならなかった。こうしたわけで、重光は東条を特使に推したのである。

だが、参謀総長の梅津美治郎は重光のそんなたくらみに乗りはしなかった。とんでもない話だった。東条大将がモスクワで交渉し、南樺太の譲渡を約束したら、国民はどのように思うか。東条大将はわずか一カ月前まで首相兼陸相であり、参謀総長を兼任していた。そのかれが日本の領土をロシアにくれてやろうとするのだ。陸軍は勝利への自信を失ったのだと国民のだれもが思うであろう。そして、国民の忍耐心は挫けてしまうにちがいない。

梅津は、東条をという主張に首を横に振りつづけた。それではと、重光は鈴木貞一を推した。現役をしりぞいたとはいえ、れっきとした陸軍中将であり、古巣に顔がきいた。ふたたび陸軍側が首を横に振った。鈴木を特使とすることには絶対反対だと言った。ボールの投げあいがつづき、やっと広田弘毅を特使とすることで本決まりとなった。

陸軍側は喜んだ。ソ連との交渉はどうしてもやらねばならない。だが、うまくいかないかもしれない。外務省出身の元総理に火中の栗を拾わせるなら、たとえ対ソ交渉の結果が思わしくなくても、陸軍は素知らぬ顔でいられるというものだ。参謀本部戦争指導班の種村佐孝が大喜びで、「正に歴史的な日なり」(26)と日記に記した。だが、東条英機が特使として決まっていたら、かれはけっしてこのようには書かなかったはずである。

それはともかく、種村が喜ぶのは早すぎもしたし、甘すぎもした。かれが「正に歴史的な日なり」と記して二週間たらずあと、駐ソ大使の佐藤尚武がモロトフと会見した。

佐藤が特使派遣を切りだしたのに対し、モロトフは日ソ両国間に特使を通じて話し合うような問題はなにもないと言った。こうして、日本側が大騒ぎをして決めた特使派遣の申し出は、簡単に葬り去られてしまった。

だれもがひどくがっかりした。そういってしまっては正しくない。モロトフが特使受入れを断る前に、日本側が特使派遣を断念していたというのがほんとうの話だからである。

それはこういうことだった。首相や陸相、参謀総長がやきもきし、モロトフの返事はまだこないのか、佐藤大使はまだモロトフに会えないのか、なにをのろのろしているのだと佐藤に対してはげしい批判を加えていたとき、九月十五日の最高戦争指導会議で、重光が「従来研究せる対ソ交渉の件は全部中止したい」と言いだした。

ソ連に代償を支払うのと引き替えに、ソ連を味方に引き入れるといった外交計画を重光が捨ててしまった。梅津は重光が喋るのを聞きながら、怒りをこらえていたにちがいない。陸軍側に特使の適任者なしと逃げ、うまく外務省に押しつけ、広田と決まったのが、もういちど重光にするりと逃げられてしまったのだ。

そして梅津は重光の話のつづきを聞いて、ばかばかしいかぎりだと思ったことであろう。重光は特使の新任務を説明し、日本の戦争目的をスターリンに説き、日本がめざす東アジア建設の基本方針をかれに理解させることだと言ったのである。

ソ連との関係を強化しなければならない。そして、ドイツとソ連との戦争をやめさせねばならない。これが至上命題である。日本の戦争目的をスターリンに話して、それがなんの役に立つ。つぎの会議で巻き返しをしよう。だれを味方にひきいれ、だれに喋らせるか。梅津はこんな具合に考えたのではなかったか。だが、その機会はなかった。その二日あと、佐藤尚武の電報が届き、すべては終わってしまったからである。

重光葵の「我ガ外交」

それから一カ月半あとのことになる。昨十九年十一月のはじめ、重光葵は「我ガ外交」と題する論文をごく少数の人びとに配った。東条英機も、極秘の印が押され、通し番号が入ったその小冊子を受け取ったひとりだった。

重光は、そのパンフレットのなかで、外相就任以来の自分の外交工作を説明した。かれはこのような説明書作成の技術に優れているし、なによりもそうしたことが好きなのである。ロンドンに大使でいたとき、かれは夜にはきまって東京の政府の要人たちに手紙を書いた。つけ加えるなら、毎夜きまって人を招き、宴会をしていたのがかれの前任者の吉田茂だった。

重光はロンドンから西園寺公望に手紙を書き、牧野伸顕、陸海軍の将官、政治家、実業家、右翼の領袖《りょうしゅう》にまで、そのときどきの問題について、かれの意見を書き送った。かれは自分の考えを国内の力のある人たちに売り込み、自分の支持層を厚くすることを心がけた。外務大臣になり、つづいては総理になるというのが、かれの抱きつづけた夢だったのである。

かれが「我ガ外交」のパンフレットのなかで第一に強調したのは、独ソ和解のためにしたかれの努力だった。

「ドイツニ対シテハ、……アラユル機会ヲ利用シテ、ソ連トノ間ニ平和ヲ恢復シ、三国同盟成立当時ノ思想ニ復帰シテ、ソ連ヲ味方ニ引入レル工作ヲ進ムベキデアルトノ態度ヲモッテ臨ンダ(27)」とかれは述べた。

重光が「三国同盟成立当時ノ思想」と述べたのは、四国同盟締結の構想のことだ。第一巻で述べたとおり、四国同盟は公の場で論じられたことはない。知らない者は知らないままであり、知っている者は沈黙を守ってきた。そしてそれを知っている者は、その闇から闇に消えてしまった四国同盟を忘れてはいない。それどころか、それができなかったことを胸の奥深く無念に思っているのである。

重光は四国同盟がどうしてできなかったかを語って、昭和十五年十一月のことに戻った。そのときにモロトフがベルリンを訪問し、四国同盟に加わるための条件を挙げた。「北ハ、フィンランド、バルチック海ニ対スル要求カラ、南ハブルガリヤニオケル数個ノ軍事基地ノ確保、ボスフォラス、ダーダネルス海峡ニ対スル実権掌握」にはじまり、

「ソ連ガ北ハ、北氷洋方面カラバルチック海、南ハ地中海、ペルシャ湾ニ対スル出口ヲ確保スル意向」をもっていることを明らかにしたのだと重光は述べた。モロトフがこの過大な要求をだしたために、四国同盟は成立できなくなり、ドイツはソ連と戦う決意を固めたのだと重光は言った。

ところで、イタリアが枢軸戦線から脱落してしまった現在、地中海の全域が空白となったのだと重光は述べた。そこで、その地域をソ連に与えることができるようになり、そこで独ソ和解のための条件が生じたのだと重光は説明した。

昭和十七年、昭和十八年春の有利な機会をとり逃してしまったとは、かれは言わなかった。陸軍を非難することになるのを避けてのことと思えたが、必ずしもそうではないようであった。申し分のない時機を選んで、独ソの和平斡旋の工作を開始したのだと、かれは真実思っているようであった。ドイツにソ連との和平に踏みきるようにと「アラユル機会ヲ利用シテ」勧めてきたのだが、ドイツ側は「容易ニ同意セズ、遷延シテ今日ニ至ッテイル状況デアル」と記した。

重光は、ソ連に対する外交工作についても述べた。日本とソ連との関係はうまくいっているのだと言った。だが、ソ連とドイツとの和平の仲介工作がうまくいっていないのだと記し、昭和十八年九月と昭和十九年四月の二度の特使派遣の申し入れはソ連側に断られたのだと記述した。

重光がつぎに述べたのは、その小冊子をひろげる人びとがもっとも関心をもっているテーマだった。「ソ連ヲシテ世界平和ヲ提唱セシメル」ことができるかどうかという問題である。はっきりいえば、ソ連は日本のために和平の仲介をしてくれるかどうかということである。

重光はその可能性はないと述べた。「ドイツト日本トヲソレゾレ米英勢力ト衝突セシメッツ、欧州ニ将又《はたまた》東洋ニ進出セントスル赤化国策ヲトルソ連ハ、コノ間ニ最モ好都合ナ形勢ヲ自ラ失ウガ如キ政策ハ容易ニトル筈ガナイ」と言った。重光のその説明がなくても、そこまでの話ならだれもが考えていることだった。その小冊子のそのくだりを読んだ人びとが抱いている疑問は、そこからつづく問題である。

クレムリンが日本と米英との戦いがつづくことを望んでいるのなら、日本を支援しようとするのではないか。日本とのあいだの中立条約の更新を望むばかりでなく、日本との関係をいっそう強化しようとするのではないか。そうではないのか。そして、もうひとつ肝心な問題があった。

戦いが日本側にいちじるしく不利となったときに、はたしてソ連は日本に対してどういう態度をとるのだろうかということだ。日本は、ソ連の助けを得ることができるのか。ソ連は、日本のために和平の仲介をしてくれるのか。そのための代償はどれだけのものになるかということだ。

ところが、そのパンフレットのなかで、重光は「我ガ外交」の焦点であるはずのそれらの問題についてなにも言わなかった。三回目の特使派遣の問題には沈黙を守った。特使派遣の最初の目的、その目的をかれが変えてしまったこと、そしてソ連側に特使受入れを拒否されたことについては、かれは一言も触れなかった。

かれは曖昧につぎのように述べた。

「……日ソノ関係ハサラニ一歩ヲ進メテ、……両国ガ世界政局ニ立ツ立場ヨリ、大局的利害関係ノ一致点ヲ見出シ、茲《ここ》ニソノ調整ヲ計ルベキデハナカロウカ」

かれはつづけた。

「東亜ニオケル利害関係国トシテ東亜方面ノ国際機構ニ関シ、何等カ日ソヲ中心トシタ国際機構ハ戦局ノ如何《いかん》ニヨリテハ必ズシモ考エ得ラレナイノデハナイ」

かれが述べた国際機構とは、安全保障条約と読み替えるのが正しい。日本、ソ連、満洲、中国を含めて、安全保障条約の締結をソ連に呼びかけようとかれは考えていた。このような提案であれば、アメリカのダンバートン・オークスで、八月から九月にかけて米英ソの代表が話し合った主題と同じだった。戦後の国際機構、要するに、安全保障機構の設置だった。極東における集団安全保障を呼びかけるのであれば、こちらの弱みをさらけだすことなく、ソ連が望んでいること、欲していることのおおよそを摑むことができると、重光は考えたのである。

かれはさらにつづけた。

「対ソ施策ハ単ナル交渉デハナイ。大イナル外交ノ運用デアル。従ッテ、ソ連ト利害ノ衝突スル英国トノ関係ヲ操作スル必要ガアル」

重光がその小冊子を配った数日あとのこと、そろそろ自分の外交計画の反応を聞いてみようと思っていたとき、思いもかけない外電が飛び込んできた。十一月六日、もちろん、昨十九年のことだが、十月革命の前夜祭にスターリンが演説して、日本を侵略国と非難したというのである。

スターリンはこんな具合に語ったのである。

「今次戦争における侵略的諸国が、まだ戦争の始まる前に、既に準備の出来あがった侵入軍を持っていたこと、平和愛好的諸国は、それに反し、十分に満足の行く動員掩護軍すらも持っていなかったこと——それは事実である。真珠湾の椿事《ちんじ》、フィリピンその他の太平洋上の島々の喪失、香港とシンガポールの喪失の如き不快な諸事実は、侵略国としての日本が、平和愛好策を維持していた英国およびアメリカよりも、より以上に戦争の準備が整っていた際では、偶然の出来事と看做すことはできない(28)」

スターリンはつづけて、侵略国のドイツもまた十二分の戦争準備を整えていたがために、平和愛好国のソ連は戦争第一年目にウクライナ、白ロシアを喪失することになってしまったのだと説いた。そしてスターリンは、「侵略諸国の完全な武装解除」をおこない、安全保障のための特別機構を設置しなければならないと述べたのである。

スターリンがいよいよ態度をはっきりさせ、日本を侵略国ときめつけたというニュースは、またたくまに政府の幹部、衆議院、貴族院の議員たちのあいだにひろがった。いきなりうしろから竹刀で殴られたほどの打撃だった。外務省のソ連に対する見方が甘すぎた、外務大臣があまりにも不熱心だった、重光はなにもやっていないのにやっているように見せかけてきただけだと怒り、ソ連に対して一刻も早くなんらかの手を打たねばならないとの声がふたたび大きくなった。

スターリンのその演説から十二日あと、モスクワの佐藤尚武からの電報が外務省に届いた。重光からの指示を受け、佐藤はモロトフに会い、スターリン演説についての説明を求めた。十一月十七日のことだ。その演説は過去における事実を認めただけのものだとモロトフは答え、それ以上に解釈されるべきではないと語った、と佐藤は告げてきたのである。

さらに佐藤は、モロトフの「口吻態度」と「打解ケタル態度」からみて、ソ連の「対日態度ニ何等変更ナキ」こと、「米英側ト対日方策ニ付キ何等カノ協力ヲ遂ゲ」ているとは認められないと述べていた。

重光は、閣議や最高戦争指導会議で、なにも心配することはないと言った。油断はならない、時機を失しないうちに対ソ施策をすすめねばならないとだれもが言い、重光も危険を先送りするわけにはいかないと覚悟を決めた。特使が派遣できないのだから、モスクワにいる佐藤大使を使わねばならなかった。

モロトフの「打解ケタル態度」と告げた佐藤からの電報が届いて五日あと、十一月二十四日、重光は佐藤に訓電した。「ソ連ノ東西ニ於ケル権益ノ擁護ガ米英ニ依ルヨリモ日本トノ妥協ニ依リテ成シ遂ゲ得ル」ことをソ連が理解するようになれば、「日本トノ中立関係ヲ発達セシムルコトハ不可能ニハアラズ」と説いた。また独ソ間の和平回復の可能性をとりあげ、条件しだいではソ連がそれを選ぶこともありうると述べ、「ソ連ガ西方ニ於テ安全保障ヲ得テ　地中海方面に進出シ得ル諒解ノ下ニドイツト妥協スル意志アリヤヲ打診㉙」せよと指示した。

翌十一月二十五日、重光は前日の訓令を重ねて繰り返した。

「米英トソ連トノ関係ハ大体底ヲ突キタル感アリ……近クモロトフト意見交換ヲ進メラレ　先ズ日本ガ対外政策ヲ解明シ　更ニ日ソ両国ノ大局上ノ利害関係ノ一致アルコトニ先方ノ理解ヲ進メ　茲《ここ》ニ日ソ中立条約ノ強化乃至《ないし》ハ安全保障ヲ目的トスル日ソ間条約ノ如キモノニ漕ギ着クルコトトシ度《た》ク　而シテ更ニ独ソ和平問題ノ打診ヲナシ　時局打開ノ方向ニ進ミタシ」

モスクワの佐藤尚武は大使館の暗号室から届けられたそれらの電文を読み、びっくりした。ソ連と安全保障条約が締結できると、外務大臣は本気で信じているのだろうか。

八月半ばに一時帰国した公使の守島伍郎が、十一月九日にモスクワへ戻ってきていた。佐藤はかれから、外相をはじめ、政府要人の考えを聞き、東京のおおよその雰囲気はわかっているつもりだった。だが、独ソ和平の可能性をさぐれと外務大臣が命じてきたことに佐藤は驚き、うーんと唸ったのである。

八月から九月にかけて、ルーマニア、フィンランド、ブルガリアが脱落し、それぞれがソ連と休戦協定を結んでいた。広大な戦線の中央部のワルシャワ正面では、戦いは膠《こう》着《ちゃく》状態となっていたが、中央からはずれたバルト海沿岸やハンガリー平原ではソ連軍の進撃がつづき、どこかの戦いの勝利を祝って、モスクワの夜には大砲の音が轟いていた。

佐藤やかれの部下たちにとって、その大砲の音は弔砲の響きに聞こえた。そして四人の生活とさして変わりのない毎日を送って、国際情勢全般の観察、国際関係、力関係の分析は私のほうがおかしくなっているのだろうか、と佐藤は考え込んだ。だが、どう考えても、突拍子がないのは東京のほうだった。陸軍が無理難題を外務大臣に押しつけ、重光はやむをえず、そんなばかげた訓電をよこしたものにちがいないと佐藤は思った。モロトフにそんなことを言うつもりは毛頭なかった。

佐藤は外務大臣に宛てて電文を書いた。陸軍に対するあてこすりをはっきりと記した。

「日ソ関係ヲ一層増進シ　ソ連ノ力ニ頼リテ　危急ヲ切抜ケント希望スル論アルニ対シ

本使ハ不賛成ヲ極言セル次第ニシテ　斯《か》クノ如キ希望ノ半面ニハ　大東亜戦争ノ不利ナル発展ニ押サレ　外交ノ力ニ頼ラントスル敢闘精神ノ動揺ヲ見出サザルヲ得ズ……」

そして、代償提供によって、ソ連の好意をかおうとする外交を強く批判した。重光の訓電のなかでそうした代償提供については触れてはいなかったが、そのような論議があることを佐藤は守島伍郎から聞いて知っていた。

「南樺太ノ返還　北満鉄道ノ再譲渡等一応考エラルベキモ　総ジテ斯クノ如キ譲歩ハ頗《すこぶ》ル危険ニシテ　一旦譲歩ノ色ヲ示セバ　ソ連ノ要求益々増大シ……必然我ニ於テ容共政策ニ迄進マザレバ　ソ連ガ協調シ来ル訳ナカルベシ[30]」

重光は佐藤のそれらの電報を読んで、顔をしかめた。佐藤に宛てて重ねて訓電した。十二月十二日、日ソ間の「安全保障強化ノ実現」と「独ソノ妥協実現[31]」をめざし、執拗な外交工作をつづけるようにと命じた。

アルデンヌの森の大反撃

その四日あと、十二月十六日のことだ。ドイツ軍が突如として西部戦線で大反攻を開始した。市谷台の最上級の幹部から飛行機工場で働いている中学生までが、そのニュースに胸を躍らせた。東条英機も顔をほころばせたひとりである。かれはアルデンヌの森林地帯ではじまったドイツ軍のその大反撃を見守った。かれはその戦場をよく知っている。古く、そして新しい戦場である。ドイツとフランスとベルギーの三つの国の国境が入り組んでいるその地域の地図を、かれは頭に描くことができる。

そのアルデンヌ高原のはずれにセダンの町がある。東条はそこを訪ねたことがある。ヨーロッパに留学したことのある陸軍軍人なら、だれもがセダン詣りをしたものだ。東条がそこへ行ったのは、第一次大戦のあとのことであり、そのとき少佐だった。その町にあるセダン城から、かれははるかにアルデンヌの森の一角を眺めた。年若いメッケルがここで栄光の戦いに加わったのだと思い、それから半世紀たらずあとに、ドイツは敗北してしまったのだとかれは感慨にふけったのである。

ナポレオン三世とその軍隊がモルトケのプロシア軍に降伏したのが、そのセダン城だった。モルトケに愛され、その衣鉢《いはつ》を継ぐと嘱望されたのがクレメンス・メッケルだった。メッケルは来日して、陸軍大学校で教えた。かれにかわいがられたのが東条の父だった。陸大第一期生の東条英教《ひでのり》は、そのとき大尉だった。

ドイツ軍の戦車部隊がアルデンヌの森を突破し、米英軍をもみ潰して百五十キロを突進すれば、米英軍の補給基地、ベルギーのアントワープを攻略できる。はたしてもういちど、ダンケルクの勝利を再現できるのだろうか。市谷台の部局員がそんな論議を交わしていたとき、ひとつの推測が大きな話題となった。ドイツとロシアとのあいだに密約があるのではないかということである。

じつはそのような推測は、その前から語られていた。ソ連軍がずっと動こうとせず、戦場が平静そのものであるのを、市谷台の部局員たちは不思議に思っていた。ソ連軍は昭和十九年の七月末にポーランド領内のヴィスラ川に到達していたが、そこで停止していた。たしかに戦いはつづいていたが、前にも述べたとおり、バルト海沿岸とハンガリー平原だった。ポーランドを東西に分けるヴィスラ川に、ソ連軍がじっととどまっているのはなぜなのであろうか。

それだけではなかった。ソ連空軍はドイツの都市に爆撃をしていなかった。なぜ、英米空軍のように都市爆撃をおこなわないのか。ドイツとソ連とのあいだに秘密の取り決めがあるのではないかとの推測が、市谷台と外務省を中心に語られていた。重光が、独ソの和平は可能かもしれないと考えた理由のひとつがここにあった。

ドイツ軍がアルデンヌの森で全面的な攻勢をはじめてなお、ソ連軍は鳴りを潜めているのをみて、市谷台では、ドイツとソ連とのあいだに秘密の停戦協定ができているのはいよいよ間違いないと想像した。ドイツは二正面で戦うことはなくなった。ドイツがソ連と手を握ったのなら、日本がソ連と組むのはさらに容易なはずである。日独ソ同盟ができると人びとの夢はひろがった。

だが、そのような夢は長くつづかなかった。ドイツ軍の大反攻はたちまち勢いが弱まり、十二月十六日にはじまった大反撃は、二週間のちには力を失ってしまった。物量の差はいかんともしがたいと市谷台の部局員たちは嘆息した。そしてかれらのもうひとつの希望、独ソ間の和平の期待もあっけなく潰れてしまった。

今年に入って、一月十二日、ソ連軍の大攻勢がはじまった。半年ぶりだった。前にも見たとおり、一月十七日にはワルシャワを占領した。ソ連軍はポーランド西部を席捲し、一月二十日にはシュレージエン国境、東プロイセン国境を越え、ドイツ領内に侵入した。

それから一週間あとの一月末のことである。ヨーロッパ各地の外交公館から外務省に同じような中身の電報が入った。ドイツ全土がソ連の支配に入ることもありうると述べ、つぎのように告げてきた。

「ソ連ハ以前ヨリ公然トドイツ政府樹立ヲ準備シ　ドイツ捕虜将軍連ヲ中核トシ　転向ドイツ捕虜中ヨリ多数ノドイツ督察隊ヲ組織シテイル模様ニシテ　ケーニヒスベルク又ハブレスラウデ新政府樹立ヲ断行ノ可能性アリ……」

ブレスラウはシュレージエン地方の州都であり、すでにソ連軍に包囲されていた。ケーニヒスベルクは東プロイセンの主要都市であり、これまたソ連軍の包囲下にあった。外務省と陸軍省のなかには、これはおもしろいぞと思う人たちがいた。ソ連と米英とのあいだの対立が、やがて抗争へと発展する最大の火種がいよいよできたと思った。

そしてかれらが思い浮かべたのは、ハルピン総領事の宮川船夫がたてた構想である。日本とソ連、そして共産化されたドイツとを結ぶ同盟がいよいよできる、その可能性がでてきたと考えた。
ところで、ソ連がお手盛りの共産政権をドイツ領内に樹立しようとしているといったストックホルムやハルピンからの電報は、ドイツ側がつくったものだった。ヒトラーが外相のリッベントロープに命じたものだった。スターリンが二十万人のドイツ共産党員の軍隊を徴募し、ケーニヒスベルクに傀儡《かいらい》政権をつくることになるといった話をつくり、英国の情報機関に摑ませるようにした。ヒトラーはうなずいて、言った。「これはかれらをして、靴屋のキリで突かれたように、狼狽させるだろう」[32]
ヒトラーはなにを考えていたのか。アルデンヌの森の大攻勢によって、かれは戦局の成り行きを決定的に変えることができると期待をかけた。米英軍を見舞うであろう軍事的危機は米英両国のあいだに政治的ごたごたをひき起こさせ、米英両国を和平に追いこむことができると思った。だが、四カ月にわたってため込んだ飛行機と戦車、弾薬、燃料油は、わずか十日のうちに使い果たしてしまった。そしてソ連軍の大攻勢がはじまったときには、それを阻止できる戦車も、飛行機もなかった。
ヒトラーは英米との和平をひそかに望んだ。ケーニヒスベルクにつくられるドイツ共産政権といった話は、赤軍はドイツを占領してしまうぞ、ヨーロッパを共産化してしまうぞとの警鐘だった。そしてそれは、米英に和平の打診をおこなってもよいと、ヒトラーが外相リッベントロープに与えた示唆なのであった。

ところが、ドイツ共産政権樹立の情報は、はるかに巨大なニュースに呑み込まれてしまった。米英ソの三国首脳が会談しているという報道である。重光は慌てた。

独ソ間の和平斡旋工作が成功する見込みは消えうせ、ほかの外交工作もうまくいきそうにない。しかも戦いは、フィリピンでも、ビルマでも、敗色濃厚である。「ソ連ヲシテ世界平和ヲ提唱セシメル」ことは不可能だと「我ガ外交」のなかで述べたのだが、それから三カ月たったいまとなっては、ソ連をして世界平和を提唱させること以外にないとかれは考えた。

三国首脳会談のコミュニケがでるのを待ち、それを検討したうえで、ソ連に向けてある信号をだそうとして、二つのことをおこなう計画をかれはたてた。これについては前に述べた。

二月十四日、海外向けの東京放送を通じて、日本は公正な和平の呼びかけには応じる用意があると匂わせた。つづいて二月十五日には、ハルピン総領事の宮川船夫が東京駐在のソ連大使マリクと懇談した。スターリン元帥が和平を呼びかけるのであれば、日本はそれに応じる用意があると宮川は語った。個人の発案だと言いながら、政府の意向であることを仄めかした。

そしてその数日あと、モスクワからの回答がきた。満洲へ向けて放送をしてきた。モスクワに向けて観測気球をあげたことを知っている人たちは、なかなか荒っぽいが、その放送がソ連側の応諾のサインだと思った。

満洲へ向けてのその放送はロシア語だった。ハルピンの放送局ではロシア語放送をおこなっている。満洲国内に住む白系ロシア人への放送である。番組終了のサインをだした直後に、その放送ははじまった。周波数は同じだった。日本の敗北が必至であるといい、日本は君たちを圧迫しているが、君たちの解放の日は近いとその放送は述べた。(33)

どういう意味なのであろうか、ソ連側の要求のおよその規模を示してきたものだろうかと、外務省の省員たちは首をひねった。ところが、その怪放送がはじまったのは、二月十七日でもなければ、二月十八日でもなかった。それは二月十四日の夜にはじまっていた。ヤルタ会談の共同コミュニケが日本の新聞の朝刊に大きく載せられた日の夜のことである。

こちらのシグナルに答えたものだと思った人びとは、それが東京放送への回答だとすれば、あまりに手回しがよすぎると気づき、二月十五日の宮川提案に答えたものであるはずがないと気づいた。

そこで、謎は謎のままに残ることになった。外務省と陸軍省の関係官は考え込んだ。ハバロフスクからと思えるその放送は、ハルピンを中心に満洲に住む七万人の白系ロシア人に向けての宣伝であることは間違いなかった。いったい、なんのためにソ連は旧ロシア帝国の亡命者たちに呼びかけをはじめたのか。

終わったばかりの米英ソ三国の首脳会談と、その怪放送は関係があるのだろうか。その会談の共同コミュニケは、極東の問題についてはなにも触れていなかった。実際には秘密の取り決めがあるのではないか。その会議で、ソ連は大連と旅順の租借権を回復することが認められたのではないか。満洲の全鉄道を獲得することが承認されたのではないか。

そうではないと言う人びともいたのであろう。三国会談では極東問題は討論されなかったのだ。いや、話し合ったが、合意をみなかったのだ。そこでソ連は、極東では自分の思いどおりに行動するぞと意思表示をしようとして、その怪放送を開始したものにちがいない。

重光、そして外務省の上級省員も、はたしてどちらなのだろうかと思い悩んだのだが、思い直し、スターリンとモロトフがこちらの提案に賛成しても、なにも言ってくるはずはない、ヨーロッパの戦いが終わるまで黙っているにちがいないと考えたのである。

そして重光をはじめ、だれもが待ったのは、佐藤尚武からの電報だった。佐藤がソ連外相と会うことができたのは、ヤルタ会談が終わり、コミュニケが発表されてから十日あとの二月二十二日だった。

佐藤がクレムリンのボロビーツヤ塔の入口をくぐったのは、一月四日に新年の挨拶に赴いて以来のことであり、モロトフに会うのは三カ月ぶり、昨十九年十一月十七日以来のことだった。城門からは先導車のあとにつづいて、政府機関のある建物まで行く。帝政時代の元老院の建物である。玄関で衛戍司令官に挙手の礼で迎えられ、名乗りをあげられる。かれに案内され、三階建ての建物の二階にあがる。長い廊下を歩く。控え室に入る。数分間待たされ、外務人民委員、要するに外務大臣の客室に導かれる。いつも判で押したように同じだった。

モロトフは愛想よく佐藤を迎えた。佐藤の問いに答え、ヤルタ会談の内容はコミュニケに発表したとおりであると語った。「日本に関することは不思議にもすこしも話題にのぼりませんでした」とかれはつづけた。そして、ソ連の日本に対する方針にはなんの変更もないのだと太鼓判を押した。

佐藤はほっとした。いまがチャンスだと思った。かれは日ソ中立条約の問題をもちだした。日本側はその条約の存続を希望しているが、ソ連政府の態度を承知したいと言った。モロトフは機嫌よく答えた。中立条約の存続については多忙のためにまだ研究していないので、おって話をしたいと語った。

少々どもって喋るのはモロトフの癖であり、疑うにはあたらなかった。部屋の隅にある大きな白い陶製のロシア式ストーヴは気持ちのよい音をたてていた。頭髪をきれいに分けたモロトフの鼻眼鏡の奥に、語っているとおりの誠意があるのだと佐藤は思った。

大使官邸に戻った佐藤は、待ちかまえていた館員たちにモロトフの態度と反応を語った。公使の守島伍郎は、ソ連が交渉の開始をぎりぎり引き延ばすつもりだなと思った。四月下旬の最後の瞬間になって、大きな代償を求め、それと引き替えに条約を更新しようと切りだしてくるのだろうと考えた。

大使の見方に疑問をさしはさんだ書記官がいた。はたしてモロトフは、真実を語ったのであろうかと言った。ヤルタで日本の問題が論じられたのではないか、日本に関して秘密の協定があるのではないだろうかと言った。佐藤は機嫌をそこねた。それでもかれはふだんと変わりなく、静かな声で答えた。

「私はこの眼でモロトフの眼を見つめながら話をしたのだ。何十年のあいだ外交官生活をした自分がモロトフの顔色を読み損ずるようなはずがない」

佐藤の報告電報が外務省に届いた。だれもが安心した。三国首脳会談開催の最初のニュースを知って以来、かれらの胸を悪夢のように圧迫していた重しが取り除かれたように思った。担当官は早速、首相秘書官、内大臣秘書官長、近衛文麿、広田弘毅に通報した。

「佐藤大使が二月二十二日にモロトフに会いました。調子は全然変っていません。中立条約については日を改めて話しましょうと友好的です(34)」

もうひとつ、外務省、陸軍省の関係者たちを安心させるニュースがあった。ハバロフスクからの怪放送がやんだという知らせだった。二月二十二日の夜の放送が最後だった。

二十三日、二十四日の夜にはなにも聞こえてこなかったという報告が入っていた。なぜその宣伝放送がはじまったのか、どうしてそれがやんだのか、なにもわからないながら、人びとはほっと息をついた。

東条英機もまた、佐藤尚武とモロトフとの会談内容を聞き知り、ハバロフスクからの怪放送の件も聞いている。東条は佐藤のように楽観的ではない。気がかりなことがある。ヤルタ会談のコミュニケのなかにでてくる四月二十五日という日付である。

じつは、その日付を気にしている者は多い。外務省員が考え込んでいる。そしてかれらのところに届く電報が、警戒するようにと告げてきている。たとえば、ポルトガル駐在公使の森島守人は二月二十一日発信の電報で、リスボンで発行されている新聞の解説の要旨をつぎのように述べてきている。

「ソ連首脳部中ニハ東亜ニオケル勢力均衡保持ノ見地ヨリ　対日友好関係並ビニ日本ノ実力ヲ保有セシムベシトノ方針ヲ有スル者アルモ　スターリンハ対米英関係ノ現実政策上　日ソ中立条約ノ廃棄並ビニ対日戦ヲ決意セルモノト思考セラルル節アリ　四月二十五日ノサンフランシスコ会議期日トソ条約ニ関スル通告期日トガ日ヲ同ジクセルヲモッテ　単ナル偶然ノ一致トミルハ早計ナリ」(35)

スウェーデン駐在公使の岡本季正も外務大臣に宛てた電報で、その問題をとりあげ、つぎのようにいってきている。

「四月二十五日ニトクニサンフランシスコデオコナウコトヲ発表シタノハ　ソ連ガ中立条約ヲ廃棄通告ヲオコナウベク　シカモ同会議デソ連ハ日本ヲ共同ノ敵ト宣言スルコトニナルノデハナイカ……」(36)

「四月二十五日に急速なる変転が……」

東条英機は、ずっと四月二十五日のことを考えてきた。そして今日、二月二十六日、かれは天皇に向かって、四月二十五日の重要性を強調することになった。

「去る二月七日からおこなわれたクリミヤにおける三巨頭会談は今後の政戦両略の基礎になると思われます。一応表面にあらわれたところはもっぱらドイツの処理にある如く見えますが、その裏面において太平洋問題が大きく扱われ、だいたい基礎的了解が遂げられたものと思考いたします。

その理由としては、日ソ中立条約の廃否を決する最後の日である四月二十五日を選んで、サンフランシスコにおいて会議を開くことにし、これに重慶、ソ連の参加を発表したことが挙げられます」

東条が考えているのは、つぎのようなことである。米英ソの三国は、枢軸国と外交を断絶しながら、宣戦を布告していない九カ国に圧力をかけた。三月一日までに「共同の敵」に宣戦を布告しなければ、サンフランシスコで開かれる会議に出席権を認めないと、通牒を発したのである。このさきつくられる国際安全保障機構に加えないぞとの脅しである。

ほんとうの話、トルコやエジプト、アルゼンチンといった国々が、ドイツや日本に宣戦を布告する、しないといったことは、大勢になんの影響も与えない。アメリカが望んでいるのは、ソ連を日本との戦いに加えることだ。そして東条はつぎのように考えている。ヤルタで、ルーズベルトはスターリンに向かって、対日参戦を説いたにちがいない。スターリンはうなずいたのか。中立条約の延長はしないと答えるだけで、お茶を濁したのではないか。アルゼンチンやトルコに対しては、新国際機構に加えないぞと脅すことができる。だが、アメリカはソ連に対しては強く押すことができない。新国際機構にソ連が加わることを望んでいるのは、アメリカのほうだからだ。

ソ連を参戦させることができなければ、アメリカはどうするつもりなのか。サンフランシスコ会議の場を利用して、日本に降伏を促す宣言を発表する考えではないのか。ソ連はこれに加わるのであろう。東条はこのようにみている。

小磯内閣は敵側のこの大々的な外交攻勢にたじろぐことなく、毅然として立ち向かえるのか。東条は小磯国昭を高く評価していない。ちょっと目先が見えるだけの機会主義者だとみている。小磯が首相になってまもなくの昨十九年の九月、自分がもういちど、首相になることができるかどうかを探ろうとして、部下の赤松貞雄に各方面を打診させたことがある。小磯ではとてもだめだと思ったからである。

小磯はあぶなっかしい。まことに頼りない。東条は天皇に向かって言った。

「一度へこたれたら、そのあと日本は度外視せられることになりましょう。こうなってしまっては万事終焉《しゅうえん》であります。じつに四月二十五日の前後は重大なる時機だと思う次第でございます」(37)

東条はここまで語り終えるのに、四月二十五日が重大だと繰り返した。繰り返したどころではない。侍従長の藤田尚徳は東条の語ったことをノートに記していたが、かれが四月二十五日と書いたのは十二回にものぼった。「四月二十五日に急速なる変転が起きる」「四月二十五日をもって画期となす」「四月二十五日までのあいだに敵はいろいろのことをなすならん」、こんな具合だった。

東条が語り終えて、天皇は問うた。「ソ連が武力をもって立ちあがることはないと思うか」

東条はまたしばらくのあいだ喋った。またも四月二十五日を繰り返した。現状では、四月二十五日まで、ソ連が中立の立場を放棄することはないだろうと述べ、かれはその根拠を説明した。

満洲国境を挟む関東軍とソ連軍は平衡の状態にあるから、ソ連は日本に戦いをいどむことができないとかれは言った。四月二十五日までドイツががんばりつづければ、ソ連はシベリアに大きな兵力を動かすことができないとかれはつづけた。そのときすでにドイツが負けていようとも、米英とソ連とのあいだには深刻な争いが起きるだろうから、大兵力をシベリアにもってくることはできないだろうと述べた。

だが、日本が硫黄島を失い、台湾、琉球を奪われることになれば、ソ連は日本があと一押しで瓦解するとみて、欧州から一部の兵力を満洲国境へもってくるだろうと言った。「しかし今日において、四月二十五日までにそのようなぶざまなことになるとは考えられません」とかれは語り、つづけて言った。「いまのところ、敵が台湾、琉球に来寇《らいこう》することがあっても大丈夫、いまの姿勢のままで四月二十五日に入ると思われます」

いったい、四月二十五日の難関を無事に越えさえすれば、そのあとはなにも問題はないのか。四月二十五日のあとはどうなるのか。東条は言った。

「われは正義の上にたつ戦いであると皇国不滅の精神にたつならば、悲観するには及びません。そのあと起きる欧州の情勢の変化を注視し、平和を掴むことができるでありましょう[38]」

どうやって平和を掴むのか。東条は自分の見通しを述べようとしなかった。そうした話をしたくなかったのであろう。スターリンの演説、アルデンヌの森の大反攻、クリミア会談、ソ連からの怪放送、つぎからつぎと起きる外の出来事に一喜一憂し、都合のいい臆測をたて、漠然とした期待をいだいてきた。あまりにもみっともない。

もしも、どうやって平和を摑むかを語れば、前首相も戦いに自信を失ってしまったと批判され、かれも他力本願なのだと言われることになる。そこで東条はそうした話をしない。かれが平然と語るのはべつのことだ。硫黄島の将兵が刻一刻と玉砕に向かっていることを百も承知でいながら、二カ月さきの四月二十五日まで陥落することはないと語る。上級将官たるものは不動の信念をもたねばならない。そのたぐいの嘘を喋って、かれはなんら躊躇するところがない。

そこで、東条が述べようとしなかったことに戻る。四月二十五日のあとに、欧州の情勢にどのような変化が起きるというのか。ドイツ敗北のあとのことである。ソ連軍と米英軍が接触すれば、ただではすむまい。双方が勢力圏を拡大しようとして、争いが起きるだろう。ソ連は日本を味方につけたいと望むにちがいない。重光が考え、多くの人びとが期待しているように、東条もまた、ソ連に平和の仲介を求めることができるのではないかと考えているのである。

東条の上奏は終わった。天皇は宮内省第二期庁舎から御文庫に戻る車のなかで、東条の主張を思い返してみたことであろう。

東条は、ヨーロッパの戦いが終わったあとで平和を摑むことができると言った。だが、かれはまったく逆の予想をちょっぴり洩らしもした。ヨーロッパの戦争が終わったあと、三百万人のアメリカ軍が引き揚げ、ソ連が対日参戦するかもしれないと、かれは言ったのである。かれの説明が足らず、はっきりわからなかったが、アメリカとソ連とのあいだで取り引きがおこなわれるかもしれないと、かれは言いたいようであった。

天皇は首をかしげたのであろう。アメリカ軍が西ヨーロッパから撤退してしまったら、フランスではトレーズの共産党が警察と軍隊を抑えてしまうだろう。イタリアではトリアッティの共産党が権力を握ることになるだろう。アメリカは東ヨーロッパを放棄し、西ヨーロッパまでを見捨ててしまうことができるのだろうか。

本州、満洲、朝鮮、華北を一丸として、守り抜くことができると東条は語った。アメリカはほんとうに攻めあぐねることになるのか。アメリカは困りはて、西ヨーロッパを捨ててしまってまで、ソ連に参戦を求めることになるのか。

おかしな議論だ、非現実的な話だと天皇は思ったにちがいない。それにしても、ソ連が戦争に加わったらどうするのか。万策つきた日本は、孤立し、包囲されたなかで、絶望的な戦いをつづけることになるのか。東条はなにも言わなかった。

ずるずると戦いをつづけてはならないと説いた重臣はいる。若槻礼次郎である。天皇も承知していることだが、若槻は頭がいい。頭脳明晰とはかれのためにあるような言葉だ。大蔵次官だったときに、かれはそのとき首相だった西園寺の信頼を得た。かれは大蔵大臣を二回、内務大臣を一回、総理を二回歴任した。

かれは頭が切れるということで、だれもが語る話がある。首相時代、かれがロンドン軍縮会議の全権となったときのことだ。海軍省幹部と打ち合わせをおこなった。第一回の会議で若槻はもっぱら聞き手であったが、二回目からはかれの主張に太刀打ちできる者が海軍側にはいなかった。そしてロンドンに行ってからは、かれは英米の全権からシビル・アドミラルと呼ばれ、敬意を払われたという話である。

若槻の頭のよさは、七十九歳の現在でも変わりがない。かれを褒めるのは近衛である。山本有三は近衛から、若槻の主張はいつも理路整然としていると何度か聞かされている。

天皇は若槻の視野の広い判断を聞くのを心待ちにしていたはずである。天皇が若槻の主張を聞いたのは二月十九日である。若槻は、政府と軍の中枢にいる人びとは国家の将来を考えねばならず、戦いをなりゆきに任せてはならぬと語り、「政府、軍部両者の一致したる見通しのもとに腹をきめねばなりません[39]」と述べた。

腹を決めねばならないとはどういうことなのか。その意味はわかるとして、いつ腹を決めねばならないのか。ドイツが敗れたときか。本土の戦いがはじまろうとするときなのか。若槻はなにも言わなかった。成案はあるのかと天皇が尋ねた。若槻の答えに天皇は失望したはずである。「今日の形勢においては、戦い抜きて、敵が戦争継続の不利を悟る時機を待つほかはございません」と若槻は答えた。戦いをなりゆきに任せてはならぬと若槻は説きながら、戦いをつづけねばならないとかれは語ることになってしまった。

天皇がもっとも失望したのは、平沼の話である。重臣の上奏は平沼騏一郎が最初だった。なんのために呼ばれ、なにについて意見を求められているのか百も承知していながら、平沼が語った話は、食糧増産の必要と下級官吏の国民に対する態度が悪いといったことだった。平沼が語り終えて、天皇はなにも問わなかった。

広田弘毅は自分の守備範囲だけのことを語った。ソ連と外交交渉を開始しなければならないと述べた。広田が言わんとしたことは、天皇にもわかっていた。無条件降伏とならない戦争終結のためには、ソ連の協力を求めねばならず、ソ連の了解を得なければならない。広田が言おうとしたのはこういうことだった。

牧野伸顕も国の命運についてはなにも語らなかった。牧野は宮内大臣、そして内大臣として十四年のあいだ宮廷にいたから、かれの話はざっくばらんなものになり、天皇が問い、かれが答えるという対話になった。だが、この戦いをどうしたらいいかといった肝心な問題については、牧野はなにも言わなかった。

では、どうして天皇は戦争終結の問題について牧野に問うことをしなかったのか。牧野は万事に慎重である。第一巻で述べたとおり、かれは慎重すぎるほどに慎重である。三十年も昔のことになるが、外務省顧問だったデニソンが牧野を評し、「着想から判断に達するまで過分の時を要する。躊躇逡巡《しゅんじゅん》して、時機を失するおそれをいだかしむること往々にあり」と語ったことがある。牧野と親しい人びとは牧野伯のリザーヴ癖と言っている。差し控える、留保するという意味のリザーヴである。天皇も牧野のこの性格をよく知っているから、牧野に向かって、どのようにして戦争をやめたらいいのかと尋ねることをしなかったのである。

岡田啓介も、戦争終結の問題については一言も触れなかった。我に有利な時機をとらえ、戦争をやめることを考えねばならないと語りはした。だが、有利な時機ははたしてくるのか、その時機をとらえ、それこそ時機を失することなく、ほんとうに戦争をやめることができるのか、そうしたことについて、岡田はなにも語らなかった。全力を集中して、戦力強化を図らねばならないというのがかれの結論だった。若槻が説くことと同じだった。

天皇は平沼騏一郎から東条英機までの話を聞き終え、だれもが迷い、どうしていいのかわからないでいるのだと思ったのであろう。アメリカは日本を侵略国だと非難し、日本の新領土をすべて取り上げると主張し、日本に対して無条件降伏を要求している。無条件降伏の大きな壁があっては、いかなる和平の計画をたてることもできない。戦争を終わりにすべきだと、だれも口にだせない理由がここにあることを天皇は知っている。

御文庫へ戻る道は、大臣や統帥部の幹部が通る自動車道路とはちがう。いわゆる御料車道はずっと遠回りになる。それでも御文庫の車寄せまで、二、三分しかかからない。

天皇は考えつづけたのであろう。近衛の構想があると天皇は思ったのであろう。七人の重臣のなかで、ただひとり近衛文麿が例外である。近衛ははっきり敗戦を口にした。

無条件降伏を受け入れねばならぬと説いた。そのためには、まず陸軍の首脳陣を入れ替えねばならないとかれは主張した。陸軍の古傷を切り開き、「軍部内のかの一味」を追放しようとする近衛の計画には、天皇は反対である。謀略の匂いがあまりにも強い。それになんといっても、天皇は梅津美治郎を信頼している。

だが、近衛の考えを無視することはできないと天皇は思っていよう。無条件降伏から逃れるためにソ連に接近し、スターリンの善意に依存しようとするのは、根本的に間違っている。米英とソ連とのあいだの亀裂がひろがり、それが深くなると予測し、それを考慮に入れて、将来の計画をたてようとするのであれば、ソ連に接近するのではなく、それこそ米英に無条件降伏をしなければならない。これが近衛の説くところである。

天皇は近衛のこの考えが気にかかっているにちがいない。それが正しいのかもしれない。だが、そんなことはとてもできない。若槻礼次郎、岡田啓介が説いたように、戦いつづけねばならないのであろう。天皇はこのように考えているのである。

第10章　繆斌工作（三月十六日～十九日）

焼け跡の首都

三月十六日の昼前のことか、緒方竹虎《おがたたけとら》は羽田へ向かっている。飛行場に賓客《ひんきゃく》を迎えるためだ。三十七歳の年少で東京朝日新聞の編集局長となり、四十代で朝日を代表する顔となった緒方も、すでに五十七歳である。国務相、そして情報局総裁を兼任している。

かれは車外の風景を気むずかしい顔で見つめている。一週間前の大空襲の焼け跡である。「灰は灰に、塵は塵にかえる」といった言葉が頭に浮かぶ景色であり、緒方が思い浮かべるのは関東大震災の光景である。かれが三十五歳のとき、東京朝日の整理部長になったときに、その大地震にぶつかった。田村町から愛宕町、芝公園まで京浜国道の両側は見渡すかぎり焼け野原がつづき、あちこちにぽつんぽつんと土蔵と金庫が残っているだけで、大震災あとの景色と変わりない。

道路に垂れさがった電線や倒れた電柱、道路をふさいだ焼けたトタン板の片づけだけは終わっている。陸軍と海軍の兵士たちがやったことだった。地域の防火組織である警防団や隣組の人びとの勤労奉仕ではどうにもならなかった。四十平方キロメートルの広大な廃墟を陸軍地区と海軍地区に分け、陸軍警備部隊と横須賀海兵団の兵士たちが出動し、後片づけをしている。

兵士たちは焼け跡の死体を集め、隅田公園、錦糸公園、上野公園、六義園《りくぎ》、青山墓地へと運んでいる。町工場の焼け跡から金属資材を探しだし、運びだすのが、もうひとつの任務である。道路の死体、防空壕内の死体の片づけは終わったが、隅田川をはじめ、小名木川《おなぎ》、日本橋川、そしてそここの運河には、まだまだ数多くの死体が残っている。

三月十日の未明、炎の壁にふさがれた家族が川に飛び込み、轟々と鳴る熱風にあおられた親子が石垣を飛び降りて、水のなかに入り、道路をころがる火の玉から逃げようとする人が運河に身を沈めた。胸や背中に火傷を負った人、疲労困憊《こんぱい》した人たちは、やがて溺れ死ぬことになった。

かれらの遺体は引き潮の浅瀬に重なり、材木と材木のあいだに浮きあがっている。引き潮にのって海へ流れでた死体は上げ潮にのって、ふたたび岸辺に漂着している。ちょうどいまは大潮で、潮の差が大きいから、死体の移動は激しい。日の出埠頭、晴海、豊洲の埋立て地の岸壁では、毎日、何十体という死体を引き揚げている。

緒方竹虎がほっとしたのは、町並みが残っている品川に入ってからである。だが、それも束の間だった。家財道具を山積みにしたリヤカーや大八車を引っ張る人、布団をがんじがらめにして背負った人、背中と両手に風呂敷を持った人が途切れなくつづいている。疎開騒ぎがはじまっていた。だが、二、三日のちには、はるかに大きなパニックが起きることを緒方は承知している。

昨日、三月十五日の臨時閣議で、東京、川崎、横浜、名古屋、大阪をはじめ、全国の大中都市における徹底的な建物疎開を大至急実施することが決まった。

都の防衛局長、都内の各区長、警察署長、消防署長はすでに協議をおこない、どこに防火地帯を設けるかを定めていた。都の防衛局長は明日の午後には各区長を呼び、指令書と疎開計画の地図を手渡し、ただちにとりかかるようにと命令する予定である。そして三月十九日には、家屋取壊しと補償のために必要な予算の支出を、臨時都議会に求める手筈となっている。

近く建物疎開がはじまるらしい、これまでの建物疎開とは桁違いの規模の家屋が取り壊されるといった噂をすでに耳にしている者もいる。今日、三月十六日、品川区大井五丁目に住む白柳秀湖《しらやなぎしゅうこ》は、家から表通りまでの歩数を数えている。何メートルあるかを知ろうとしてのことだ。昨日、白柳は大井警察署で強制疎開の計画図を見せてもらったのである。

かれは二度ほど大井署へ行き、警察署長に面会を求め、蔵書を疎開させなければならないのだが、自分の家が疎開指定区域に入っているかどうかを知りたいと言った。警察側とすれば、白柳はなんらかの便宜を与えてよい管区内の名士のひとりなのである。

六十一歳になる白柳は歴史家であり、世論形成家である。若いときには、かれはいっぱしの左派であり、早大在学中に平民社に加わり、麻布第三連隊に入隊したときには、日本ではじめての社会主義者の兵士などといわれたものだった。やがてかれは右に変わった。かれが書いた本はよく売れ、多くの読者をもち、かれはこの十数年、世論をリードしてきた。

たとえば、白柳の友人の清沢洌は、日記につぎのように書いたことがある。

「三四日前、白柳秀湖君が手紙を寄こした。徳義がすたれれば戦争に勝っても国が亡びる。国家永遠のためには敗戦した方がいいかも知れぬといっている。ここで彼は誤謬を冒している。第一に戦争の結果が何よりも徳義心を破壊したのだ。第二には、その戦争の責任者は誰なのだ。かれや、徳富蘇峰などが、最も大きなその一人ではないか。日本歴史や日本精神を無暗に誇張して対手の力を計らなかったのは、彼等ではないか[1]」

白柳の住まいに近い表通りは拡張され、幅八十メートルの防火帯がつくられることになっている。彼の住まいはすれすれのところでひっかからないようだ。まずは一安心である。だが、実測の結果がどうでるかはわからない。強制疎開になろうとなるまいと蔵書の疎開を急がねばならない。それこそ今夜にも、六日前のような大規模な空襲があるかもしれない。明日には、妻とともに京王線の多摩村の別荘に移り住んでいる知人を訪ね、荷馬車を世話してもらおうと秀湖は考えている。

敵の空襲に備え、家屋の取り壊しがはじまったのは、一年前の昨十九年の二月からだった。まず、東京と名古屋でおこなわれることになった。東京では、重要工場九カ所の周辺五十メートル以内の建物を除去することにした。また、二つの駅前に広場をつくることを決めた。蒲田駅の東口と渋谷駅の西口だった。それぞれ二千六百平方メートルの広場をつくることになり、双方で五十棟を立ち退かせることになった。

防火帯の設定も決めた。王子駅から北へ荒川河岸まで幅五十メートル、長さ千五百メートルの防火帯をつくり、大森駅北端から東へ海岸まで幅八十五メートル、長さ七百メートルの防火帯をつくることになった。ほかに二本の防火帯の設置も決まった。

渋谷駅西口の取り壊しがはじまったのは、昨十九年の二月半ばだった。駅前の東京パンの食堂、明治製菓の売店、東宝映画館、甘栗屋の店が壊された。たちまち凸凹の裸土の広場ができあがり、風の日には赤い砂ぼこりを巻きあげることになった。

じつは建物疎開は、渋谷駅前広場を含めての十七カ所だけではなかった。都の防衛局長の机上の地図には、銀座七丁目と八丁目の飲食街が赤く塗られ、東海道本線の沿線も赤く塗りつぶされていた。都民にショックを与えまいとして、小出しに発表していき、やがてはだれをも慣らしてしまおうというやり方だった。

昨十九年三月には、第二次建物疎開の地域が発表された。四月には第三次、五月はじめには第四次建物疎開の指定がたてつづけにだされた。こうして防火帯はあわせて五十六本になった。もっとも長い防火帯は、品川から蒲田仲六郷まで九キロに及ぶ東海道本線の線路の両側にびっしりと立ち並んだ家屋の除去だった。新橋から田町までの線路の防火帯は三キロ、山手線の沿線は六カ所で、あわせて六キロだった。

駅の周りの建物の取り壊しは、その数が増やされた。新橋、有楽町、五反田、新宿、池袋など、十九の駅前に広場が設けられ、渋谷駅と蒲田駅前の広場は再拡張されることになった。重要工場の周りの空地づくりは、さらに十九カ所が指定された。家屋の密集地帯には、小さな空地がつくられることになった。その数は二百十二カ所にのぼった。

防火帯、広場に指定された地域内にある建物の除去がはじまったのは、昨十九年の五月末だった。六月に入り、B29が北九州へ来襲し、サイパン島へ敵が上陸して、家々の取り壊しに拍車がかかった。立ち退くことになった人びとの送別会が開かれ、「疎開者は尊い玉砕者」との挨拶がきまり文句となった。七月末にすべては終わった。取り除かれた建物は五万五千棟だった。

政府は、大規模な建物疎開はこれで終わりだと言った。つづいて国民学校の学童の集団疎開がはじまった。東京の建物疎開は終わったとの発表がありはしたものの、十月になって、五回目の建物疎開をすることになった。もっとも、これは小規模な間引き疎開だった。

空襲がはじまったのは、昨十九年の十一月だった。敵が目標としたのは航空機の発動機工場だった。都内の市街地に対する空襲は嫌がらせ程度だった。夜のあいだに一機か二機のB29が焼夷弾と爆弾を落とすだけだった。人びとが大きなショックを受けたのは、一月二十七日の空襲である。前に述べたとおり、有楽町、銀座、築地に爆弾が落とされ、数多くの人びとが殺された。

つづいて人びとを驚かせたのが、二月二十五日の空襲である。これも前に述べた。その日の午前中には敵の艦載機が来襲した。そのあと午後二時すぎにB29の大編隊が押し寄せてきた。雪雲の上から、神田、日本橋、下谷の町に焼夷弾と爆弾を落とした。襲来したB29の数は最大だった。百七十機だった。そして焼失面積も最大だった。二万八千戸が灰になった。

神田や日本橋の消防署の消防士たちは、敵が市街地爆撃を本格的にはじめたのではないかと思った。警視総監の坂信彌は、もっと防火帯をつくらねばだめだと考えた。こうしたことも前に述べた。

市谷台の部局員たちも不安を強めていた。一月二日の名古屋の空襲、二月四日の神戸の空襲、そしてこの二月二十五日の東京下町の空襲は、市街地を狙っての焼夷弾攻撃であり、都市の焼き打ちをやろうとしての実験の繰り返しにちがいないと思った。

そして八日あとの三月四日の朝、城東と深川に爆弾と焼夷弾が落とされた。この空襲は一月二十五日の有楽町と銀座への爆撃と同じだった。中島の武蔵製作所を狙いそこねたあとの盲爆撃だった。死傷者は多かった。一千人にものぼった。

市谷台と内務省の幹部たちは、敵が都市絶滅の空襲をおこなおうとするのであれば、昼間の空襲をやめて、夜間空襲に切り替えるだろうと睨んでいた。町を焼き払うつもりなら、正確な照準を必要としないのだから、夜でもかまわないわけであった。英米空軍のドイツの都市に対する空襲は、いずれも夜のあいだだった。二月十三日の夜、英米空軍はドイツのドレスデンの町を廃墟にしたばかりだった。

夜間空襲となれば、敵側が絶対的に有利となるのは、第十飛行師団から高射第一師団のだれもが承知していた。こちらの戦闘機はレーダーを積んでいないから、夜の闇のなかでは敵機を見つけだすことが不可能になる。探照燈の光でとらえた敵機を攻撃するしかない。

敵がこちらの夜間戦闘機を恐れるに足りないと判断すれば、B29は九千メートルの高高度を飛ぶ必要がなくなる。こちら側が唯一の頼りとするのは高射砲だが、レーダー照準による高射砲の命中精度は高度三千メートル以下では大きく低下する。そこで、B29が二千メートルから二千五百メートルの低空を飛行するようになれば、高射砲を恐れることはなくなる。

しかも、敵側の利点はさらに増える。高空の猛烈な早さのジェット気流に悩まされることはなくなるから、照準は合わせやすくなる。町を灰にするのにも、照準は必要である。そして低空を飛べば、燃料を大幅に節約でき、その分だけ焼夷弾の搭載を増やすことができる。それだけではない。エンジンの負担が軽減するから、エンジンの整備は簡単になり、出撃の機数を増やすこともできる。

敵にとってはいいことずくめだった。それにひきかえ、こちら側は戦闘機と高射砲が役に立たない。隣組の防火組織と工場や町の消防団が全力を結集しても、落下する焼夷弾のすべてを発見できず、すべてを消しとめることができないのは、すでに実証済みである。そして消防隊は起こった火災のすべてにとても手がまわらない。江戸時代には、消防活動は猛火にはお手あげで、火除け地をつくることが重要な防火対策だった。火除け地、すなわち防火帯を増やすしかない。

前にも見たとおり、警視総監も、消防士たちも、さらに徹底して防火帯をつくるしかないと思っていた。だが、第六次の建物疎開を大規模におこなうとなれば、それこそ大変だ。強制疎開となる家庭の家財道具を運ぶことができない。鉄道は石炭の輸送、つづいては工場の機械の疎開で手いっぱいだ。疎開先のあてのない家庭も多い。強制疎開はうまくいくはずがなく、だれもが政府の不手際を非難することになる。

こうしてなにもできなかった。そして三月九日夜の大空襲となった。すべては予測を超えた。焼失面積は桁はずれに大きかった。四十平方キロにも達した。硫黄島の二倍の面積である。東京の町の四分の一が灰になった。死傷者も桁違いに多かった。八万人以上が焼き殺された。

敵は思いもかけない大きな成功に図に乗った。ここぞとばかり焼打ち戦法をつづけることになった。二日あとの三月十一日の夜には名古屋を襲った。八平方キロが灰となった。三月十三日の夜には、大阪の中心部二十平方キロが瓦礫と変わった。内務省と陸軍の幹部たちはいよいよ大慌てとなった。第六次建物疎開をやることになった。これが昨日、三月十五日の閣議決定である。幅百メートル以上の防火帯を二十数本、幅五十メートル以上の防火帯を八十数本つくることにした。数多くの空地を設けることにした。

取り壊しになる家屋は総計十五万棟にのぼる。小出しに三回、四回に分けておこなうというわけにはいかない。そんな余裕はない。四月五日まで、これから二十日のあいだにこの十五万棟のすべてを除去し終えねばならない。二十日間とはあまりにも短かすぎる。郷里の親戚と手紙のやりとりをし、家族の疎開の相談をするだけで、十日ぐらいの日時はすぐにたってしまう。

家財道具をどうするのかも大きな問題だ。工場疎開に支障がおきるのはやむをえないと政府は覚悟を決めている。それでも鉄道は疎開者のすべての道具や布団を運ぶことはできない。いよいよとなれば、布団と鍋だけに制限するしかない。

陸軍と内務省の幹部たちがただひとつほっとしているのは、敵が気を散らし、東京以外の都市を空襲していることである。三月十一日の夜、名古屋ではなく、東京が再度焼き打ちされ、三月十三日の夜に大阪ではなく、東京が三度狙われていたら、東京はどうなっているであろうか。

東京はナパームの臭いと死臭、そして悲惨さと苦痛が残るだけの廃墟となっているにちがいない。腹をすかせ、憔悴した都民は恐慌状態に陥っていよう。三月九日までどこにもあった秩序と紀律と士気は、みるかげもなく崩れ落ちてしまっていることであろう。工場と役所では、半分以上の人が欠勤をつづけることになっているにちがいない。いや、それよりも、工場と役所がはたしてどれだけ残ることになっているであろうか。天皇は重臣たちの考えをもういちど聞きたいと、木戸幸一に語ることになっているかもしれない。世田谷に住む近衛と東条、熱海の若槻を除いて、牧野、岡田、平沼、広田の家はいずれも焼かれてしまっていよう。いったい、かれらは天皇になにを上奏することになるのか。

実際にはそうしたことが起きなかったのは、肝心なときに、アメリカが爆撃機の集中使用の原則を怠ったからである。だが、喜んではいられない。敵は今夜からでも、東京に焼夷弾攻撃を集中するかもしれない。

羽田に来た中国人

緒方竹虎は羽田に到着した。朝のうちは晴れていたのが、いつか低く雲が垂れ込め、時折、思いだしたように雪が舞い落ちている。やがて双発のＭＣ20が降りてきて、滑走路の上を走り、止まった。胴体に四角な窓がついているその輸送機は、塗料がはげ、銃弾の痕が残っている。

降りたった十人ほどの乗客のなかに、ステッキを手にした詰襟服の中国人がいる。緒方が迎える相手である。かれはその中国人が数人の随行者を伴っていると聞いていたので、連れが日本人ひとりだけなのを見て、いぶかしく思った。歩み寄って手を差しのべた。重厚な風貌の緒方に負けず、なかなかに恰幅のよい男である。肉づきも血色もよいこの男が繆斌《ミョウヒン》である。

繆は上手な日本語で緒方と再会の挨拶を交わしたあと、語りはじめた。

「南京の支那総軍がやっと私に飛行機の座席を与えたが、同行を予定した無電技師の座席は許可されず、私ひとりで東京へ来なければならなくなりました(2)」

連れの日本人は海軍嘱託の商人である。相内《あいうち》重太郎といい、物資ばかりでなく、あれこれ情報の売り買いをする上海に数多くいる冒険商人のひとりである(3)。

首相小磯は、来日したのが繆斌ひとりとの報告を受けとって、立腹した。またも陸軍が妨害をしたなと思った。かれは陸軍次官柴山兼四郎《かねしろう》に電話をかけ、この不始末はどういうことかと詰問した。知りません、存じませんといった返事が返ってきて、いっこうに要領をえなかった。小磯は緒方に向かい、ひとまず君が会い、話を聞いてくれと依頼した。同じ三月十六日のことだが、緒方は麻布広尾町の迎賓館に繆を訪ねた。

迎賓館は、成瀬正行が建てた邸である。内田信也、山下亀三郎《かめさぶろう》とならぶ大正時代の船成金だったが、すでに没している。この邸を買い、現在住んでいるのが西武鉄道社長の堤康次郎である。広大な邸であることから、賓客があるときに、政府が借りることにしている。

繆斌は緒方に向かい、自分の渡日は蔣介石主席の了解を得ているのだと語った。そして戦争の見通しを説いた。アメリカは沖縄へ上陸作戦を敢行しよう、さらに済州島《さいしゅう》を攻撃し、日本を完全に孤立させるであろうと語った。

緒方は耳をかたむけ、重慶政府の見方にちがいないと思った。もしかすれば、アメリカ側が洩らした計画なのかもしれないと考えた。

敵の進攻ルートは、いまはだれが考えても同じである。八日前のことになるが、伊藤整は日記につぎのように書いた。

「……まことに敵の進出は予定したよりも早いのである。いま敵は硫黄島とルソン島に上陸して来ているが、三月もすれば、その次の基地へと手を伸ばして来るであろう。さて、それは何処となるか。米軍の進行方向を見るのに一つは中部太平洋上を、マーシャル島からサイパン島、グアム島に進み、北上して硫黄島に達した。これは日本の中枢部の工業力破壊を狙って来ている。もう一つはニューギニア北岸沿いにレイテ島に達し、ルソン島へと北上した。これは日本を南方資源地帯から遮断して支那に達しようとしている。この手は近々支那に届くであろうが、それと同時に日本本土を更に支那から遮断せんとする方角に伸びることであろう。だから次にはきっと、日本の大基地台湾を飛ばして占領するに手頃な琉球に到るにちがいなく、そこから更に、朝鮮海峡の済州島へ来そうな感じがする」(4)

伊藤整は学校の教師をしていたが、本業は作家である。かれが得る情報は新聞だけであり、ほかに情報を得るのは同じ仲間の小説家や詩人、編集者たちである。もっとも、かれは現役の偉い軍人をひとり知っている。

伊藤は現在、祖師谷に住んでいるが、前に杉並の和田本町に住んでいたとき、配達先を間違えた手紙を受け取ったことがある。同じ区内の大宮町に住む伊藤整一という海軍中将に宛てた手紙だった。転送すると丁寧な礼状がきた。

ある日、新聞の第一面に伊藤整一の名前を見つけ、その名前の主の写真を見たときには、伊藤は旧友の消息に接したように懐かしく思った。ほんとうのことをいえば、かれは伊藤整一と話をしたこともなければ、会ったこともないのである。

もうすこしこの話をつづければ、伊藤整一の写真が載っていたのは、昭和十八年四月二十九日の新聞だった。それは大本営御前会議の写真であり、天皇を中心にして陸海軍の首脳が威儀を正して坐っていた。天長節を祝して載せられたのだった。

このさき述べる機会もあろうが、伊藤整は日露戦争を主題に小説を書くつもりで、その戦いを調べていた。明治三十七年の大本営会議の写真を拡大鏡でのぞき、参謀総長の大山巖、軍令部総長の伊東祐亨《ゆうこう》、首相の桂太郎、外相の小村寿太郎の顔から服装を仔細に見たこともあった。そこでかれは、新聞のその御前会議の写真に関心をもち、伊藤整一の名前を見つけだしたのだった。

四人ずつ向かいあって坐っている陸海軍の軍人は、参謀本部と軍令部の最高幹部だった。そのうしろに坐っているのが陸軍大臣の東条大将、海軍大臣の嶋田大将であることは、顔を知っているからすぐにわかった。もうひとりは顔を知らなかったが、蓮沼蕃《しげる》大将と説明文にあったから侍従武官長と察しがついた。

永野修身大将と杉山元大将の顔もよく知っていた。写真の説明文を読んで、永野のつぎに伊藤整一とあったから、永野の横に並ぶ黒い髪の立派な横顔の男が伊藤整一だと見当がついた。官職は書いてなかったが、軍令部総長の隣に坐っているのだから、軍令部次長にちがいなかった。伊藤整はその日の日記に、伊藤整一を含め、会議に出席した十一人の名前を書きとめたのだった。

それから二年がたつ。伊藤整は伊藤整一の名前を新聞で見たことがない。伊藤整一がいぜんとして軍令部次長の椅子にとどまっているのかどうかも、かれは知らない。軍令部次長がほかのポストに移ることになったら、第二艦隊の長官になる不文律があり、歴代の次長はいずれも第二艦隊の司令長官になっている。もちろん、整はそんなことを知らなかったが、伊藤中将がどこかの艦隊長官になっているのではないかと想像したことはある。

整が恐ろしい話を聞いたのは、この二月の末である。文学報国会の事務室でそれを聞いた。文学報国会の事務所は永田町にある。すぐ前の崖の上にあるのが首相官邸である。恐ろしい話というのは、昨十九年十月の比島沖海戦の結果、わが海軍は大損害を受け、すでに艦隊と名づけるほどのものはなくなってしまったというのである。戦艦陸奥《むつ》は瀬戸内海で事故のために沈没してしまい、そのあとにできた四万トンとか、七万トンという最新鋭の大戦艦、大和と武蔵は失われてしまい、豊田連合艦隊司令長官は陸にあがり、東京にいるという話である[5]。

整はその話を聞いて、半信半疑だった。かれはそれまでに大和と武蔵の名前を聞いたことがなかった。その二隻の大戦艦は、建造のときから、そして就役してからも、ずっと秘密にされ、そのうちの一隻が沈められたのだが、その事実も秘密にされたままだった。

その数日あと、整は新潮社の社員から、これまた恐ろしい話を聞いた。情報局の編集者会議に出席して、陸海軍の報道部員から聞いたという戦況の説明だった。陸軍報道部の軍人は、フィリピンの制海権、制空権がまったく敵の手中にあるのだと語り、南方との船の往来は一隻もなくなっていると述べたのだという。そして海軍報道部の軍人は、比島沖の海戦でわが海軍の受けた傷は深いが、艦隊がまったくなくなったというものではないと語り、目下艦船は修理中であり、やがては目にものを見せてやると述べたのだということ。

現状は、われわれが思っていたよりずっと悪いのだなとひとりが言い、他の者がうなずいた。人びとの顔には不安の表情が浮かんでいた。整にしても同じだった。艦隊と称するほどのものはなくなったというのは、ほんとうの話なのだとかれは思った。

そこで伊藤整一だが、かれはすでに軍令部次長ではない。昨十九年十月の比島沖海戦のあと、かれはマニラに出張した。アミーバ赤痢にかかり、入院した。十一月に小沢治《じ》三郎《さぶろう》が後任の次長となった。十二月末、健康を回復した伊藤は第二艦隊司令長官に起用された。

現在、かれは大和の長官室にいる。大和は第二艦隊の旗艦である。武蔵は沈んだが、大和は沈んではいない。艦隊と称するほどのものはなくなったという話はほんとうである。第三艦隊は解隊されてしまい、第五艦隊も解隊されてしまっている。

ただひとつ残る伊藤整一麾下《きか》の第二艦隊にしたところで、いまは名ばかりのものとなり、艦隊のかたちを整えてはいない。第二艦隊の戦艦は昨十九年十月の比島沖海戦の生き残りである。日本内地に帰投した大和、長門、榛名《はるな》の三隻の戦艦である。昨十九年十一月から長門が横須賀軍港の小海岸壁に繋留され、細々と修理をつづけてきたことは第一巻で述べた。

ところが、この一月末に、長門と榛名は第二艦隊からはずされてしまった。軍港防空艦という聞き慣れない名前がつけられ、長門は横須賀鎮守府部隊に編入されてしまい、榛名も呉に繋留されたまま、軍港防空艦となっている。

それもしかたがない。横須賀から木更津沖に移るだけで、戦艦は十トンに近い重油を費消する。そんな重油はありはしない。ほんとうは戦艦は廃役処分にするしかなかったのだが、それもできかね、軍港防空艦としたのである。

戦艦一隻となってしまった第二艦隊だが、天城《あまぎ》、葛城《かつらぎ》、隼鷹《じゆんよう》、龍鳳《りゆうほう》の空母が加えられた。空母を主力とする第三艦隊を解隊してしまったことから、残った四隻の空母を第二艦隊に編入することにしたのだが、じつはこれがまったくのごまかしである。

第一巻で述べたとおり、空母飛行機部隊の消耗と補充、再建と消尽の三年の歴史はすでに終わってしまっている。空母が出撃した最後の戦いは昨十九年六月のマリアナ沖の海戦である。搭乗員と艦載機の大部分もその戦いで失ってしまい、十月の比島沖海戦では、空母は艦載機をもたず、囮《おとり》として使われただけであった。

海軍首脳は空母飛行機部隊を再建する意図をとっくに捨ててしまっている。空母は輸送船の代わりに使われ、沖縄に特攻兵器を運び、台湾から砂糖を運んでくるだけとなっている。砂糖はアルコールをとるためである。

そこで第二艦隊の戦力は、四隻の空母を勘定に入れるわけにはいかず、旗艦大和と十隻ほどの駆逐艦がすべてとなる。どのようにして戦うのか。敵軍はつぎに台湾か、沖縄に上陸作戦をおこなうだろう。そのときに敵の輸送船団を攻撃したい。比島沖海戦はそのような作戦をおこなおうとしたものだった。囮の空母艦隊が敵の艦隊を、上陸拠点のレイテ湾からうまく誘いだす。その隙にもうひとつべつの艦隊がレイテ湾に突っ込み、敵輸送船団に集中攻撃を加え、上陸部隊を海上から砲撃する。それをやることにしていたのが、大和と武蔵を中心とした第二艦隊だった。ところが、それをやりそこない、逆にやられてしまったのだった。

いま大和一隻と駆逐艦だけの第二艦隊で、もういちどそんな戦いはやろうとしてもやれない。早々に敵航空機の餌食となるだけであろう。ほんとうのことをいえば、大和もまた、長門や榛名と同じく、軍港防空艦にするしかないのである。だが、それができない。

なぜなのか。大和は武蔵と並び、帝国海軍の栄光を象徴する軍艦となるはずであった。すでに戦死してしまった海軍軍人、現在生きている海軍軍人のだれもが、大和と武蔵が横陣をつくり、その十八門の巨砲が一斉に火をふく日を夢見たものだった。だが、負け戦のなかで、武蔵は失われた。そして、大和はついに一大合戦の立て役者となることがないまま、帝国海軍とともに亡びる日を待つだけとなってしまっている。できることは、もはやなにもない。大和は瀬戸内海の浅瀬に沈没し、ぶざまな姿をさらすことがあってはならない。それだけだ。海軍の幹部はだれもがそう思っている。旗艦大和の伊藤整一の考えも同じであろう。

　こうしたことを伊藤整は知らない。手紙の誤配が縁で知っただけのことだから、かれは伊藤整一の家庭のことも知らない。大宮八幡の留守宅には妻のちとせと淑子、貞子の二人の娘がいる。長女の純子は昨十九年五月に結婚し、四日市にいる。ひとり息子の叡《あきら》は父のあとを継ぎ、海軍軍人である。昭和十八年に海軍兵学校を卒業したあと、飛行科を専攻した。戦闘機乗りである。二十一歳になる叡は筑波航空隊から第五航空艦隊の配属となり、九州の出水《いずみ》基地にいる。

　伊藤整はこのさきの戦いの予測を考えつづけ、敵軍は沖縄、済州島を攻略すると予想したあと、日記につぎのように書いた。

「済州島をおさえると、対馬海峡を遮断することも、また上海と九州とを遮断することも出来るのだ。そして我本土を支那と満州とから断っておいて、敵は九州に上陸し、また八丈島あたりに進んで、あわよくば関東地方にも上陸しようとするであろう。

　これまでの敵の進行速度から言うと、決してこれは遠い将来のことではない。ことによれば、今年の秋頃までに、そんな段階に戦争は突入するのではないか。昨年十月の自分の予測があまりに大きく外れたので、今度は少し早目にこんなことを予測して見た[6]」

繆斌《ミヨウヒン》は緒方竹虎に向かって、それこそ伊藤整が日記につけたのと同じような予測を語ったあと、さらにつづけた。いよいよ土壇場となれば、満洲にソ連軍が侵攻してくるだろうと繆は予言した。アメリカ、とくにソ連の進出を排除して、東アジアを保全する機会はいまをおいてないとかれは熱弁をふるった。

つづいて繆は携行してきた中日全面和平実行案の説明に移った。緒方はこの和平案をすでに半年前から承知し、その価値と意義を認めている。首相の小磯もその案に賛成している。

緒方はこの案の詳細を改めて聞き、紙に要点を書き記した。まず最初に南京政府を解消する。それと同時に重慶側の意思にもとづく者、および重慶側が承認する者をもって、「中華民国国民政府南京留守府」を組織する。「留守府」は重慶に対し、「留守府はしばらくのあいだ地方秩序を維持しているから、中央政府はすみやかに南京に還都されたき」の旨の通電を発す。日本政府は留守府政権と停戦、撤兵の交渉を開始する。

翌三月十七日の夜、緒方はふたたび繆と意見を交換した。二日間にわたる突っ込んだ話し合いで、緒方が繆に対して抱いていたわずかな警戒心も消えた。

緒方は繆が持ってきた蔣介石からの電文の写しなるものを信じた[7]。繆がかれ自身の立場を説明して、自分が直接重慶を代表しているのではないと言い、すべての指示を上海にいる代表に仰いでいるのだと説けば、緒方は繆がなにも隠しだてをしていない証拠だと思った。

重慶の代表がでてこようとせず、重慶側が繆にやらせている理由は、緒方にはよくわかっている。最終的な取り決めができる前に、アメリカの新聞記者や延安の諜報員にかぎつけられ、日本との和平をたくらんでいると騒ぎたてられたときに備え、なんの証拠も残すまいとしての用心である。

また、重慶側の要人たちと繆の関係について尋ね、総参謀長の何応欽《かおうきん》、三十代で上海市政府の秘書長、そして市長をやり、いまなお上海財界に力をもっている財政部長の兪《ゆ》鴻鈞《こうきん》、あるいは秘密警察首領の戴笠《たいりゅう》とのつながりを問うても、繆の答えにはなんの誇張もなく、真実を語っていると緒方は判断している。

緒方は吟味の結果を小磯に報告し、繆が持ってきた案は交渉開始の基礎になると語った。場合によっては、自分が重慶へ行って直接交渉をしてもよいと緒方は述べた。小磯は喜んだ。かれは緒方に向かって、最高戦争指導会議に出席してもらいたいと言い、原案を用意してくれないかと頼んだ。

その翌日、三月十八日は彼岸の入りである。晴れわたっているが、しんしんと冷え、防火用水には薄氷が張っている。午前十一時、繆は麻布市兵衛町の東久邇宮邸を訪問した。東久邇宮の支援を仰ごうというのは、緒方の計画のなかにはじめからある。繆も東久邇宮を味方に引き入れることの重要性を承知している。繆は東久邇宮に語った。

「殿下に拝謁するのは、蔣介石主席の意向によるものであります。蔣主席は日本の政治家、軍人を信用せず、天皇だけを信頼しております。天皇陛下に直接言上できないので、殿下に申しあげる次第であります」(8)

繆は自分の誠意を相手に充分に印象づけ、さらに如才なく、初孫の誕生に祝いの言葉を述べた。東久邇宮は、この瀬踏みの会見で繆が信頼できると思った。東久邇宮は繆を通じての重慶との和平工作のあらましを前もって承知している。後刻、かれは緒方に電話をした。緒方を激励し、全力を投入するようにと首相に伝えてくれと言った。

そして夜、首相小磯は繆を首相官邸に招いた。繆はすでに何度か語った話をもういちど繰り返した。広尾町へ戻る繆は少々気落ちしていた。緒方に向かって、不満を語った。首相が外務大臣や陸軍の反対を抑えることができないことに失望したのである。(9)

翌三月十九日の夜、緒方は陸軍次官の柴山兼四郎を広尾町の迎賓館に招いた。緒方にとって、また繆にとって、柴山の同意をひきだすことがなににもまして必要である。柴山がうんと言いさえすれば、参謀総長の梅津美治郎も賛成にまわるだろうと緒方はみている。

柴山と梅津は、昭和十二年に柴山が軍務課長、梅津が陸軍次官だったときから、ずっと緊密である。重要問題について陸軍の態度をどう決めるかといったときに、梅津はまず陸軍次官の柴山に相談するようにしている。これは噂となって外部に知られていたから、海軍軍務局員や新聞記者たちは梅津・柴山ラインと呼んでいる。

しかも柴山はだれもが認める中国通である。中国問題についてのかれの判断は陸軍内で重視されている。それというのも、昭和十二年七月に蘆溝橋《ろこうきょう》で戦いが起きたとき、戦いの拡大にずっと反対をつづけたのが柴山だったからである。陸軍省内では、軍務課長のかれひとりが戦争をしてはならぬと説いたのだった。そのときにも杉山が陸軍大臣だったが、面倒なことを言う奴だと柴山のことを思い、次官の梅津も同じように思ったのだが、あとになれば、かれらも柴山の情勢見通しが正しかったのだと思うようになっている。緒方竹虎が柴山を味方につけたいと思うのは、こうしたわけからである。

そこで柴山だが、繆斌を通じての重慶との和平工作に、かれは反対である。柴山は繆のことをよく知っている。前に会ったこともある。昭和十一年にはじめて会った。繆がそのあとやってきたことも、柴山は承知し、つまらぬ政治ブローカーだとみている。繆を日本へ来させないようにしてきたのがかれである。大臣の杉山から、「首相の顔をたて、来させるだけは来させてくれ」と言われ、やっと繆の入国を認めたのである。

緒方竹虎は、どうにかして柴山を説得しなければならない。だが、柴山は緒方や繆の話を真剣に聞くつもりははじめからない。

汪政権をつくったのは、たしかに緒方が説くように誤りだった。汪主席は昨十九年十一月に、療養先の名古屋で客死してしまった。だが、代理主席の陳公博《ちんこうはく》を放りだすことは、信義の上からできはしない。繆の口車に乗り、留守府といった奇怪な機関をつくり、それを繆に任せるなどばかばかしいかぎりだ。柴山はこんな具合に思い、繆が語る話を冷やかに聞いていているだけだった。

柴山をして、うんと言わせることができなければ、梅津を味方に引き入れることができない。梅津を味方につけねば、陸軍大臣の杉山元を支持にまわらせることができない。陸軍を賛成させることができなくて、外務大臣の反対を取りさげさせることはできない。緒方の計画は壁にぶつかった。

繆斌とは何者か

そこでだが、緒方竹虎が戦争終結のための水先案内人として信頼し、柴山兼四郎がつまらぬいかさま師と軽蔑し、その評価が黒白に分かれる繆斌《ミョウヒン》とは、どのような人物なのであろうか。

繆斌は五十五歳、江蘇《こうそ》省無錫《むしゃく》の生まれである。上海の南洋大学をでて、日本に留学した。帰国して、黄埔《こうほ》軍官学校の電気通信の教官となった。それが二十年前のことである。北方軍閥との戦いがはじまって、かれは何応欽の軍隊の政治委員となった。国民政府が華中を支配するようになって、かれは故郷の江蘇省の民政庁長となった。ところが、かれはまもなく失脚した。あとになって、かれを非難する人は、かれは汚職行為のために蔣介石に忌避されて逐われたのだと言い、かれを支持する人は、かれが蔣の子分の陳立《ちんりつ》夫《ぷ》と衝突して、追放されたのだと語った。

華北で戦いがはじまったときに、繆は日本にいた。かれは王克敏《おうこくびん》を首班とする華北臨時政府に加わり、新民会の副会長となった。華北の占領地に日本軍がつくったのが王の政権であり、新民会は日本側が華北でつくった民衆団体であり、満洲国の協和会と同じ種類のものだ。「国民党中央執行委員の経歴を持つ生抜《はえぬ》きの国民党員の中で真先に新東亜建設の大業に参加し……」と繆の名は人名事典に載りもした。

昭和十四年に入って、汪兆銘による政府樹立の動きが活発になった。繆はその政権に加わろうとした。汪への紹介を求め、日本人に頼んでまわることになった。かれが日本の軍人に頼まねばならない理由があった。汪兆銘のもとに集まった人びとは、北京の王克敏の政権に加わった者を利権に目がくらんだだけのいい加減な連中と軽蔑し、かれらと同席するのを嫌ったからである。

昭和十五年春に南京政府が発足して、繆は立法院副院長に就任した。やがて繆は汪の不興をかい、考試院副院長の閑職に逐われた。

ところで、北京で繆斌を知り、かれに傾倒したのが、田村真作というロマンチックな夢をもったまじめな男である。かれは前に朝日新聞の政治部記者だった。陸軍を担当したことがあって、多くの高級軍人を知っていた。かれが尊敬したのは、そのとき作戦部長だった石原莞爾だった。その中国論に深い感銘を受けたのである。

昭和十四年春に、田村は北京総局へ派遣されることになった。赴任の途中、かれは舞鶴に石原莞爾を訪ねた。左遷されて、石原は舞鶴の要塞司令官となっていた。戦死者の慰霊祭にでなければならないが、遺族の顔を見るのがつらいと語った石原の言葉が田村の胸に残った。

田村にとって、北京はあこがれの古都だった。だが、かれはたちまち失望した。北京で王様然としてふるまっているのは、北支那方面軍司令部の軍人たちだった。かれは新民会に期待を寄せたが、これにも落胆した。そこで知りあったのが副会長の繆斌だった。

田村は北支那方面軍の宣撫班の育成に夢を描いた。宣撫班は日本で募集した青年たちを訓練し、宣撫官として前線部隊に配置するのを仕事にしていた。田村は宣撫班の訓練所の青年たちを愛した。かれは特派員をやめ、宣撫班で働くことにした。かれは石原莞爾の東亜連盟の考えを宣撫班の理念にしようとした。宣撫班の幹部たちとともに、宣撫班を超えての組織をつくろうとした。

宣撫班は北支那方面軍司令部と衝突するようになった。宣撫班は解散させられ、新民会に吸収されてしまった。そして、北支那方面軍の政治担当の参謀になった有末精三が新民会をいじくりまわした。田村は、新民会が小型ムッソリーニが役どころの有末のおもちゃになってしまったことに憤慨した。

田村は新民会で働く気はなく、北京から南京へ移った。そのあと繆が汪兆銘の政府にポストを得て、南京へ移ってきた。やがて田村は上海へ移った。田村はつぎのように書いた。

「繆さんもまた光明を求めていた――北京から南京に来たが、南京にも光明はなかった。繆さんは光明を求めて南京から上海に来た。繆さんの夫人の実弟の邸に仮寓して南京の邸には帰ろうとはしなくなった(10)」

繆と田村は、重慶政府との和平を達成することが、日本と中国にとって唯一の道だと語り合うようになった。

ところで、繆斌がつながりをもつ重慶側の工作員がいた。陳長風《ちんちょうふう》という男である。昭和十八年の秋、上海の憲兵隊が陳をとり逃し、その縁者を捕らえたことがあった。繆は陳から救援を依頼され、田村と相談した。田村は辻政信に頼んだ。

田村が辻を知ったのは、昭和十五年に辻が最初に支那派遣軍の総司令部にいたときだった。辻はノモンハン敗戦の責任を問われ、関東軍参謀のポストを逐われたのだった。かれを拾いあげ、自分のところにおいたのは、支那派遣軍総参謀長の板垣征四郎だった。板垣は辻をかわいがっていた。また板垣は田村を知っていた。辻と田村がそれぞれ石原莞爾を尊敬し、ともに東亜連盟運動の共鳴者であったことから、板垣は田村を辻にひきあわせたのだった。

三年のち、昭和十八年八月に辻はふたたび支那派遣軍の参謀となり、田村と再会したのだが、ここで辻について触れておこう。

すでに三年のあいだに、辻は伝説と勢威をつくりあげていた。昭和十六年に、辻は主戦派の旗手だった。かれが首相の近衛文麿を暗殺しようとしたことがあるのは、第一巻で述べた。人並みはずれた行動力をもち、猛禽《もうきん》のようなかれは、戦争がはじまって、第二十五軍の作戦参謀となり、マレー半島を攻めくだり、シンガポールを攻略し、つづいて参謀本部の作戦班長となり、フィリピンの戦線に出張し、ガダルカナルの戦場にでむき、いたるところで旋風をまきおこした。

四十代に入ったばかりの辻は、陸軍部内で伝説中の人となった。かれは自分の伝説を自分の手でつくりあげる力をもっていた。かれは花火屋である。自分で花火を製造し、打ち上げをし、見物人をあっと言わせることを楽しんできた。その見事な花火に目を奪われ、かれを行動の人と尊敬する将校や兵士たちは数多くいた。売名的な場当たり主義だと嫌悪し、かれがすることを苦々しく思う者も少なからずいた。

だが、辻の華麗で筋金入りの戦歴には、だれも敵わなかった。しかも独創力にあふれるかれは上下の序列や諸制度を大胆に無視するような行動をとりながらも、つねに自分を支持してくれる上官を味方につけてきた。そうした強力なかばい手をもつこと自体が、これまたかれの手腕である。劇場の舞台と戦場との双方で傑出したところを見せるのが英雄になるための条件なら、辻はまさしくその英雄なのである。

辻が上海の憲兵隊に口をきき、陳長風の家族を釈放させたあとのことだ。辻は重慶行きの計画をたてた。重慶の状況を偵知したいというのがその目的だった。和平打診に乗り込むということだった。現在、教育総監の畑俊六がそのとき総軍総司令官だった。畑は万事に慎重だったから、こうした冒険にとびつくことはけっしてなかった。かれは、「辻一流の思い込み」と眉をひそめ、「有頂天になっている」[11]と日記に書いた。しかし、畑は辻を抑えようとしなかった。

昭和十九年二月十日、辻が兵站業務の連絡を口実に東京へ飛ぼうとするときにも、畑は素知らぬ顔でいた。辻が参謀のひとりである三笠宮をその計画に加え、三笠宮がそれに共鳴していることを畑は承知していた。三笠宮の東京転任と符節をあわせて、辻が東京へ行こうとしていることも、畑は知っていたのである。

二月十一日、辻は陸軍大臣の東条英機に説いた。辻ともなれば、階級序列や指揮命令系統など問題ではなかった。翌二月十二日には、辻は参謀総長杉山元と会った。東条は辻の構想と熱情に動かされた[12]。東条は南京政府最高軍事顧問の柴山兼四郎を呼んだ。前にも述べたとおり、柴山の中国問題についての発言は重要視されている。柴山は東条に向かい、辻の重慶行きには反対だと言いながらも、これは首相が決める問題だと答えた。

結局、東条は実施に踏みきれなかった。

ところで、辻の未発に終わった重慶訪問の手引きをしたのはだれだったのか。辻は上司に報告する際、何人かの二重スパイの名前を挙げ、繆斌の名もだしていたようだ。辻はほんとうのことを語っていたのか。お膳立てをしたのは陳長風だったのであろう。陳は重慶側の工作員と前に述べたが、上海における軍統の責任者である。

軍統とは、軍事委員会調査統計局のことである。これは巨大な組織だ。制服、あるいは私服の職員三十万人を抱える秘密権力機関である。

軍統は蔣介石の警衛隊と直属の機動部隊をもち、警察と憲兵隊を支配下におき、軍需工場と強制収容所を管理している。その本部は、重慶にいるアメリカ人が「死の谷」と呼んでいる重慶郊外の広い谷あいにある。

そして治安と情報工作、対情報工作をおこなうために、各地の軍隊、行政機関、学校、新聞社に職員を配置し、潜入させている。共産党支配地域へも工作員を送り込んでいる。延安に派遣している連絡将校や郵便・電信業務にたずさわっている係官は、いずれも軍統の職員である。もちろん、上海、南京、北京にも、軍統の職員を潜入させてきた。役人、銀行家から、運転手、ダンサーにいたるまで、軍統の職員や協力者がいるのだし、南京政府の関係者のだき込みにも成功している。

軍統の機構やその活動は秘密にされてきているが、日本側はなにも知らないわけではない。軍統からの離脱者が汪政権に参加しているからである。だいたいが南京国民政府の秘密警察にしてからが、かつて軍統にいた者によってつくられていたのだし、本家の名前をそのまま借りて、軍事委員会調査統計局と名乗っていた時期もあったのである。

もっとも、外相の重光葵や陸相の杉山元、だれもが重慶のその巨大な秘密警察組織を軍統と呼ばず、藍衣社《らんいしゃ》と呼んできた。藍衣社とは、もともと蔣介石を領袖と仰ぐ黄埔軍官学校卒業生のいくつかの秘密グループの総称だった。その中核機関に復興社という組織があった。その復興社に所属して秘密警察機関が設けられた。その機関が政敵を誘拐、暗殺して、一般には藍衣社特務処と呼ばれて、恐れられたのだが、それは一昔前の話であり、十数年も以前のことである。

復興社の特務処は拡大強化され、軍統に発展した。ここに君臨してきたのが、特務処以来のボスの戴笠《たいりゅう》である。かれは蔣介石が校長だった時期の黄埔軍官学校の出身であることに加え、浙江《せっこう》省奉化《ほうか》の生まれで、蔣と同郷である。こうしてかれは蔣から秘密警察機関を任され、国民党内の年功序列による順位はともかく、実際にはナンバー・ツーの陳誠《ちんせい》に迫る存在となっている。

こうして戴は重慶政府内で群を抜いての実力者なのだが、アメリカとの結びつきがかれの力をさらに大きなものとしている。日米戦争がはじまった翌年の昭和十七年の五月、ミルトン・マイルズというアメリカ海軍の大佐が重慶に着任した。海軍作戦本部長のアーネスト・キングのお気に入りである。マイルズの任務は、中国に海軍の砦を再建することだった。

このあと触れることになろうが、蔣介石はアメリカ陸軍とうまくいっていなかった。マイルズの登場は願ってもないことだった。蔣はアメリカ海軍を味方に引き入れようとした。たちまち戴笠はマイルズと仲好くなった。マイルズは米海軍情報部を戴の軍統に協力させることにした。

同じ頃、ワシントンにOSSの略称で呼ばれる戦略業務局が誕生した。この新機構は世界各地で、情報収集と謀略活動を開始することになった。ところが、マイルズと蔣は共同戦線を張り、OSSが中国で活動することを阻止しようとした。マイルズは自分の支配地をOSSに奪われたくなかったのだし、蔣は新しい情報機関に勝手なことをされたくなかったからである。かれらはマッカーサーがやっているのを見習った。マッカーサーは、ニューギニアにも、フィリピンにも、自分の課報員をおいていると主張し、OSS人員が自分の作戦地域に入るのを許さなかった。

やむをえずOSSはマイルズに譲歩して、中国にかぎって特別な情報機関を設置することにした。これがいまから二年前に設立された中米合作所である。マイルズが所長、戴が副所長となり、入国を許されたOSS人員はかれらの指揮のもとで活動することになった。

当然ながら、OSSはマイルズの干渉に不満を抱いた。重慶のアメリカ大使館員たちも、マイルズが戴笠に肩入れしていることに腹を立てた。このさき触れる機会もあろうが、かれらは延安の共産党を加えての連合政府の樹立を望んできた。それを邪魔している最大の障害が戴笠とかれの秘密権力機関だとかれらはみてきた。かれらは戴を「殺し屋ナンバー・ワン」「チャイニーズ・ヒムラー」と呼び、マイルズの中米合作所は蔣の独裁支配を助けるだけだと批判してきていた。

そこで戴の側だが、かれは大きな計画をもっている。戦勝後には、海軍作戦本部長のキング提督の助力を得て、アメリカ海軍の余剰の軍艦を譲り受け、日本の残存艦艇を接収して、中国海軍の建設者になる夢をかれは抱いているのである。

繆斌がつながりをもってきたのは、この軍統である。とはいえ、繆がチャンネルをもつのは陳長風ただひとりである。繆と陳は互いに連絡をとり、ときには顔をあわせてきた。そして田村真作は、繆が接触しているのは軍統の幹部であることを承知してきた。

そこで繆と陳との関係だが、繆自身どのように考え、田村がどう思っていようと、二人のあいだは、陳の諜報の世界では、インテリジェンス・オフィサーとディフェクター、要するに情報官と協力者との関係なのである。

和平工作

繆と田村が語り合い、重慶との和平の可能性がでてきたとうなずき合うことになったのは、昨十九年七月末のことであったにちがいない。そして同じとき、繆は陳に向かって、南京政府を解消してしまい、それに代えて、重慶側が指名する人によって、暫定の留守政府をつくる案を説いたのではなかったか。南京政府主席の汪兆銘は昭和十八年末から体の具合が悪く、三月に日本へ行き、名古屋帝大医学部の附属病院に入院し、再起できる見込みはないようだった。

繆がこんな具合に大きな自信を抱くようになったのは、昭和十九年七月二十二日に成立した東京の新内閣の顔ぶれを見てのことである。

書記官長に就任した田中武雄は、北京の新民会時代からの繆の知り合いだった。朝鮮総督府を警務局長でやめた田中は、新民会の結成に加わり、監察部次長となっていた。その田中の紹介でかれのボスの小磯国昭に会い、日華提携をぶち、小磯を感服させたことも、もちろん繆は記憶している。昭和十四年五月のことである。そのときに小磯は拓務大臣、北京にいた田中は小磯に呼ばれ、次官に出世していた。

小磯と田中の新内閣には、もうひとり、繆の知人がいた。国務大臣の緒方竹虎である。汪政権をつくったのは日本が犯した最大の誤りであると言い、蔣政権との和平の回復を望んできた緒方は、繆にとってもっとも頼りになる男だった。昭和十八年の夏、繆は田村真作の仲立ちで、上海を訪ねた緒方に会い、重慶政府との全面和平を説いて、明確な印象を相手に与えた。

さらに東久邇宮がいた。繆は東久邇宮を知らなかったが、田村が知っていた。田村は朝日新聞の仙台支局にいたとき、第二師団長だった東久邇宮の知遇を得た。東久邇宮もまた重慶政府との和平に乗り気である。そして緒方と東久邇宮は親しい。

そこで田村真作が緒方をくどき、緒方が首相を動かし、田中武雄からも首相に訴えさせ、さらに東久邇宮の側面からの支援があれば、たいそうなことができると繆は考えた。北京の臨時政府や南京政府に伴食のポストを得るといったけちなことではなかった。日本の勝利へかけた自分の思惑の過ちをきれいに拭いとるばかりでなく、自分の力でアジアの歴史を変えることができるにちがいないと繆は考えたのである。たしかに、かれの計画はその半分まではうまくいく見込みがあった。

緒方が小磯内閣の閣員になったのは、かれが最後だった。大臣になるつもりはないとがんばったのだが、友人である米内光政に口説き落とされたのだった[13]。米内と緒方の二人はものの考えに共通点が多く、親密な間柄である。緒方は入閣を決意するにあたって、劣勢な戦局を建て直すことができるかもしれないただひとつの道は、重慶との直接交渉だと考えた。重慶との単独講和ができれば、アメリカとの取り引きに際して、日本をよりよい立場におくことができるとかれは考えたのである。

緒方が漠然とそんな考えを抱いていたとき、田村真作が上海から東京へやって来た。田村は緒方に向かって、繆斌を窓口として利用するようにと勧め、つぎのように述べた。

「重慶工作といわれているものは、いろいろあるけれど、それは重慶の誰かのところか、または和平地区に来ている誰かとの話合いで、蔣介石のところには、直接とどかない工作である。私もそうしたものなら、今までにいくらでもあった。

上海の路線は、そんなものではなく、じかに、蔣介石に結びついていることに特徴がある。この線は、蔣介石の直属の生きた現役の線であり、もちろん敵性である。それが上海の繆さんのところまで延びて来ている。上海の繆さんのところが、接合点になっている。ここで、日本の路線と結びつけられております。……」(14)

緒方はこれだと思った。かれは首相小磯に向かって、中国問題の処理を真っ先にやってはどうかと助言した。小磯は、重慶か、モスクワ、おそらくはその双方と外交交渉をはじめねばならぬと考えていた。かれは新たに着任したばかりの軍司令官と似ていた。そうした将官がたいがいそうであるように、かれもまた自分の洞察力と決断力に自信を抱き、前任者は失敗したが、おれはうまくやってみせると意気軒昂だった。

小磯は緒方が説くことにうなずいた。かれは緒方から示された繆斌の構想が気に入った。この工作を進めるようにと言った。昭和十九年八月十四日、緒方は田村を内閣嘱託とし、二通の書簡を上海へ戻るかれに託した。繆への手紙と支那総軍総参謀長松井大久郎に宛てた手紙だった⑮。

緒方の書簡をひろげた松井大久郎は渋面をつくった。総理の名前で繆を東京へ呼びたいといった内容である。つまらぬ二重スパイにひっかかり、なんということだと怒り、松井は返事を書かなかった。

松井は、陸軍次官に就任するために東京へ戻る柴山兼四郎に万事を任せた。柴山は緒方に会い、首相の名で繆を呼ぶのは、汪政権との関係上困ると説き、繆工作の断念を要望した。緒方は聞きいれなかった。それからずっと緒方は、繆工作のために努力をつづけることになったのである。

一号作戦がもたらした明暗

蔣介石の側はどうであったか。

南京や北京の日本軍司令部と重慶とのあいだで、ごくたまにおこなわれる無線交信、上海に立ち寄った日本の政治家からの重慶政府幹部への伝言、さらには南京政府幹部との秘密連絡、これらの記録はすべて軍統を通じて、蔣の手許に届いていたのであろう。

蔣介石は、こうした執拗な和平の働きかけを巧みに利用してきた。アメリカとの交渉における切り札として使ったのである。蔣介石と夫人の宋美齢《そうびれい》、彼女の弟で外交部長の宋子文《しぶん》は、重慶へやってくるアメリカの高官に向かって、日本から新しい和平提案がきているのだといった話を披露するのが常であった。日本との和平を望む者は増加しているる、かれらの動きは活発になっているのだと語り、私がしっかりとがんばっているからこそ、中国は連合国の側に立って戦っているのだと言わんばかりの態度をとりもした。そして本題に入れば、自分の要求をアメリカに押しつけ、相手の主張を脇へ押しやることになったのである。

はじめから脅しにでて、アメリカが約束どおりの援助をよこさないのなら、われわれは日本と単独講和を結ぶぞと脅迫することもあった。

ところが、蔣の側のこうした弱者の恐喝は、昨十九年七月に小磯内閣が登場し、緒方竹虎が重慶との和平交渉を考えるようになったときには、使うことができないようになっていた。

それより以前、昨十九年の四月に日本軍の大攻勢がはじまった。それこそ、宋子文が矢継ぎ早に援助の要求をアメリカへ突きつけ、最後通牒だとわめきたて、単独講和をするぞと脅しにでて不思議のない局面となった。それができなかった。なぜ、それができなかったのか。延安の共産政権の存在が大きくなっていたからだ。中共党とその軍隊は、もはや無視できない力をもつようになっていた。

昭和十九年四月に支那派遣軍が開始した一号作戦が、重慶と延安の明暗を分けることになった。利益を得たのは延安の側だった。日本軍が京漢鉄道の沿線を前進し、つづいて湘桂《しょうけい》鉄道と粤漢《えつかん》鉄道の沿線を進撃するのを、延安はなんの危機感も抱くことなく、高見の見物をきめこむことになった。

それだけではなかった。延安にとって、六年ぶり、二度目のチャンスとなった。昭和十三年、日本軍が漢口作戦をおこなったことが、延安にとって計り知れない利益となったように、この一号作戦も延安にとってとてつもない大きな利益となった。日本軍はその作戦をおこなうための兵力を華北から引き抜いた。そのために華北の戦力は半分以下に減ってしまい、中共党にとって、山西省から江蘇省までの支配地域を拡大強化する絶好の機会となった。

華北の広大な農村地帯の内部で動いている力や底流を観察している調査マンがいた。北京にいる草野文男がそのひとりである。かれは中共党の機関紙を丹念に調べたことがあった。昭和十九年五月から八月上旬までの三カ月余の新聞、六種類を集めた。日本軍が京漢作戦を終え、湘桂作戦を開始し、湖南省の重要拠点、衡陽《こうよう》を占領したときまでの新聞である。

草野は、中共党が戦いの報道を二の次、三の次においていることを承知していたが、グラフをつくってみて、改めて驚いた。第一位は生産運動に関する記事だった。二位が国際戦局、三位が模範成績をあげた農民の紹介だった。国内の戦争の記事はとるに足らず、八路軍と新四軍の戦果を含めても第七位だった⒃。

延安政府の首脳陣が落ち着きはらい、かつて占めたことのない優越的地位に坐っていたとき、重慶政府の幹部たちは恐怖の淵にいた。長沙《ちょうさ》、衡陽が日本軍に蹂躙《じゅうりん》され、その後方にあるB29の基地が危うくなり、昆明《こんめい》、重慶の陥落もありうると予想されるようになったからである。しかも、アメリカとの関係がかつてないほどに悪化した。

それはどういうことだったのか。まずは蔣介石とスティルウェルとのあいだの確執があった。ジョセフ・スティルウェルは中国とビルマ、インドを含めての作戦区の最高司令官だった。とはいっても、中国戦区では蔣介石が全権を握っており、スティルウェルはかれの参謀長だった。そこでスティルウェルと蔣は互いに協力しなければならなかったが、この二人は肌があわないのを通り越して、犬猿の仲だった。

昭和十七年五月、英国軍と重慶軍がビルマから敗走したあと、スティルウェルは蔣介石の軍隊を再編成し、再訓練しようとした。三十個師団の軍隊を新たにつくり、つづいてもう三十個師団をつくる長期計画をたてた。だが、蔣介石はスティルウェルに自分の軍隊をさわらせなかった。かれが支配者にのしあがった秘密は、将校団と秘密警察をしっかり自分の手で握ってきたことにあった。私の軍隊に手出しをする必要はない、軍需物資をどんどん送ってくれればよい、なによりも航空機がほしい、と蔣は説き、真っ向から対立した。

蔣の味方についたのがクレア・シェンノートである。かれはアメリカ陸軍の退役飛行将校だった。日華戦争がはじまった年にかれは国民政府の軍事顧問となり、義勇航空隊を指揮した。日米戦争がはじまった翌年に現役に復帰し、かれの航空隊は米陸軍航空軍の傘下に加わった。

シェンノートはいたって楽観的だった。戦闘機百機と軽爆撃機三十機、そして重爆撃機十二機があれば、日本を打ち負かすことができると主張した。ルーズベルトは蔣とシェンノートの空軍建設計画への支持を決めた。重爆撃機十二機でかたがつくとは思わなかったが、軍事的勝利を獲得するにはそのほうが早手回しだと思ったのである。

こうして昭和十八年には、シェンノートを司令官とする第十四航空軍が新設された。つづいてルーズベルトは、中国からの日本爆撃の計画をたてた。重慶政府の支配地域にB29の発進基地を建設することになった。昨十九年の四月には、B29が発着するための四つの飛行場が完成した。

ところが、前にも見たとおり、同じ昨十九年の四月、日本軍が大規模な攻勢を開始した。シェンノート指揮下の第十四航空軍の航空基地は、たちまちのうちに席捲されてしまった。スティルウェルの予言どおりの事態となった。スティルウェルは、蔣・シェンノート計画を批判し、中国軍の再編成をおこなわないかぎり、中国における空軍基地を日本の攻撃から守ることはできないと説いていたのである。

日本軍の攻勢はさらにつづいた。重慶政府の軍隊は総崩れとなった。日本軍は重慶まで進撃してくるのではないかとの不安動揺がひろがった。地上軍の建設を求めたスティルウェルの主張を無視したのが誤りだったことは、ワシントン政府首脳のだれもが気づくようになった。そしてかれらの心証に大きな影響を与えるようになったのは、スティルウェルの部下たちの意見と提案だった。

スティルウェルの部下とは、ジョン・デイヴィスとジョン・サーヴィスの二人だった。ともに三十代半ば、よく似た出生、同じ経歴の持ち主である。デイヴィスは宣教師の子として四川省に生まれた。国務省に入省し、昆明、北京、奉天に勤務し、日本軍の爆撃下の漢口にいたこともあった。そのとき同じ漢口にいたのが、陸軍武官のスティルウェルだった。サーヴィスも四川の生まれで、伝道師の息子だった。かれもまた国務省に入った。

この二人はいずれも重慶米大使館の二等書記官となった。そして、中国・ビルマ・インド戦線の司令官となっているスティルウェルの政治担当の幕僚を兼任することになった。かれらは重慶政府の腐敗と無力ぶりを批判し、延安政府の士気の高さと活動的なことを評価した。そして、重慶、延安双方の軍隊が全力をあげて日本軍と戦うことができるようにしなければならないと説き、国共間の対立要因を除くべきだと述べた。

そしてかれらは、つぎのような進言書を提出していた。スティルウェルが指揮をとる最高司令部をつくり、中共党を加えた連合政府を樹立しなければならない、そのためには蔣介石に圧力をかけるべきだという主張である。

ワシントンの多くの者が、スティルウェルとその部下たちの主張を正しいと思うようになった。この危機のさなか、共産軍を日本軍と戦わせないという法はなかった。ということは、アメリカが蔣介石の軍隊に与えている武器を共産軍にも分け与えねばならないということだった。そこで、ルーズベルトは蔣介石に書簡を送り、スティルウェルを全中国軍の総司令官に任命するようにと求めた。それが昨十九年の七月はじめのことだった。

蔣介石は、原則的に賛成だと答えた。心のなかでは絶対反対だった。どうにかして追いだしてやろうと思っているスティルウェルを、「どんな妨害も受けない無条件の指揮権」をもつ総司令官にするなど、とんでもない話だった。

スティルウェルに総帥権を渡せば、かれは共産党の軍隊の利用を考え、八路軍や新四軍に小銃と機関銃を与えようとするにちがいなかった。やがては叩き潰さねばならない相手に、爆薬や迫撃砲を与えることなど論外だった。

それだけではなかった。スティルウェルに全権を与えれば、さらに余計なことをするにちがいなかった。たとえば、胡宗南《こそうなん》の四十万の軍隊を日本軍との戦いに投入しようとするだろう。胡は蔣がもっとも信頼する部下である。黄埔軍官学校の卒業であることはもちろん、戴笠と同様、蔣と同郷である。そして、胡の軍隊は蔣の虎の子である。胡の最精鋭の軍隊は共産党の延安の根拠地を取り囲み、山西省と陝西省《せんせい》に配置している。胡の軍隊を動かしてはならないと、蔣は考えている。

憤懣やるかたない蔣のところに、間をおくことなく、その数日あと、ルーズベルトから第二の書簡が届いた。中共党と実効のある協定を結ぶように求めたものだった。蔣はこれまたうなずいてみせた。だが、延安と手を握る意図など毛頭なかった。スティルウェルを司令官にせよと迫る提案とちがって、この提案の扱いは容易だった。延安が受容できない要求を突きつけ、言葉のあやだけの議論をつづけていけばよかったからである。

蔣にとって、もうひとつ面倒な問題があった。アメリカ側が延安に調査団を送りたいと要請してきていることだった。蔣はそれを拒否することができなくなっていた。日本軍の攻勢を阻止するのに、アメリカ第十四航空軍のP40とP38戦闘機が大きな働きをしていた。そこにつけ込み、アメリカ側は、気象情報の入手と撃墜された飛行機の搭乗員を救出するためには、延安の協力を求めねばならず、中共党の支配地域へアメリカ軍の一隊を派遣しなければならないと説いたからである。

昨十九年の七月末に、デーヴィッド・バレット大佐を団長とする九人のアメリカ人が延安へ向かった。バレットは十五年にわたって中国勤務をつづけ、シェイクスピアからオセロの台詞を引用するのと同じように孔子の言葉を引用でき、アメリカ陸軍きっての中国通である。微笑をたやさず、素直であけっぴろげとだれにも思われているが、なかなかに抜け目のない情報将校である。

かれの一隊には、スティルウェルの政治担当の幕僚のジョン・サーヴィスがいたし、OSSの人員もいた。そして八月はじめには、第二陣の九人が出発した。延安にいる野坂参三と日本軍の捕虜に接触し、かれらを味方に引き入れることも、その任務のひとつとしていた。

蔣介石はアメリカの軍人と外交官の一団が延安へ行くのをやむをえず許しはしたものの、やがてこれが災いの源泉となることを承知していた。中国語の達者なバレットやサーヴィスが毛沢東や周恩来と話し合えば、小銃と機関銃がほしい、供給しようということになり、重慶の反対をどのようにして無力化するかといった話につづくのはわかりきったことだったからである。しかも蔣介石の机の上には、スティルウェルを最高司令官に任命してほしいとのルーズベルトの書簡が保留のままに置かれていた。蔣とアメリカとのあいだの緊張はクライマックスへ向かおうとしていた。

緒方竹虎が繆斌と支那派遣軍総司令部に宛てて手紙をだしたのは、まさにこういうときだった。緒方が、そして首相の小磯が、重慶とアメリカとのあいだのこのような険悪な情勢を洗いざらい知っていたのであれば、かれらはいよいよ自信を深めたであろう。陸軍や外務省の幹部たちも、なにかやらねばならぬと慌てることになったにちがいない。

だが、蔣は日本との和平などまったく考えていなかった。たとえ、日本が正式に交渉を申し入れてきたとしても、それが自分とアメリカとのあいだを裂こうとするものであるかぎり、あれこれ検討する余地はなかった。

ハーレーとホプキンズ

蔣が交渉しなければならぬ相手、どうにかして自分の軌道に引きずり込まねばならぬ相手は、緒方竹虎や小磯国昭ではなかった。二人のアメリカ人、大統領の特使と大統領の顧問、パトリック・ハーレーとハリー・ホプキンズだった。ルーズベルトの特使として重慶にきていたハーレーを味方に引き入れることであり、よりいっそう大事なことは、大統領顧問のホプキンズに訴え、とんでもない方向へ向かおうとする大統領の鼻面を引き戻してもらうことだった。

ルーズベルトより八歳年下、現在五十四歳のハリー・ホプキンズは、大統領がもっとも信頼している相談相手である。かれは揉め事の調停をやって、ルーズベルトのお気に入りとなり、それこそ反対党から「ホワイトハウスのラスプーチン」と呼ばれるようになった。つぎの進攻目標をどこにするのかといった戦略問題を討議する会議から、重要な経済会議にかれはかならず出席した。英国の首脳やソ連の指導者との外交折衝も、かれが引き受けるようになった。

こうしてホプキンズは、いつか事実上の国務長官となった。国務長官といえば、本物の国務長官のコーデル・ハルはもはやなんの力ももたないようになっていた。日本との土壇場の外交交渉のときには、ハルはまだ主役のひとりだった。やがて、かれは国際会議に出席できないようになった。カサブランカ、カイロ、テヘランの各会議に、かれは加わることができなかった。そればかりか重要会議にも参画できないようになり、統合参謀本部の文書の配布リストからも、かれの名は削られてしまった。

ハルの地位にとって代わり、ホプキンズはそれ以上の力をもつようになっているのだが、かれが陸海軍首脳に脅しをきかすことができ、同盟国の指導者に睨みをきかすことができるのは、生産される軍需品をどのように分配するか、その最終権限をかれが握ってきたからである。だからこそ、英国首相のチャーチルがかれにお世辞をつかい、かれの顔色をうかがうことにもなっているのである。

蔣介石の駐米代表の接近していた相手が、これまたホプキンズだった。外交部長でありながら、ずっとワシントンにとどまっていた宋子文は、ホプキンズとごくごく親しい仲になっていた。

両者の親密ぶりは、たとえばつぎの挿話で明らかであろう。デーヴィッド・バレットが重慶のアメリカ大使館の陸軍武官だったとき、ワシントンの参謀次長から、機密の保持に努めるようにと繰り返し命じられたことがあった。バレットの報告の内容が、ワシントンの重慶政府の大使館員たちに知れ渡っていると注意を促されたのである。[17] くまなくチェックしたが、おかしなところはないようだった。それも道理、ほんとうの話は、ホワイトハウスのホプキンズの部屋で、安楽椅子に坐った宋子文が、重慶の米大使館とスティルウェルの司令部から発信されてきた公電のコピーや報告書の写しに目を通していたのである。

ところが、宋のその親友が病気で倒れた。昨十九年一月にホプキンズは入院した。五月には転地療養にでかけた。国民政府が苦境に追い込まれたのは、そのときだった。ホプキンズがホワイトハウスを半年にわたって留守にしているからこそ、ルーズベルトはスティルウェルを全中国軍の総司令官にせよといった、とんでもない要求を突きつけてきたのだ。蔣と宋は不安と苛立ちのなかで、そう思ったのである。

宋はワシントンから重慶へ戻っていたが、療養中のホプキンズに手紙を書いた。

「数年前のことですが、御入院中に……あなたが医師の指図に逆らって、病院から急いで駆けつけられたことがあるのを想起いたします。今日、運命にかかわる決定が再びなされようとしております。……[18]」

宋子文のあとを継ぎ、ワシントンで外交工作を受け持つことになっているのが孔祥熙《こうしようき》である。かれは行政院副院長であり、蔣のロイヤル・ファミリーの一員である。かれの妻の宋靄齢《そうあいれい》は蔣の妻の宋美齢の姉であり、宋子文の姉でもある。

孔はワシントンへ戻ってきたホプキンズに向かって、スティルウェルが中国にいることが混乱をつくりだしているのだと語り、かれを司令官にさせようとする計画を放棄しなければならないと説いた。重慶では、行政院長代理となっている宋子文がハーレーを味方につけ、かれとスティルウェルとのあいだを裂こうとした。そして、スティルウェルを全中国軍の司令官にしようとするハーレーの任務を断念させてしまおうとした。

そこで蔣、宋、孔が注意を払ったことは、アメリカ側と折衝するにあたって、日本と単独講和をするぞといった脅しをかけないようにすることであった。スティルウェルを支持してきた参謀総長のマーシャルを怒らせ、単独講和か、できるならやってみろ、こちらは延安を援助すると開き直られたら、やぶへびだった。けっしてやってはならなかった。日本との交渉といった噂だけでも、禁物だった。蔣は部下に命じ、日本側の誘いがあったら、はっきりノーと言え、つまらぬ駈け引きをするなと命じたはずであった。

戴笠は配下に向かい、慎重に行動せよと命じ、上海の責任者に対しては、繆斌に勝手なことをさせるな、その工作はしばらく凍結しておけと指示し、こまごまと気を配った指図をしたにちがいない。

そして蔣介石は、国民党中央執行委員会の会議で演説して、スティルウェルを罷免《ひめん》しなければならぬと主張し、ほかのアメリカ人なら喜んで司令官にすると述べた。つづけてかれは、アメリカが私の要求を拒絶するなら、私はひとりで最後まで戦うと叫んだのである。

蔣の外交工作は功を奏した。ホプキンズがルーズベルトの気を変えさせるのに成功した。十月十八日、蔣のところに電報が届いた。待ちに待った朗報だった。ルーズベルトはかれとよりを戻そうとして、手を差しのべてきた。スティルウェルを馘《くび》にし、その後任にアルバート・ウェデマイヤーを充てるといってきた。そして中国軍の指揮を、いままでどおり蔣に任せると告げてきた。

そこで蔣にとって残る問題は、共産党との連合政府案をどのようにして潰してしまうかということだった。わけはなかった。特使のハーレーはいたって扱いやすい人物だったからである。

ハーレーは弁護士出身の百万長者である。中国になんの知識もなく、延安といった言葉の響きに魅力を感じるようないささか左傾した知識人とはまったく無縁である。かれはフーバー大統領のもとで陸軍長官をやったことがあり、陸軍少将の位階章を持っていることから、「将軍大使」の肩書きで呼ばれることを好んでいる。

かれは、何度か国際問題の調停をしてきた自分の手腕に自信を抱いていた。スティルウェルは外交センスがゼロだったからだめだったのだと人びとに語り、国共間の争いを自分の手で見事に解決してみせると意気ごんでいた。

十一月七日、ハーレーは意気揚々と延安へ乗り込んだ。かれは毛沢東と話し合い、連合政府樹立のための協定案に署名した。申し分ないと思ったのである。ところが、ハーレーは重慶へ戻り、蔣と宋の激しい反対にぶつかった。今度は国民政府側の言い分がしごく当然だと思うようになった。

蔣は、自分の味方についたハーレーを大使にしようとした。じつはスティルウェル解任につづいて、大使のガウスも辞任していた。ガウスは、大統領が蔣の望むままにやたらと重慶へ特使を送り込み、それら経験の浅い新来者が問題をひっかきまわし、なにを決めたのか、なにを約束したのか、わけがわからなくしてしまったことを批判していた。そしてまたも特使ハーレーを派遣してきて、そのハーレーがたちまちのうちに蔣や宋にまるめこまれてしまい、スティルウェルを叩きだそうとして動くようになり、さらには自分の後釜を狙っていることに、ガウスはほとほと嫌気がさして、やめることになったのである。

蔣はルーズベルトに宛てて手紙を書き、私はハーレー将軍に深い信頼をおいている、是が非でもかれが駐在使節になることを願っていると述べ、ハーレー将軍なら国共統一の問題を解決できると、思ってもいないことを並べたてた。宋子文はその書簡を国務省経由とせず、ホプキンズに宛てて送った。十一月十七日、ルーズベルトはハーレーに電報を送り、大使に任命したいと告げた。

スティルウェルとガウスを追いだして、宋子文がつぎにやったことは掃討戦だった。

アメリカ大使館に残っている気に入らない連中を追いだすことだった。あらかたの大使館員はすでに気落ちし、やる気をなくしていた。スティルウェル解任のニュースを聞いた日に、ジョン・エマーソンは日記に記した。「雷が落ちた！　スティルウェルは多分明日出発する。中国の悲劇だ。大統領の大変なミス。当地におけるわれわれの努力はどうなるのだろう[19]」。その翌日、ジョン・デイヴィスは国務省の友人に宛て、モスクワ大使館への転勤を希望する手紙を書いた[20]。

ここぞとばかり宋子文は、新大使ハーレーの耳につぎからつぎへと毒を注ぎ込んだ。延安に駐在するサーヴィスが一時ワシントンへ行ったのは、デイヴィスともどもの陰謀であり、重慶政権の承認を取り消し、延安政府を承認するようにとワシントンへ勧告するためだったのだといったたぐいの話である。

失意と落胆のなかにあったのは、延安の指導者たちも同じだった。アメリカから武器を手に入れる見込みは薄れた。連合政府樹立の可能性も消えた。周恩来は、みるみるうちに自分の側が不利となったことに苦い幻滅感を味わい、毛沢東は蔣の名を口にすれば、いつかきっと奴の息の根をとめてやるぞと口汚く罵ることになった。だが、十二月半ばになって、毛をはじめ、周恩来、葉剣英、朱徳といった延安の指導者たちは喜色を取り戻した。願ってもないチャンスが到来したのである。

米軍と中共軍との協同作戦

昨十九年十二月十五日、重慶と延安とのあいだを忙しく往復していた延安視察団団長のバレットが延安の滑走路に降り立った。一週間ぶりだった。ＯＳＳのウィリス・バードがいっしょだった。ＯＳＳは第十四航空軍に協力するようになって、戴笠とマイルズの目をくぐりぬけて独自に行動するようになっていた。同じダグラス輸送機からデイヴィスも降りた。すでにモスクワへの転任が決まっているかれの二度目の、そして最後の延安への旅だった。中共指導者がアメリカをどのようにみているのか、その真意をもういちど、しっかり確かめたいというのがかれの旅行目的だった。

デイヴィスは、同乗した二人の軍人の任務を承知していた。一カ月前、かれとバレットは葉剣英、周恩来に会い、中共党の軍隊がアメリカの軍隊に軍事協力できるかどうかを尋ねたことがあった(21)。どの程度の協力ができるのかを、さらに打診するのがバレットとバードの任務だった。

延安側から色よい返事を得て、ウェデマイヤー麾下の幕僚たちが考えたアイデアは、ひとつの作戦計画に膨らんだ。ドイツとの戦いが終わりしだい、ヨーロッパにある空挺師団を中国の戦場へもってきて、日本軍占領地の奥深くに空挺攻撃をおこなう計画をたてた。

目標地を連雲港《れんうん》と決めた。山東半島の付け根に位置し、上海と青島のあいだにあるただひとつの港である。オランダの築港会社がつくり、開港十年にしかならない新しい港である。港の前面に連島という名の島が屏風をたてたように浮かび、港を取り囲んで雲台山があり、連雲港の名はそこからつけられた。

日本は連雲港を重視してきた。その港が隴海線《ろうかい》のターミナルであり、山東省中興《ちゅうこう》の石炭の積出し港だからである。中興炭は華北の石炭のなかでももっとも優れた製鉄用の原料炭であり、八幡の日本製鉄と川崎の日本鋼管へ輸送してきた。

二年前には月に十万トンを超す中興炭を積み出したこともあったが、現在すでに連雲港へまわす大きな貨物船がない。連雲港には二千トンクラスの船が入港できるが、埠頭に接岸しているのはいちばん小さい戦時標準船である。「八八《はちはち》」と呼ばれる八百八十トンの小船が月に数回港に入り、一回に一千トンほどの中興炭を運ぶだけとなっている。

アメリカ側にとって、連雲港を攻略しての戦略価値は、なんといっても連雲港が日本の最後の牙城の奥深くにあることである。連雲港から二百キロ西には徐州がある。隴海線と津浦線《チンプー》が十字にぶつかる交通の要衝である。青島も直線距離で二百キロのところにある。半径五百キロの円のなかには上海と大連が入り、八百キロのなかには、北京、鞍山《あんざん》、釜山が入る。一千百キロのところには、北九州と満洲の首都、新京がある。

そこで連雲港を占領し、その近くに飛行場を建設し、P51戦闘機をおけばよい。P51

は優先的にヨーロッパ戦線にまわされていたが、やっと中国にも配備されはじめていた。航続距離の長いP51は連雲港から八幡までを往復できるのだから、連雲港に基地をつくれば、南満洲、朝鮮、華北、華中を空から制圧でき、日本と大陸との交通線を切断できる。

十二月十五日に延安へ飛んだバレットは、重慶へとんぼ返りをし、ふたたび十二月二十七日に延安へ行った。毛沢東と周恩来、朱徳、葉剣英といった延安政府の首脳がバレットを囲み、燈油のランプの下で地図をひろげた。連雲港に二万八千人の米空輸部隊を降下させる計画をバレットが説明した(22)。日本側は港とその周辺に一個大隊の守備隊をおくだけだ。だが、一週間以内には日本の増援部隊がやってこよう。空中補給に頼るしかない空挺堡は、重砲も、戦車もないから、下手をすれば、全滅の憂き目にもあう。

朱徳か、それとも葉剣英が喋ったのであろう。五万人の部隊を連雲港の戦いに投入し、アメリカ空挺部隊を掩護すると約束した。共産軍の首脳はつづけて語り、正規軍と民兵部隊が隴海線と津浦線をずたずたに切断し、徐州と済南の日本軍が連雲港へ向かうのを阻止し、つづいて各地の日本軍守備陣地を襲い、すべての日本軍を釘づけにすると述べた。

ウェデマイヤー司令部の参謀たちにとってすれば、重慶政府の軍隊は連雲港からはるか遠くにいるのだから、その作戦は共産軍に頼るしかなかった。そして延安の幹部にとっては、百団大戦を再度やろうということだった。百団大戦とは、百個連隊以上の大兵力を投入して戦ったことから、そのように名づけられた。中共党軍がおこなったただひとつの攻勢作戦だった。

それは五年前のことだった。フランスがドイツに降伏したのがその年の六月だった。二カ月あとの八月下旬に百団大戦は開始された。まずは華北各省の鉄道を襲い、トンネルと橋を破壊し、孤立した日本軍の守備陣地を叩いた。つづいてより大きな日本軍守備部隊を攻撃した。だが、その攻勢は四十日で息が切れた。日本軍の反撃がはじまり、八路軍と地方民兵隊は大きな損害を蒙ったのだった。

今度はそんな戦いとはならないはずである。五年前と比べ、日本軍の兵力は大きく減り、その装備は悪化している。それにひきかえ、アメリカの武器を手に入れることができさえすれば、黄河と淮河《わいが》の流域の広大な平野の戦いで、勝利を収めることもできると延安の指導者は考えたのである。

だが、重慶側がこの空挺作戦に反対することは目に見えている。重慶にとってはなんの利益にもならず、共産党とアメリカとの提携を強化するだけの作戦を蔣介石が認めるはずはなかった。延安政府の幹部たちもそれを知っていたから、かれらはバレットが答えに窮する質問をしたはずであった。

この作戦計画を、ハーレー大使は承知しているのかどうかという問いである。その空挺作戦が陽の目を見るためには、それこそワシントンの統合参謀本部がそれを承認するまで、重慶に秘密にしておかねばならなかった。そのためには、ハーレーにその作戦を明かしてはならなかった。それは、ウェデマイヤー司令部の参謀長のロバート・マクルウアー少将をはじめ、作戦参謀、情報参謀がよく承知していることであった。

幻の毛・周訪米計画

じつは、延安指導部の人びとも似たような問題を抱えていた。バレットとの論議の内容をどこまでモスクワに知らせるか、しばらくソ連に秘密にしておくか、どのようにしたらいちばん利益になるのかということである。

延安には、モスクワから派遣されてきているピョートル・ウラジミロフという四十歳になるロシア人がいる。タス通信の特派員だが、それはあくまで表向きの肩書きである。かれは延安駐在のソ連代表であり、中国共産党に対するお目付け役である。

かれは有能な情報将校である。東京、あるいはワシントン、ロンドンに駐在しても、存分に力を発揮したにちがいない。毛沢東、江青をはじめ、延安の幹部たちとかれは親しくつきあい、かれらの性格と能力、その力関係を知り、かれらのあいだの複雑な争いにも通暁している。そして延安にアメリカ人がくれば、かれはかれらに対して、的確な判断をくだしもした。たとえば、ジョン・デイヴィスについて、かれは日記につぎのように記した。

「サーヴィスより、経験豊かで、問題を洞察する能力に優れているとみた。きわめて精力的で、完璧な中国語を話す。面長で痩せぎす、口はやや大きく、髪の毛は茶色だ」[23]

ウラジミロフはアメリカ人に向かって、自分が通信社の特派員であり、それ以上の者ではないと見せかけようとした。ジョン・サーヴィスに向かい、モスクワへ発信するニュースの原稿はすべて重慶経由で送っているのだと語った。延安とモスクワとのあいだには、なんの連絡もないことを強調するためだった。実際には、かれはモスクワと無線連絡をとってきていた。かれだけではなかった。毛沢東も送信機と、モスクワとのあいだで使う個人用の暗号表をソ連側から渡されていた。だが、毛は直接モスクワへ報告したりせず、ウラジミロフに仲介を求め、かれに発信を頼むようにしていた[24]。

自分が逐一報告をつづければ、ウラジミロフの調書とのあいだに食い違いが起きるのは避けられなかった。それでなくてもスターリンに不信の目で見られているのだから、毎回、違いと矛盾が指摘されるような電報を打たないことが賢明と毛は考えてきたのである。

毛沢東にとっては、かれの行動をずっと監視しつづけているような不愉快なソ連製の送信機であったが、かれとかれの妻、延安の幹部たちが目を見張ったのは、アメリカの輸送機が運んできたアメリカ製の物資であった。かれらがはじめて見る機械類、さまざまな事務用品、写真入りの週刊誌、セーラー服を着た家鴨《あひる》が主人公の漫画雑誌にびっくりした。

それだけではなかった。延安にいるアメリカ人のために、多くの品物が運ばれてきた。罐詰の山、ガムとキャンデー、木箱に詰められたウイスキーとブランデー、ソーダ水のたぐいである。アメリカの想像を絶する生産力を示す豊富な品物である。

ヒマラヤ越えの空輸で、これだけの物資を重慶に運び、延安へ運んできているのなら、やがてビルマと中国とを結ぶスティルウェル公路から日本軍を追いだすことに成功したあとには、アメリカは大量の軍需物資を運んでくることはまちがいないと延安の幹部たちは考えた。やがては武器を供与してくれるであろうアメリカと、小銃一挺、紙一枚くれたことのないソ連とを天秤にかけ、比べることになった。どうしてもアメリカを味方につけねばならなかった。

だが、それをやるに先立ち、ソ連に対し、きわめて深い尊敬の心をもっているといったところをみせねばならなかった。そこで毛はウラジミロフに重大な提案をおこなった。スティルウェル罷免以前のことで、アメリカが武器を供与してくれるかもしれないとの希望が最初に高まったときのことである。

毛はウラジミロフに対し、独ソ戦争がはじまったときに派兵した思い出を語ることからはじめた。そのときに中共党は二個連隊をソ連へ派遣したのだった。日本で大動員がおこなわれ、満洲に大部隊の輸送がはじまったときのことだった。おそらく中共党のその小部隊は、外蒙古からソ連領に入り、満洲里と向かいあう交通の要衝、ボルジャあたりに一年近く駐屯したものにちがいない。

毛はその派兵の話を語ったあと、ソ連の大きな損害や兵員の不足を考慮してのことだがとつづけ、中国側は必要な援助をソ連に与える用意があると語り、再度の派兵を申し出た。一万人以上の将校を選抜し、かれらを再訓練するためにシベリアに送ってもよいと説き、訓練を終えたそれら将校に中国人部隊の指揮をとらせることにすれば、満洲と日本の占領地に対するソ連の戦いを援助できると毛は語ったのである(25)。

毛は将校一万人以上と言った。たいへんな数である。八路軍と新四軍はあわせて、公称五十五万人だ。だが、実際には三十万人たらずであろう。ゲリラの数は二百万人にものぼるが、正規軍の兵力は少ない。そのなかから一万人の将校を選抜するとなれば、共産軍将校のあらかたをソ連に派遣することになる。そこで、その一万人が帰国して、兵士たちを率いるようになったら、まちがいなく共産軍のなかで最大の力となる。

ウラジミロフは、毛のその申し出をどう受け取ったのか。ソ連を援助しようとは呆れた言い草だ、おこがましいかぎりと思ったのであろうか。ソ連の力を借りて、自分の軍隊の強化を狙っただけの話ではないか、自分の軍隊で満洲を手に入れようと図っているだけのことだと思ったのであろうか。

ウラジミロフは顔を横に振ったのであろう。毛はそんな申し出をしたが、ほんとうはできはしないとみていたのである。ウラジミロフは日記には記さなかったが、モスクワ宛ての報告書にはその理由をはっきりと綴ったはずである。毛にはそれができない。やがて巨大な力になる一万人の将校団を、毛は自分が掌握できると信じられないからだ。

もっとはっきりいえば、こういうことである。ソ連側が王明をソ連に迎え、かれを一万人の将校たちの訓練基地に送り込んだら、どういうことになるか。自分の軍隊をもっているのは、黄埔軍官学校の卒業生を統率する蔣と、井崗山の紅軍の上に立っている毛の二人だ。だが、王明が一万人の将校団の最高政治委員になったら、それこそかれが中国第三の男となる。

王明はソ連留学派の中心人物である。かれはモスクワの信頼が厚く、以前には中共党の最高指導者だった。毛沢東が実権を握ってからも、王はコミンテルンの中国代表だった。二年前にスターリンがコミンテルンを解散したのに乗じ、毛は党内のモスクワ派を締めあげ、目の仇にしてきた王明を徹底的に叩いた。王は毛より十四歳若く、現在三十四歳である。

王明だけではない。モスクワは劉少奇、羅瑞卿《らずいきよう》をソ連に呼ぶかもしれない。毛はそんな具合に考えるはずだ。劉は四十六歳、羅は四十歳、いずれもソ連留学派である。

毛沢東は権力の絶頂に立っているが、けっして油断したことがない。かれはかれの右腕の康生《こうせい》に命じ、いわゆる整風運動、対スパイ警戒運動をおこない、かれに対する不満派がひとつの力になるのを防止してきた。かれの政敵、王明のようなかつての指導者を非難、攻撃し、延安地域の人びとのあいだで、政敵に対する疑惑と怒りの炎を燃えたたせておくようにしてきた。ウラジミロフにしてからが、康生の顔を盗み見し、事故に見せかけて自分を殺そうと企んでいるのではないかと薄気味悪く思ったこともあったのである。

康生の顔といえば、ジョン・エマーソンの話をつけ加えておこう。エマーソンが重慶からはじめて延安へ行ったときに、情報処の主任である康生に会った。エマーソンはその顔に見覚えがあるように思った。似ている顔の主を即座に思いだした。東条英機の顔だった。エマーソンは東京のアメリカ大使館に勤務したことがあった。日米戦争がはじまる年の夏から秋までのことであり、東条は近衛内閣の陸軍大臣だった。顔の輪郭、ちょび髭、なによりも康生の眼鏡ごしの鋭い目つきは、新聞の写真やニュース映画で見た東条の顔にそっくりだと、エマーソンは思ったのである。

だが、一万人の将校をシベリアへ送ってしまっては、康生の鋭い睨みは届かなくなる。そのような危険を承知していながら、毛はどうしてそんな提案をしたのか。アメリカから軍需品を入手しなければならず、かれはアメリカに対して友好的な姿勢をとらねばならない。だが、それがクレムリンの神経をとがらせることをかれは承知していた。そこでかれはスターリンの警戒心を解かねばならず、かれに援助を申し出たのである。

もしもソ連が乗り気になったら、そのときはそのときのことだ。一万人の派遣を一千人にすればよい。なんではあれ、モスクワとワシントンのあいだに立ち、注意深く均衡を保たねばならなかった。双方にわたりをつけ、選択の道をあけておくことが、毛の外交戦略の基本にある。

モスクワからは曖昧な回答が戻ってきただけだったにちがいない。そこでアメリカとの交渉をはじめようとした。ところが、スティルウェルが解任されてしまい、毛の希望は消えてしまった。だが、もういちどチャンスがめぐってきた。

そこで、前に述べたバレットが持ち込んできた協同作戦のことになるが、もちろん、毛はその案をウラジミロフに告げたのである。アメリカが持ち込んできた提案なのだから、ソ連に隠しだてをする必要がなかった。そしていっそう肝心なことがあった。はるか中国奥地の貴州、四川、雲南に基地をおいているアメリカが、大平原、大河を一飛びして、江蘇省の沿岸に大きな基地をつくることになる。はたしてソ連は、指をくわえて見過ごすことができるのか。ソ連の極東に対する意図はやがて明らかになると、毛と部下たちは思ったのである。

このようにアメリカの側が誘いをかけてきたことであれば、毛はウラジミロフを通じて、ソ連にだいたいのことを知らせ、ソ連になんの隠しだてもしていないといった態度をとった。だが、アメリカではなく、延安の側が積極的にアメリカに接近しようとする場合はどうなのか。それもソ連に告げたのであろうか。

今年に入ってのことになるが、一月九日のこと、周恩来は視察団団長代理のレイ・クロムリーに向かって、重大な提案をした。毛主席と私はワシントンを訪問したいと申し入れ、毛主席の口から直接、大統領と当局者に中国の情勢と現下の問題を説明したいと告げた(26)。周はつけ加え、この提案を国民政府には秘密にしてもらいたいと念を押した。

二日おいて一月十一日、周は視察団の情報将校エヴァンズを招き、国民政府が日本と軍事、政治交渉を秘密のうちにおこなっているのだと語り、われわれは確度の高い情報をもっているのだと告げた(27)。じつはこれより前、周はデイヴィスに対しても同じ話を語っていた。

周がこのような警告をエヴァンズとデイヴィスにおこなったことの裏にある狙いは、連雲港への空挺作戦をハーレーと国民政府に秘密にしておかねばならぬということであったにちがいない。そしてこのようにしてハーレーに対してアメリカ軍と中共党がひとつの秘密を共有することができれば、毛と自分の訪米計画も、これまたいよいよというときまで内密にできると周は考えたのであろう。

エヴァンズは周から国府と日本の密約の話を聞いて、興奮した。延安にきていたエマーソンにこれを告げた。エマーソンもこれは重大だと思った。重慶へ戻ったエマーソンは、一月十二日の朝、ウェデマイヤーをかれの司令部に訪れた。エマーソンが驚き、そしてがっかりしたのは、延安からの極秘親展電報の写しをウェデマイヤーがハーレーに回してしまっていたことだった。毛、周の訪米要請を告げた一月九日発信の視察団代理団長の電報である。そして、もうひとつべつの電報の写しまでをハーレーに見せてしまっていた。訪米申し入れの事実をハーレー大使に告げないでもらいたい、私はかれの思慮分別に信頼をおいていないと述べた周の言葉を、そのまま記した電報である。

すべてはおしまいだった。エマーソンは落胆しながらも、ウェデマイヤーに重慶と日本とのあいだの秘密交渉の話をした。ウェデマイヤーはすでに承知していた。デイヴィスに答えたのと同じことを言った。「私は蔣主席にそれを尋ねた。主席はなにも答えず、高笑いしただけだった」(28)

その日の夕刻、エマーソンは気が重く、足が重いながらも、かれの直属上司に会った。ハーレーはあらゆることに腹を立てていた。まずはデイヴィスに対する悪口雑言がつづいた。デイヴィスはモスクワ転任となり、一月九日に重慶を離れていた。つぎにセオドア・ホワイトに怒りの矛先を向けた。あのユダヤ人のちびめが、と怒鳴り散らした。

セオドア・ホワイトは、週刊誌タイムの特派員である。デイヴィスに同行して、延安へ行った。延安を褒め、重慶を非難する文章を書いたばかりだった。

ハーレーの長広舌はつづいた。重慶と日本とのあいだの秘密交渉について、調査の必要があるのではないかと、エマーソンがおずおずと口を挟んだ。ハーレーは喉まででかかった癇癪をぐっとこらえた。

「宋子文外交部長がもうすぐやって来る。毛沢東とその仲間たちが何年にもわたって日本側と取り引きをしてきた証拠をもってやってくる」(29)

エマーソンは大使の部屋をでた。廊下で宋子文に行きあった。宋は、デイヴィスにつづいてエマーソンも重慶から追い出されることを承知していた。だからといって、宋はすばらしく上機嫌だったわけではない。それどころか、かれもまた怒りを抑え切れないでいた。

宋はハーレーに向かって、アメリカ軍と共産軍の協同作戦の計画が現在ひそかに進められているが、大使はこれを御存じかと切りだした(30)。戴笠将軍が延安に植え込んだ諜報組織から得た情報だと宋はつけ加えた。

ハーレーは愕然としながらも、宋の話に聞きいった。突きあげてくる怒りと同時に、胸中にわだかまっていたすべての謎が解けたように思った。なぜ、国共間の調停がうまくいかないのか。容共的な部下たちが私に内証で共産党とさまざまな取り引きをおこない、しかも私の頭ごしにワシントンと連絡をとってきているのだ。毛沢東や周恩来が思いあがり、ごねつづけてきた理由はここにあったのだ。すべては面従腹背の部下たちがやってきたことなのだと、ハーレーは思ったのである。

ハーレーはただちに報復にでた。一月十四日、かれはルーズベルトに電報を打ち、共産党指導者の訪米の一件を報告した。それはつぎのような文脈のなかでだった。

部下たちが独断で勝手なことをやっているのは、「毛沢東ト周恩来ガ閣下ト会談ノタメニ　ワシントンへ秘密ノ旅行ヲシタイトウェデマイヤーニ申シ入レヲシタコトデ明ラカトナリマシタ(31)」

ハーレーはさらにつづけ、中共党との協同作戦をも潰しにかかり、大統領につぎのように報告した。そのような作戦は、蔣主席の許可なしに共産軍に武器を与えることになるばかりか、アメリカが反乱団体に事実上、承認を与えることになってしまい、中国を混乱と内戦に巻き込み、アメリカの対中政策を打ち壊すことになると訴えたのだった。

毛と周のアメリカへ接近する構想は消えてしまった。連雲港攻略の協同作戦構想も立ち消えとなった。二月末、重慶の米大使館員は大使のハーレーに対して、もういちど反撃にでた。政治担当の館員全員の合意のもと、ワシントンへ上申書を送った。アメリカ政府は中共党に援助を与えるために、蔣介石へのルートとべつのルートを設けるようにすべきだと訴えた。そしてその上申書は、そうすることによってのみ、アメリカは中共党をわれわれの側に確保することが期待できると述べ、さもなければ、ソ連が対日戦に介入したときに、事態の逆転は避けがたい、中共党はソ連側につき、アメリカを敵視することになろうと、憂慮と予測を記したのだった。

そのとき、ハーレーはワシントンにいた。部下たちの重ねての反乱にかれは怒り狂った。ジョン・デイヴィス、ジョン・サーヴィス、ジョン・エマーソンにつづいて、ハーレーはさらに重慶の大使館員の追放をおこなうことになった。

そこでこの三月のことになる。蔣介石にしてみれば、いまは鼻唄でも口ずさみたいような上々な気分である。日本軍の攻撃はとっくに息が切れていた。重慶からの撤退、三度目の遷都を考える必要はもはやなかった。そして足元のいざこざも消えた。幸運と好判断によって、かれの苦悩のひとときは終わった。いや、この数年来のかれの頭痛のかずかずの原因は、すべて消え去ってしまった。

日本の軍人や政治家が説いてきた手垢のついた提案や、時代錯誤の世迷い言を相手にするつもりはまったくない。だが、かれはそれをもういちど利用しようと考えたようであった。もっとも今度は、アメリカに対して切り札として使うためではない。

（第2巻、了）

引用出典及び註

(1)　特に重要と思われるものについてのみ出典を明記した。
(2)　引用中の旧仮名は新仮名に改めた。また、読みやすさを考慮し、表記を改めたり、言葉を補ったりした場合がある。
(3)　「木戸幸一日記」「天羽英二日記」等、文中で出典が明らかなものは初出のみ採用した。
(4)　同一資料が二度以上出てくる場合は、発行所及び発行年度は初出だけにとどめた。

第7章　近衛の上奏

(1)　樺山愛輔〈太平洋に友情の橋を架ける〉「改造」昭二七・四月号　五六頁
(2)　〈大本営機密戦争日記〉「歴史と人物」昭四六・一〇月号　二九三頁
(3)　「木戸幸一日記　下巻」東京大学出版会　昭四一　九六八頁
(4)　種村佐孝「大本営機密日誌」芙蓉書房　昭五四　一六七頁
(5)　「天羽英二日記　資料集第四巻」昭五四　五〇〇頁
(6)　矢部貞治「矢部貞治日記　銀杏の巻」読売新聞社　昭四九　五八八頁
(7)　猪俣敬太郎「中野正剛」吉川弘文館　昭三五　二〇二頁
(8)　伊藤隆〈昭和一七―二〇年の近衛・真崎グループ〉「昭和期の軍部」山川出版社　昭五四　二三五頁
(9)　伊藤隆〈昭和一七―二〇年の近衛・真崎グループ〉「昭和期の軍部」二三五頁
(10)　高木惣吉「高木海軍少将覚え書」毎日新聞社　昭五四　三五頁
(11)　「海軍大将小林躋造覚書」山川出版社　昭五六　一八八頁
(12)　「海軍大将小林躋造覚書」一九二頁
(13)　西浦進「昭和戦争史の証言」原書房　昭五五　三四頁
(14)　矢部貞治「近衛文麿」読売新聞社　昭五一　六二六頁
(15)　細川護貞「細川日記」中央公論社　昭五三　二二三頁

(16) 細川護貞「細川日記」二四九頁
(17)「近衛日記」共同通信社　昭四三　九二頁。以下、重臣会議のくだり、同書に拠る。
(18) 宇垣一成「宇垣一成日記3」みすず書房　昭四六　一六二四頁
(19) 高木惣吉「高木海軍少将覚え書」一二二頁
(20)「戦史叢書　大本営陸軍部(9)」朝雲新聞社　昭五〇　五四六頁
(21) 高木惣吉「自伝的日本海軍始末記」光人社　昭四六　二三五頁
(22)「梶井剛遺稿集」梶井剛追悼事業委員会　昭五四　一四九頁
(23)「陸軍　畑俊六日記」みすず書房　昭五八　五〇八頁
(24) 大木操「大木日記」朝日新聞社　昭四四　一八九頁
(25)「木戸幸一関係文書」東京大学出版会　昭四一　四九四頁
(26)「木戸幸一関係文書」四九五頁
(27) 鈴木成高「米蘇ノ政治外交」昭和二十年二月十日　大本営陸軍部
(28) 天羽英二〈宮川君を悼む〉「霞関会会報」昭三〇・三月号
(29) 西春彦〈外交官回想録第三回〉「中央公論」昭四八・八月号　二三六頁
(30) 宮川船夫ハルピン駐在総領事が、昭和十九年九月二十八日に外相重光葵に宛てた外交電報
(31) 油橋重遠「戦時日ソ交渉小史」霞ヶ関出版　昭四九　一九五頁
(32) スウェーデン駐在公使岡本季正が、昭和二十年二月十五日に外相重光葵へ宛てた外交電報
(33) 伊藤述史「日本の外交」三省堂　昭一五　八五頁
(34) 藤田尚徳「侍従長の回想」講談社　昭三六　五四頁
(35)「木戸幸一関係文書」四九七頁
(36)「木戸幸一関係文書」四九八頁
(37)「海軍大将小林躋造覚書」一〇二頁
(38)「私の履歴書　第十九集」日本経済新聞社　昭三八　二六九頁
(39) 細川護貞「細川日記」三四八頁

(40)　細川護貞「細川日記」三五一頁
(41)　堀江芳孝「闘魂・硫黄島」恒文社　昭四三

第8章　航空機工場の疎開

(1)　「戦史叢書　陸軍航空兵器の開発・生産・補給」朝雲新聞社　昭五〇　三二八頁
(2)　「日産自動車三十年史」昭四〇　一二二頁
(3)　「トヨタのあゆみ」トヨタ自動車工業株式会社　昭五三　一一九頁
(4)　奈良本辰也「昭和史とともに歩んだ青春」文一総合出版　昭五三　一七七頁
(5)　「日本通運株式会社」昭三七　四四八頁
(6)　総理府統計局編「昭和19年人口調査集計結果摘要」日本統計協会　昭五二　三六九頁
(7)　加藤敬道〈思い出すままに〉「往事茫茫第一巻」菱光会　昭四五　一三五頁
(8)　青木槐三「嵐の中の鉄路」交通協力会　昭三〇　二二四頁
(9)　愛知県防災会議「昭和十九年十二月七日東南海地震の震害と震度分布」昭五二　四四―五頁
(10)　愛知県防災会議「昭和十九年十二月七日東南海地震の震害と震度分布」六五頁
(11)　中日新聞社会部「恐怖のM8」中日新聞社　昭五八　五二頁
(12)　内政史研究会「大蔵公望日記　第四巻」昭五〇　二六八頁
(13)　大越一二「消防隊の活躍」警察消防通信社　昭三二　一二五頁
(14)　「大和運輸五十年史」昭四六　一五九頁
(15)　設楽政治「高尾山麓夜話」ふだん記全国グループ　昭四六　九三頁
(16)　服部高尚〈疎開工場の思い出〉「往事茫茫　第一巻」菱光会　昭四五　一二七―八頁

第9章　雪の二月

(1)　大木操「大木日記」一九五頁
(2)　服部卓四郎「大東亜戦争全史」原書房

昭四〇　七五三頁

(3) 石川準吉「国家総動員史　資料編第8」国家総動員史刊行会　昭五四　七五三頁

(4) 宮崎周一〈戦史について　思い出(2)〉「幹部学校記事」昭三三・九月号　二八頁

(5)「戦史叢書　大本営陸軍部(9)」二一頁

(6)「戦史叢書　マリアナ沖海戦」朝雲新聞社　昭四三　二二六頁

(7)「陸軍　畑俊六日誌」五一一頁

(8) 今村一郎「機関車と共に」ヘッドライト社　昭三七　三六六頁

(9) 日本国有鉄道編「ものがたり東北本線史」昭四六　五四二頁

(10)「ヴァレリー全集　補巻1」筑摩書房　昭五四　五七八頁

(11) 日高信六郎「朝の山　残照の山」二見書房　昭四四　三三八頁

(12) 東畑精一〈村田省蔵さん〉「世界」昭三二・五月号　一三七頁

(13) 村田省蔵「比島日記」原書房　昭四四　三七九頁

(14) 村田省蔵「比島日記」三九六—七頁

(15) 村田省蔵「比島日記」一四〇—一頁

(16) 三谷信「級友三島由紀夫」笠間書院　昭六〇　二三頁。以下、三島の手紙は同書二七、二八、三〇、四四、四六、四七、四八頁より引用。

(17) 三谷信「級友三島由紀夫」五〇頁。三谷信はつぎのように綴る。「後日聞いたところでは、入営時に軍医が『この中で肺の既往症のある者は手を挙げろ』といった時に、彼はサッと手を挙げたそうである。それがうまく行って、即日帰郷になったという。確かに当時の彼は、軍医が騙されたとばかりはいえない体つきであった。それ程病弱に見えた」。なお三島由紀夫が書いていることをつけ加えておこう。「昭和二十年早春にいよいよ赤紙が来たとき、私は気管支炎で高熱を発しており、それを胸膜炎とまちがえられて、即日帰郷になったいきさつなどは、ほうぼうへ書いたから、省略するが、……」(三島由紀夫「私の遍歴時代」講談社　昭三九)

(18) 日本女子大学43回生編「戦いの中の青

春」勁草書房　昭五一　二二一頁

(19)「木下杢太郎全集　第十二巻」岩波書店　昭二六　二二二頁

(20)江波戸昭「田園調布の戦時回覧板」田園調布会　昭五三　七四頁

(21)「荷風全集　第二十四巻」岩波書店　昭三九　一四頁

(22)曾野明「独ソ調停ヲ論ジ日ソ関係展開方策ニ及ブ」昭和十八年四月　外務省外交史料館蔵。なお曾野明はつぎのように述べている。「昭和十七年……の秋から翌年春へかけて、私と法眼晋作君は国際情勢の分析を添えて、速やかに和平の方途を講ずべしとする意見書を三回にわたって重光外務大臣に提出した。私たちはもともと大島駐独大使を初め陸軍が推進した日独伊三国同盟と対米開戦に反対であったので、日本はナチス・ドイツと運命を共にすることなく、速やかに三国同盟を解消して、ドイツが戦争を継続しているうちに連合国と和平交渉を始めるべし、という意見であった。……三回目の意見書を提出した翌日、大臣から私たち二人に呼び出しがかかった。二人が大臣室へ入ると、重光大臣はいつもの悲痛な顔付きで、『お前たちの判断は次第に良くなってきた。しかし、政治はむずかしいものだ』と言って、意見書をうしろのキャビネットへ投げ込まれた。それは、意見を諒承したというときの重光さんのしぐさであった」(曾野明「ソビエト・ウォッチング40年」サンケイ出版　昭四〇)

(23)リデル・ハート、上村達雄訳「第二次世界大戦」フジ出版社　昭五三　五四三頁

(24)種村佐孝「大本営機密日誌」二六三頁

(25)編者参謀本部所蔵「敗戦の記録」原書房　昭四二　一七二頁

(26)細谷千博〈太平洋戦争と対ソ外交〉細谷編「変容する国際社会の法と政治」有信堂　昭四六　二八九頁

(27)中村正吾「永田町一番地」ニュース社　昭二一　六五頁。以下、重光の「我ガ外交」は同書、六六、六七、七七、七八頁より引用。

(28)清水威久「ソ連の対日戦争とヤルタ協

定」霞ヶ関出版　昭五一　一一八頁
(29)　昭和十九年十一月二十四日、重光外相から佐藤大使宛て電報
(30)　昭和十九年十一月二十七日、佐藤大使から重光外相宛て電報
(31)　昭和十九年十二月十二日、重光外相から佐藤大使宛て電報
(32)　D・アーヴィング、赤羽龍夫訳「ヒトラーの戦争(下)」早川書房　昭五八　三六三頁
(33)　昭和二十年二月二十四日、山田乙三大使から重光外相宛て電報
(34)　富塚清「ある科学者の戦中日記」中央公論社　昭五一　七二頁
(35)　昭和二十年二月二十三日着、森島公使から重光外相宛て電報
(36)　昭和二十年二月二十六日着、岡本公使から重光外相宛て電報
(37)　「木戸幸一関係文書」五〇九頁
(38)　「木戸幸一関係文書」五〇九頁
(39)　「木戸幸一関係文書」四九九頁

第10章　繆斌工作

(1)　清沢洌「暗黒日記」評論社　昭五四　二七四頁
(2)　中村正吾「永田町一番地」一七六頁
(3)　村田省蔵「比島日記」六一〇頁
(4)　伊藤整「太平洋戦争日記(三)」新潮社　昭五八　二六七頁
(5)　伊藤整「太平洋戦争日記(三)」二五六頁
(6)　伊藤整「太平洋戦争日記(三)」二六七頁
(7)　嘉治隆一「明治以後の五大記者」朝日新聞社　昭四八　四一二頁
(8)　東久邇稔彦「東久邇日記」徳間書店　昭四三　一八〇頁
(9)　中村正吾「永田町一番地」一八三頁
(10)　田村真作「繆斌工作」三栄出版社　昭二八　一一一頁
(11)　「陸軍　畑俊六日誌」四六〇頁
(12)　長岡彌一郎「軍人辻政信」不二印刷　昭五一　三〇〇—二頁

（13） 嘉治隆一「明治以後の五大記者」四〇九頁
（14） 田村真作「繆斌工作」一四八頁
（15） 嘉治隆一「明治以後の五大記者」四一一頁
（16） 草野文男「国共論」世界思潮社　昭一二　一〇二頁
（17） David D. Barrett, *Dixie Mission: The United States Army Observer Group in Yenan-1944*, University of California Press, 1970, p. 47.
（18） ロバート・シャーウッド、村上光彦訳「ルーズベルトとホプキンズⅡ」みすず書房　昭三二　三四九頁
（19） ジョン・K・エマーソン、宮地健次郎訳「嵐のなかの外交官」朝日新聞社　昭五四　一四二頁
（20） John Paton Davies, Jr., *Dragon by the Tail*, Norton, 1972, p. 342.
（21） John Paton Davies, Jr., *Dragon by the Tail*, p. 361.
（22） David D. Barrett, *Dixie Mission: The United States Army Observer Group in Yenan-1944*, pp. 77–8.
（23） ピョートル・ウラジミロフ、高橋正訳「延安日記　下」サイマル出版会　昭四八　二六六頁
（24） ピョートル・ウラジミロフ、高橋正訳「延安日記　下」二九〇頁
（25） ピョートル・ウラジミロフ、高橋正訳「延安日記　下」二四五頁
（26） Barbara W. Tuchman, "If Mao had come to Washington: An Essay in Alternatives" *Foreign Affairs*, October-December, 1971, p. 44.
（27） ジョン・K・エマーソン、宮地健次郎訳「嵐のなかの外交官」一七四頁
（28） John Paton Davies, Jr., *Dragon by the Tail*, p. 383.
（29） ジョン・K・エマーソン、宮地健次郎訳「嵐のなかの外交官」一七五頁
（30） Barbara W. Tuchman, "If Mao had come to Washington: An Essay in Alternatives" *Foreign Affairs*, p. 55.
（31） Ibid., p. 55.

*本書は、一九八六年に当社より刊行した著作を文庫化したものです。

草思社文庫

昭和二十年　第2巻

2014年12月8日　第1刷発行

著　者　鳥居　民

発行者　藤田　博

発行所　株式会社 草思社

〒160-0022　東京都新宿区新宿 5-3-15
電話　03(4580)7680(編集)
　　　03(4580)7676(営業)
　　　http://www.soshisha.com/

本文印刷　株式会社 三陽社

付物印刷　日経印刷 株式会社

製本所　大口製本印刷 株式会社

装幀者　間村俊一（本体表紙）

ISBN978-4-7942-2097-4　Printed in Japan

草思社文庫既刊

毛沢東 五つの戦争

鳥居 民

朝鮮戦争から文革まで、毛沢東が行なった五つの「戦争」を分析し、戦いの背後に潜む共産党中国の奇怪な行動原理を驚くべき精度で解明する。いまなお鋭い輝きを放つ鳥居民氏処女作、待望の文庫化！

反日で生きのびる中国

鳥居 民

中国各地で渦巻く反日運動——その源流は95年以降の江沢民の愛国主義教育に遡る。中国の若者に刷り込まれた日本人への憎悪と、日本政府やメディアの無作為。日本人が知らない戦慄の真実が明かされる。

原爆を投下するまで日本を降伏させるな

鳥居 民

なぜ、トルーマン大統領は無警告の原爆投下を命じたのか。なぜ、あの日でなければならなかったのか。大統領と国務長官のひそかな計画の核心に大胆な推論を加え、真相に迫った話題の書。

草思社文庫既刊

七尾和晃
闇市の帝王
王長徳と封印された「戦後」

終戦直後の東京で、一等地を次々に手中に収めていった中国人・王長徳。闇市を手はじめに多彩な事業を手がけ、「東京租界の帝王」と呼ばれた男の凄絶な生涯を追った傑作ノンフィクション。

七尾和晃
世紀の贋作画商
「銀座の怪人」と三越事件、松本清張、そしてFBI

バブル前夜、銀座を拠点に暗躍した異貌の贋作画商がいた。企業、富裕層、美術館に贋作を売りさばき、82年には三越・贋作秘宝事件を巻き起こす。FBIから「世紀の贋作画商」と呼ばれた男の正体に迫る！

山岡淳一郎
田中角栄の資源戦争

70年代、日米関係のタブーを超えて角栄が挑んだ世界の「資源争奪戦」の恐るべき真相とは？　石油依存を脱すべく原子力へと踏み出した日本の航路をたどり、3・11後の日本の進むべき道を問う。

草思社文庫既刊

徳大寺有恒
ぼくの日本自動車史

戦後の国産車のすべてを「同時代」として乗りまくった著者の自伝的クルマ体験記。日本車発達史であると同時に、昭和の若々しい時代を描いた傑作青春記でもある。伝説の名車が続々登場!

前間孝則
技術者たちの敗戦

戦時中の技術開発を担っていた若き技術者たちは、敗戦から立ち上がり、日本を技術大国へと導いた。零戦設計の堀越二郎、新幹線の島秀雄など昭和を代表する技術者6人の不屈の物語を描く。

神尾健三
ビデオディスク開発秘話

「画の出るレコード」と呼ばれたビデオディスク――二十世紀最後の家電製品の開発競争に明け暮れたエンジニアの奮闘を描く。当時、松下幸之助の陣頭指揮の下で開発に従事した著者による回想集。

草思社文庫既刊

銃・病原菌・鉄（上・下）

ジャレド・ダイアモンド　倉骨 彰＝訳

なぜ、アメリカ先住民は旧大陸を征服できなかったのか。現在の世界に広がる〝格差〟を生み出したのは何だったのか。人類の歴史に隠された壮大な謎を、最新科学による研究成果をもとに解き明かす。

文明崩壊（上・下）

ジャレド・ダイアモンド　楡井浩一＝訳

繁栄を極めた文明がなぜ消滅したのか？　古代マヤ文明やイースター島、北米アナサジ文明などのケースを解析、社会発展と環境負荷との相関関係から「崩壊の法則」を導き出す。現代世界への警告の書。

人間の性はなぜ奇妙に進化したのか

ジャレド・ダイアモンド　長谷川寿一＝訳

まわりから隠れてセックスそのものを楽しむ――これって人間だけだった⁉　ヒトの性は動物と比べて実に奇妙である。動物の性と対比しながら、人間の奇妙なセクシャリティの進化を解き明かす、性の謎解き本。